# 国民国家と市民社会

21世紀歴史学の創造 1

研究会「戦後派第一世代の歴史研究者は21世紀に何をなすべきか」編集

伊藤定良
伊集院立
［著］

有志舎

シリーズ「21世紀歴史学の創造」

# 全巻の序

一九九〇年前後における東欧社会主義圏の解体とソヴィエト連邦の消滅は、アメリカによる単独覇権主義の横行に道を開いた。しかし、そのアメリカ単独覇権主義も、二〇〇一年九月一一日の世界貿易センタービル崩落をきっかけとして引き起こされたアフガニスタン、イラク侵攻とその行き詰まりの中で、破綻をきたした。そのことは二〇一一年一月にチュニジアから始ったアラブ・イスラム圏の動きによっても示されている。同年五月、パキスタンに潜伏していたオサーマ・ビン・ラーディンをアメリカの特殊部隊が強襲して殺害したことはアメリカ単独覇権主義の最後の足掻きとも言えるであろう。しかし、アメリカ単独覇権主義崩壊の後に、新たな世界の枠組みをどのように作ればよいのか、依然として視界は不透明である。

二〇世紀末から二一世紀初頭にかけてのこのような激動は、単に政治上の大変動であっただけではなく、世界史認識の根底をも揺り動かした。それは、人類の過去を全体として大きく捉え、その延長上に人類の未来を展望しようとする志向性を弱める方向に作用した。日本におけるその一つの現れとして、日本社会全体の「内向き志向」、いわゆる「ガラパゴス化」現象がある。それは裏面で偏狭なナショナリズムと結びつき、例えば学校教育の現場においては、戦前を思わせるような日の丸掲揚、君が代斉唱などの強制が一段と強化されている。にもかかわらず、このような右傾化した歴史観が国民の間で日常化しつつあるようにも見える。その中で、日本の女性の社会的地位やジェンダー構造のさまざまな問題点も改めて浮き彫りになってきている。

このような状況において、二〇一一年三月一一日に突発した東日本大震災と福島第一原子力発電所崩壊事故はナショナリズムとインターナショナリズムの間の入り組んだ関係を明るみに出した。それは国境を閉ざそうとする動きと国境を越えて連帯しようとする動きの間のせめぎ合いとも言うことができるであろう。

シリーズ「21世紀歴史学の創造」の執筆者であるわれわれは、純粋の戦後世代に属する者として、前述のような時代を生きてきた。われわれは、上から誰かに力で教え込まれたり、教育されたりということではなく、第二次世界大戦後の日本社会や世界全体の時代的雰囲気の中で、ごく自然に一定の「教養」を身につけてきた。それは、人類全体を意識しつつ、人間の平等と「市民的自由」を尊重し、国家権力のみならず社会的権力を含むあらゆる権力の横暴を拒否する姿勢となって現れている。

しかし、現在の日本社会の状況を見ていると、このようないわゆる「戦後」的な「教養」が力を失いつつあるように思われる。そのことが日本社会全体としての右傾化を許しているとしたならば、「戦後的教養」そのもののなかに、歴史の展開に対応できないようなある種のひ弱さが本質的に内在していたということではないであろうか。一九八〇年代以降に顕著となったポストモダン的な思潮の広がりはそのことと無関係ではあるまい。たとえ、ポストモダン的思潮が「外国産」で、日本におけるそれは「輸入品」だったとしても、「輸入」される必然性は存在したのであろう。

「戦後的教養」の根底をなしてきたのは科学、特に自然科学のような法則定立的な科学への信頼であった。しかし、今回の東日本大震災と福島原発事故はそれが過信だったのではないかという疑問を多くの人びとに抱かせた。一九世紀の西欧で生まれ、二〇世紀を通して生き続けて、日本の「戦後的教養」を形作った「科学主義」は今曲がり角に来ているように思われる。

「戦後的教養」の衰退を、より具体的に世界史認識の問題に即していえば、マルクス主義的な世界史認識のみならず、「市民主義」的な世界史認識の大枠すら崩れつつあると言うことができる。このような状況において、歴史学の存在意義そのものを否定するような風潮が密かに広がりつつあるようにも感じられる。しかし、人間の実存的土台が歴史にある限り、歴史学が意味を失うことはないであろうし、また失わせてはならない。そのために、われわれは、「戦後的教養」の中で身につけた歴史学をどのように発展させれば、新たな歴史の展望を切り拓くことができるのかということを、自らに問わねばならない。

＊＊＊

ここに記してきたことは、このシリーズの執筆者たちが共有している今日的世界史認識であり、このシリーズに込めた歴史研究者としての決意の一端である。しかし、このような世界史認識と決意を共有するに至るまでには、長期にわたる討議の過程が必要であった。二〇〇五年七月一日、研究会「戦後派第一世代の歴史研究者は21世紀に何をなすべきか」（略称「戦後派研究会」）を立ち上げたのがその第一歩であった。この研究会のメンバーは、結果として、必ずしも「戦後派第一世代」の者だけではなくなったが、新たな「21世紀歴史学」の創造を目指すことにおいては一致している。この研究会の目標は端的に言えば二つ、「われわれは何をしてきたのか」、そして「われわれは何をしなければならないのか」の追求である。研究会の開始以来七年に及ぶ討議を重ねながら、研究会メンバー全員が本シリーズの執筆に取り組んできた。

このようにして刊行開始に至った本シリーズ各巻の目指すところを簡単に述べれば次のようになるであろう。

第一巻と第二巻では、一九九〇年代以降盛行を極めてきた「国民国家」論を今日の問題状況の中で再検討し、「国民国家」論のあるべき視座と射程を提示する。第一巻では、「国民国家」論の原論的側面に重点を置きながら、市民社会とエスニシティの問題にまで射程を延ばす。第二巻では「日本型国民国家」の特質を追求する。第二巻に収録された座談会「世界史の中の国民国家」は研究会メンバーほぼ全員の参加による討議の記録である。

第三巻は、人間存在にとって根底的な条件である土地の問題を主題とする。今日、人は多く私的土地所有に囚われた社会に生きているが、私的土地所有から自由であった社会もあるし、私的土地所有からの自由を展望しようとした社会もあった。そのようなさまざまな社会の視点から「土地と人間」という普遍的な課題に迫る。

第四巻では、帝国と帝国主義のあいだの関係性、例えばその連続性と不連続性といった問題を追求する。具体的には、ハプスブルク家の統治するオーストリア＝ハンガリー二重帝国、ツァリーズムのロシア帝国、陽の沈まぬ帝国イギリス、をとりあげる。

第五巻は、「社会主義」を単に過去の現象としてではなく、二一世紀の問題として、さらには人類の未来の問題として再検討する。具体的には、ソヴィエト連邦、ハンガリー、中国、ベトナムを対象とする。

第六巻では、三人の執筆者が既存の歴史学や歴史叙述の枠にとらわれることなく、実験的な歴史叙述を試みる。本巻の座談会においては、これらの実験的歴史叙述について、執筆者と他の研究会メンバーとの間で議論が展開される。

第七巻では、「21世紀の課題」を歴史学の立場から追求するが、その際、「グローバリゼーションと周辺化」という視点から、特に「アメリカとパレスチナ」に視座を据える。さらに座談会を設定して、「グローバル化」時代といわれる状況を見据えて「われわれの未来」を展望する。

別巻Ⅰは研究会メンバー一六名全員の分担執筆で、第一部では、戦後の歴史学を彩ってきたさまざまな「言葉」を今日の観点から再検討し、第二部では、研究会メンバーが各自の研究の軌跡を「私の研究史」として略述する。第三部は本研究会そのものの記録である。さらに、「戦後五〇年の歴史学：文献と解説」を付載する。

前述のように、「3・11」が各方面に与えた衝撃の大きさは計り知れないものであった。それは、単に科学技術の危うさを露呈しただけではなく、歴史学にも深刻な課題を投げかけた。このことを歴史学に対する新たな挑戦として主体的に受け止めて、急遽用意されたのが別巻Ⅱである。

＊　＊　＊

「革命と戦争の世紀」としての二〇世紀を通り過ぎた人類と世界は、今、あてど無く漂流しているように見える。だからこそ、もう一度人類と世界の過去を全体として大きく捉え、長い歴史的射程で二一世紀以降の時代を展望することが求められているのであり、われわれの歴史学にはそれに応える責務がある。このシリーズがその責務の一端を担うことができれば幸いである。

二〇一二年五月

シリーズ「21世紀歴史学の創造」全九巻
執筆者一六名　一同

# はしがき

本巻は、まず総論において、近代世界に成立した国民国家の特徴を整理し、併せて戦後の歴史学における研究史を振り返り、国民国家研究の課題に接近する。各論として、第1部は、市民社会を論ずる上で不可欠な言語問題について、ドイツ語の歴史を国民国家形成と関連づけて論じ、第2部は、市民社会におけるエスニシティ問題を検討する。そして第3部は、国民国家再考のために、ドイツ帝国の民族問題と国民化の問題に焦点を当て、国民国家の歴史的特徴を明らかにして、われわれの直面している課題を考察する。

3・11東日本大震災と福島第一原発事故という大災害の中で、自分たちそれぞれの生活の場から支援と連帯の動きを起こし、国家や国民の枠を越えて立ち上がった人びとは数知れない。一方で、国家や国民の壁を意識させられる動きも見られた。われわれは本巻の構想がほぼ固まってきた時期にこの歴史的事態に立ち向かうことになった。「3・11」をめぐるこうした事態は、国民国家や地域、あるいは市民社会の在り方について、さらなる深い考察と取り組みとをわれわれに求めているのではなかろうか。

本巻、および第二巻「国民国家と天皇制」、同巻に収録した座談会「世界史の中の国民国家」は、「国民国家」の実際の歴史と「国民国家」研究史とを、今日的課題と結合させて展開することに取り組んだ成果であるが、その評価の程は読者のご判断に委ねるしかない。生産的なご批判をいただきたい。

二〇一二年五月

戦後派研究会

# 国民国家と市民社会

シリーズ「21世紀歴史学の創造」第1巻

《目　次》

全巻の序　i
はしがき　vii

**総　論　国民国家とは何か**
**——研究史とその課題**　伊藤定良　1
第1節　「国民国家の世紀」——一九世紀から二〇世紀へ　2
第2節　国民形成とナショナリズム　8
第3節　国民国家の特徴　11
第4節　わが国における国民国家研究と私たちの課題　14
参考文献・引用文献一覧　26

**第1部　ドイツ国民国家形成とドイツ語の歴史**　伊集院　立　29
はじめに　30
**第一章**　ドイツ語の歴史の時代区分　34
**第二章**　ル　タ　ー　37
第1節　ルターのドイツ語がドイツ語史に占める位置　37
第2節　ルターのドイツ語観　45
**第三章**　ライプニッツ　50

第1節　「ウェストファーレン体制」とライブニッツ　50
第2節　ナイメーヘン講和以降のライブニッツ　56
第3節　ライブニッツのドイツ語論——彼のドイツ語への思い　62
**第四章　ヤーコプ・グリム**　73
第1節　ヤーコプ・グリムとドイツ語史とのかかわり　74
第2節　グリムの『ドイツ文法』　78
第3節　ヤーコプの生きたドイツ国民主義の時代　85
まとめ　90
参考文献・引用文献一覧　96

## 第2部　市民社会とエスニシティの権利　伊集院　立　101

はじめに　102
**第一章　アフリカの「伝統」社会とエスニシティ研究の動向**　109
第1節　中央アフリカ社会の基層的構造——農牧民と狩猟採集民の関係　112
第2節　中央アフリカ・ザイールにおける農牧民と狩猟採集民関係　115
第3節　ジンバブウェにおける農牧民＝狩猟採集民関係　119
第4節　ルワンダ・ブルンディにおける農牧民＝狩猟採集民関係——ツチ・フツ・トゥワの対立　121

第5節　ウガンダ　125
(1)　独立を勝ち取る伝統的機関と政党・エスニック集団間の闘争　125
(2)　部族紛争の視点から見る伝統的秩序と新しい国民国家像を巡る闘争　128
第6節　スーダン　131
第7節　ソマリア　134

**第二章　ソシアビリテとソーシアビリティと社会的結合　137**
第1節　ソシアビリテ　139
(1)　アンシアン・レジームにおける悔悛者会（pénitents）　139
(2)　ソシアビリテ論　143
第2節　ソーシアビリティ　146
(1)　イギリス市民社会の形成　146
(2)　イギリス市民社会におけるエスニシティ　149
第3節　中　国　154
第4節　日本の先住民アイヌと「先住権」　157

**第三章　エスニック・マイノリティの権利　163**
第1節　主権国家としての国民国家と「エスニシティ」の権利　163
第2節　一九世紀「国民国家」の規範と多元的な市民社会　166
第3節　第一次世界大戦後、ウィルソンの民族自決理念　171

第4節　第二次世界大戦後、エスニシティの権利へと向かう動き　175
まとめ　178
参考文献・引用文献一覧　184


# 第3部　国民国家と国民化　伊藤定良　191

はじめに　192
**第一章　ドイツ国民国家への道**　194
**第二章　ドイツ国民国家の創設と国民形成**　197
第1節　ドイツ帝国の成立　197
第2節　プロイセン＝ドイツにおける民族政策　199
(1)　文化闘争　199
(2)　学校教育　200
(3)　言語政策　204
(4)　帝国結社法　206
(5)　マズール人問題　208
(6)　外国人労働者問題　211
第3節　ドイツ・ナショナリズムの展開　214
(1)　国民国家論と支配の論理　214

(2) 帝国宰相ビューローと中央党 217
(3) 全ドイツ連盟とドイツ・オストマルク協会 221
(4) プロテスタント同盟 226
(5) ビスマルク崇拝 230

第三章 ポーランド・ナショナリズムの展開ともう一つの国民化 233
第1節 ポーランド民族運動の発展 233
(1) ポーランド人の自立化 233
(2) 学校ストライキ 235
(3) ポーランド人の民族意識 238
第2節 ポーランド党の活動 241
(1) ポーランド議員団の誕生とポーランド党 241
(2) ポーランド党の躍進 244
(3) 郵便アドレス問題 246
第3節 巡 礼 249
(1) ルール・ポーランド人と宗教 249
(2) 巡 礼 251
おわりに 255
参考文献・引用文献一覧 258

# 総論　国民国家とは何か——研究史とその課題

伊藤定良

## 第1節　「国民国家の世紀」――一九世紀から二〇世紀へ

　フランス革命がフランス国民国家形成の重要な契機になったことは、従来から指摘されている。それは、革命によって身分制が否定されるとともに、国民（ネイション）概念が積極的な意味を持ち、国民＝市民が社会を構成する基本原理とされたことで明らかであろう。シエイエスの『第三身分とは何か』（一七八九年）によれば、国民とは「共通の法律のもとに生活し、同じ立法機関によって代表される共同生活体である」。こうして、国民議会が成立し、国民主権が宣言された。しかし、いうまでもなく、女性や外国人などはこの国民のなかには含まれていない。この問題は、現代に至るまでそれぞれの国家や社会の問題性をえぐり出す重要な争点の一つになっている。

　ともあれ、国民国家の形成は一九世紀ヨーロッパで支配的になった。イギリスやフランスは国民国家の体裁を整えた。フランスの場合、一八四八年二月革命後のフランスの課題を意識していたルイ・ナポレオンは、対外政策を支配の重要な柱とし、教育の強化と公用語であるフランス語の普及に努めて、フランス国民の一体化を図ろうとした。普仏戦争で敗北した後成立した第三共和政は、厳しい国際関係に直面するなかで、男子普通選挙や初等教育の無償・義務化、一般兵役義務などを実現したが、それらはフランス国民を創る上で重要な役割を果したのである。

　イタリアとドイツは、それぞれ一八六一年と一八七一年に国家的統一を果たした。イタリアの国家統一は、大国の圧力のもとで、サルデーニャ王国が他の諸国を併合する形で達成された。ここでの問題は、統一時点で、イタリア語が日常的には住民のわずか二・五％によって用いられていたにすぎないという現実であった。国民統合における言語問題の重要性を考えるならば、「イタリアはできたが、次にはイタリア人を作らねばならない」（ダゼーリョ）のである。

ドイツ統一は、普仏戦争によるナショナリズムの高揚とドイツの軍事的勝利のなかで達成された。それは、プロイセン優位の連邦国家の形態をとったドイツ国民国家の実現を意味していた。しかし、このドイツ帝国はすぐれて「未完成の国民国家」であった。その課題は、できるだけ早く国民国家の内実を創り上げることにあった。というのも、統一間もないドイツは植民地を保持する二大先進国家のイギリスとフランスに対抗し、同時に「ヨーロッパの平和」を維持しなければならなかったからである。それだけに、「帝国の敵」と見なされた社会集団に対するビスマルクの統合政策は広範囲にわたり、しかも強烈であった。とりわけ民族的少数派のポーランド人を狙い撃ちにしたプロイセン公用語法や初等教育におけるドイツ語の強制などが指摘できる。ビスマルクは、このようにして、ドイツ国民を創り上げようとしたのである。これは、その後の民族政策の基本的方向を決定した。しかし、こうした国民化政策は逆にポーランド・ナショナリズムを生み出して、ドイツ国民国家の亀裂を深めることになる。

さらにヨーロッパ東部では、オスマン帝国の支配から脱して、バルカン諸国家が誕生した。しかし、バルカン諸民族の国家建設の国際的従属性は明らかだった。たとえばルーマニアの場合、ユダヤ人の「解放」（市民的平等＝「国民化」）をめぐる問題がそれを象徴している。列強から強制された彼らの「解放」は「独立の代償」と受け止められ、それはむしろ社会的差別を固定する結果を生み出し、ルーマニアはその後深刻な社会問題を抱え込むことになった。

以上のように、イタリアとドイツの統一が達成されることによって、さまざまな問題を抱えながらも、国民国家が時代の支配的潮流であることがはっきりした。いずれにせよ、「国民国家の形成」（バジョット）という事態は、一九世紀中葉すでに同時代人によっても注目されていたところであり、まさに「一九世紀ヨーロッパは多くの点で国民国家の世紀であった」（モムゼン）（Mommsen, 1990:210）。他方で、アメリカ南北戦争や日本の明治維新も国民国家の建設に連なる動きである。

帝国主義の成立にとって決定的に重要な役割を果たしたのは、「アフリカ分割」を急速に推し進め、「世界分割」の起点となったベルリン西アフリカ会議（一八八四〜八五年）である。ここには、ヨーロッパの国民国家一二ヵ国とオスマン帝国およびアメリカが参加していた。これらの国民国家は、国家の凝集力の強化と民衆の側における国家への同意と統合を図る一方で、対外的衝動を強め、列強相互の承認のもとに「アフリカ分割」への道を歩み出したのである。このことは、国際的に、国民国家体系が成立したことを意味していよう。

二〇世紀はじめには、世界には六〇ヵ国ほどしか存在せず、しかも列強と呼ばれる国民国家が帝国を形成して、互いに手を結びながらも「世界再分割」競争にしのぎを削った。しかし、この帝国主義の世界体制は、第一次世界大戦と革命によって動揺を見せ始め、国民国家からなる国際社会の姿も変容を迫られた。そのなかで一つの画期をなしたのは、諸民族を包含していたドイツ帝国やハプスブルク帝国、ロシア帝国、オスマン帝国などの解体によって生じたヨーロッパの変動である。ここでは、よく知られているように、戦後処理の原理として提示された民族自決の原則は、アジアやアフリカでは無視され、帝国主義外交によって、さしあたり中・東欧に適用された。その結果、この地域に一連の国民国家群が誕生した。ポーランド、ハンガリー、チェコスロヴァキア、ユーゴスラヴィアなどがそれである。

一方、自決権が中・東欧に適用されたといっても、その民族自決は大戦末期にこの地域に起こった変革運動に敵対的であり、しかもそれがきわめて限定的であったことは、あらためて注意されてよい。この地域の住民すべての運動に自決権が適用され、国民国家が保障されたわけではない。たとえば、ドイツのラウジッツ地域のゾルブ人（ヴェンド人）の運動やオーバーシュレージエンにおける自治ないし独立を求める運動に対する連合国の否定的な態度が、そのことをよく物語っている（伊藤 2007:43）。このように、国民国家の誕生には、ヴェルサイユ体制と呼ばれる戦後国際秩序の形成過程が大きく関わっていた。

その上、中・東欧における新たな独立国家はそれぞれ複雑な民族問題を抱えていた。この地域では多様な民族集団が混住しており、各国の複合的な民族構成はさまざまな民族的緊張を生み出し、ここでの国民統合は困難きわまりなかった。さらに、国内の民族関係は対外的問題と結びつき、国際関係の矛盾を強めざるを得なかった。

第二次世界大戦後の脱植民地化の進行は、アジア・アフリカに数多くの新興の国民国家を成立させた。象徴的には、一九六〇年の「アフリカの年」にアフリカの一七植民地が独立し、そのうち一六ヵ国が国際連合に加盟して国際舞台に登場した。これらの国々が複数の民族集団を抱えることにより、国民国家としてのまとまりを欠いていることは明らかだが、その点はヨーロッパでいち早く成立した国民国家についても言えることであった。しかも、国民国家がさまざまな内部矛盾を抱えていることはすでに指摘した通りである。いずれにせよ、国民国家が世界的規模に拡大したのである。一九八九年以後の事態のなかで、ソ連やユーゴスラヴィアなどの解体によって新国家群が建設された事態も、さしあたりこの流れのなかで理解できよう。その意味では、二〇世紀が「戦争の世紀」あるいは「戦争と革命の世紀」といわれる一方で、「国民国家の世紀」ともいわれることには十分な理由がある。現在の時点では、国際連合に一九三ヵ国が加盟しており、これら諸国家がいずれも原則上は対等な国民国家として国際社会を構成する主体になっている。

ところで、これまで国民国家という言葉を自明のように使ってきたが、ここで国民国家について一応の共通理解をしておく必要があろう。木畑洋一によれば、国民国家とは、一般的に、「国境線に区切られた一定の領域から成る、主権を備えた国家で、その中に住む人びと（ネイション＝国民）が国民的一体性の意識（ナショナル・アイデンティティ＝国民的アイデンティティ）を共有している国家」（木畑1994:5）である。このように、国民国家の概念は、領域や主権などの概念とともに近代国家の特質を示す概念であり、とりわけ国家の成員＝国民や彼らの国民的アイデンティティに注目して国家を捉えようとするものである。したがって、ここでは、国民的アイデンティティの創出＝国民の創出が重要な問題となる。そこで、「一国家＝一国民」という理念、あるいは建前が生まれる。ただ、この点について若干コメントすれば、木畑も指摘しているように、「国民的一体性の意識を共有している」という場合、その一体性＝アイデンティティは他の一体性＝アイデンティティを完全に排除するわけではない。国民国家は常に国民的アイデンティティの強化につとめ、国民統合を目指すけれども、それは人びとのアイデンティティの複合性を消去することはできないのである。国民国家の実際は、その内部に多様な集団を含んでおり、国民のあり方は彼らに規定されざるを得ない。

現在、国民国家という存在とその意味がなぜ問われねばならないのであろうか。それは国民国家を取り巻く状況が大きく変貌しているからに他ならない。かいつまんで言えば、国民国家はいくつかの方向から挑戦されている。まず、国民国家を越える広領域のまとまりとして、ヨーロッパ連合（ＥＵ）や東南アジア諸国連合（ＡＳＥＡＮ）などがある。それらは、さまざまな地域協力や地域統合の動きを示すものとして、ますます重要性を増している。もう一つは、フランスやスペイン、そしてイギリスやベルギーなどの国家内部における地域の自立性を主張する動きがある。「地域ナショナリズム」とも呼べるこうした運動、あるいはエスニシティに関わる動きも実際の国民国家のあり方を規制し、その内実を変えている。さらに、非政府組織（ＮＧＯ）などに代表されるトランスナショナルな組織が指摘できる。

このように、現在では、広域な地域統合やトランスナショナルな組織および地域、エスニシティの諸レベルの動きが国民国家をめぐって交差しているのである。加えて、私たちの社会では人の移動や移民の存在が不可欠になっている。ここでは、地域や生活のレベルで、さまざまな住民グループの結びつきも生まれている。私たちは、もはや国民国家や国民の自明性について語ることは許されない。しかしそれと同時に、グローバル化が進んでいる現在、むしろ国民国家の枠組みが強化され、ナショナリズムが政治や社会の前面に押し出されてきている傾向も見られる。こうした複雑な現実を目の前にして、私たちは国民国家や国民で括ることの意味についてあらためて考えねばならないであろう。以下、もっぱら近代ヨーロッパを手がかりに、この問題にアプローチしたいと思う。

## 第2節　国民形成とナショナリズム

それでは、こうした国民国家と分かちがたく結びついている国民形成とナショナリズムの問題から考えてみよう。国民、あるいはナショナリズムの理解については、まず発生史的アプローチがある。その第一にあげられるのは、ネイション（国民、民族）を近代資本主義社会の産物として見なすのではなく、近代以前との連続性において捉えようとする立場である。日本では、言語学者の田中克彦がこの立場を代表している。田中は次のように述べている。

「母語によって結ばれた一つの言語共同体は、一八世紀末頃からは「民族」形成の道へ進み、それに伴ってそれぞれの民族は、それぞれの母語を民族語（Nationalsprache）へと高めた。このこととまったく平行して、国家、もっと厳密に言えば民族国家（Nationalstaat）所有への願望があらわになってくる。こうした一連の過程を見れば明らかなように、国家、言語、民族というこれら三つの項目は、実に切り離しがたい関係にあることが理解されるであろう」（田中 1975:66）。

田中は、母語を共有する人びとに注目して、民族形成―民族語―民族国家の密接不可分な関係を論じているのである。

その他に、一九七〇年代に急激に発展したエスニシティ研究の分野においても、こうした連続性論について指摘できる。たとえば、エスニシティを論じるにあたり、血縁や血縁的紐帯意識を土台として、独自な文化や言語と生活習慣の要素を重視する「原初的特性重視論」に立つクリフォード・ギアーツなどの人びとも、この第一のグループに入れてもよいだろう。ギアーツは、原初的愛着を新しい国民国家に組み込むべきことを述べて、原初的愛着と国民的アイデンティティの調整に注目している（関根1994:83-86）。

第二の潮流は、第一のそれとは対照的に、ネイションは資本主義的発展過程と不可分な形で形成されたことを主張している。したがって、この立場は、ネイションがナショナリズムという近代の政治運動によって創造されたことを強調するのである。つまり、ネイションやナショナリズムは近代の産物だということになる。最近の欧米のナショナリズム研究は、ヨーロッパの国民国家の経験を踏まえながら、この点を打ち出していることが特徴的である。エリック・J・ホブズボーム、アーネスト・ゲルナー、ベネディクト・アンダーソン、ジョン・ブルイリらがそれを代表している。

それぞれの論者について簡単にまとめておこう。ゲルナーによれば、ナショナリズムとは、「第一義的には、政治的な単位と民族的な単位とが一致しなければならないと主張する一つの政治的原理」であり、「人間集団を大きな、集権的に教育され、文化的に同質な単位に組織化」しようとするものである。これは流動性と不断の経済成長によって特徴づけられ、読み書き能力に基礎をおいた同質的で高度な文化を必要としている工業社会の要請によって成立する。したがって、ナショナリズムは人類史の特定の段階、つまり資本主義的近代に照応するということになる（ゲルナー2000）。他方で、ナショナリズムの特徴を文化的な構築過程に見出しているのがアンダーソンである。ネイションについては、彼は資本主義の展開と結びついた印刷・出版の発展（出版資本主義）をネイション形成の最大の要因と見なして、「想像の共同体」としてのネイションの性格を強調している（アンダーソン1997）。

また、ホブズボームも、ナショナリズムが近代の産物であると理解することでは同様である。彼は、ネイションがナショナリズムによって作り出されたことを強調するが、自由主義的イデオロギーとしてのナショナリズム、言語的ナショナリズムや統合主義的ナショナリズム、さらには大衆動員的ナショナリズムなど近代ナショナリズムの諸局面の展開を包括的に論じている（ホブズボーム 2001）。同時に、ホブズボームはまた、構築主義的な立場から「創られた伝統」を論じ、国民祭典、儀礼、象徴の創出の観点を通してナショナリズムの問題に迫って、その後のナショナリズム研究に多大な影響を与えた（ホブズボーム・レンジャー編 1992）。

ブルイリの場合、ナショナリズムを政治の一形態として扱い、ナショナリズムという用語を「国家権力を求めあるいは行使する、そしてそのような行動をナショナリズム的議論で正当化しようとする政治運動」に限定している（Breuilly, 1993:2）。ジマーが的確にまとめているように、ブルイリは政治運動と近代国家を中心において、両者の間のダイナミックな相互作用こそが近代ナショナリズムの動因であると見なしている（ジマー 2009:17）。いずれにせよ、私たちにおいては、こうした第二の潮流を踏まえて、近代資本主義と結びついているナショナリズムあるいは国民国家による国民創出のプロセスを歴史的に明らかにすることが重要であろう。

以上のように、これまでの研究は発生史的アプローチから大きく二つの潮流に分けることができる。しかし、一部においては、両者が必ずしも完全に排除し合うものではなく、力点の置き方の違いを残しながらも、重なり合う部分もないわけではない。だからこそ、アントニー・D・スミスに見られるように、第一の潮流と第二の流れの折衷を図る立場も出てくるのだと言える。彼はネイションの近代的性格を認めた上で、それがそれ以前の深いルーツ、つまり前近代のエスニック・アイデンティティを持つものであることを同時に強調し、近代主義的ネイション解釈に修正を迫るのである（スミス 1999）。要するに、これは近代のネイションを前近代のエスニシティとの連続で捉える見解であり、ネイション意識や概念の定着の歴史的背景を軽視することにならないであろうか。

## 第3節　国民国家の特徴

国民国家を編成する国民については、一般的に二つの類型が指摘されている。つまり、国民のシヴィックな面に注目する「フランス型」とエスニックな面を強調する「ドイツ型」の二類型である。こうした国民の類型把握は、いうまでもなくナショナリズム研究の古典といわれるハンス・コーン『ナショナリズムの思想』（一九四四年）に起源を持っている。彼によれば、「西欧的ナショナリズム」がイギリスやフランスなどの西欧で発展した主体的な政治的意志に基づく合理的なナショナリズムであるのに対して、「東欧的ナショナリズム」はドイツ以東の地域で展開した文化的同質性に基づく非合理で有機的なナショナリズムである。このような対比の仕方は、ドイツ史研究者のテーオドーア・シーダーらの国民国家類型論を生み出している（Schieder, 1991）。

しかし、「西」と「東」、「シヴィック」と「エスニック」を対照させる古典的な二分法的見解は、現在私たちが直面している問題状況やネイションの歴史と現実に立てば、その一面性は明らかである。私たちはむしろ、一九世紀ヨーロッパで成立した国民国家の共通する特徴を考察することが必要だろう。

国民国家を国民の合意と統合という側面から捉えようとするならば、それを一般的な近代国家と同一レベルで論じることには異論があるかもしれない。ドイツ史研究者の木村靖二は、一九世紀ヨーロッパについて、「外部に対して多孔的構造、開放的性格を有していた」イギリス・フランスの両近代国家とナショナリズムによる地域統合を課題としたドイツのような国民国家とを対比している。しかし、その木村にしても、形成期の国民国家の国民統合力を過大に評価することを戒めながらも、一九世紀後半の近代国家において国民国家への傾斜が現れることを指摘している（木村 1993:66–70）。このように見ると、私たちにおいては、一九世紀後半に一般化する言語ナショナリズムのような国民国家イデオロギー、また選挙制度・初等教育・一般兵役義務による国民の形成、国民祭典・国民的記念碑、象徴や儀礼など「伝統の創出」による国民統合強化の試み、そうしたものに対する社会の反応、大衆的ナショナリズム、それらのせめぎ合いから生まれる矛盾や女性・マイノリティへの差別・排除等が問題とされねばならないように思う。

国民は革命や国家統一によって一挙に創られるわけではない。先に指摘したフランスにしても、フランス革命以来、一八四八年の二月革命とその後の第二帝政を経過し、普仏戦争での敗北とドイツの脅威を受けた第三共和政期になってはじめて、本格的にフランス国民国家や国民の創出について語ることができるように思う。一般的には、国民の創出は、国内の分裂の克服が重要な課題となった一九世紀後半の帝国主義の時代に入って切実なものとなる。列強による植民地や勢力圏の獲得競争によって「世界分割」が進行し、国際対立が激化すると、各国は絶えず「敵」を作り出して「国民化」を進めて対応しなければならなかった。そのためには、国家による国民統合政策と社会の側でのナショナリズム運動が必要だった。国民国家の形成における対外的契機、対外戦争や「敵」イメージは重要な問題である。国民国家による国民創出をめぐる事態は、多かれ少なかれヨーロッパの東西で見られたのである。

国民国家は何よりも、建前としては、国民原理によって国家社会を編成し、人びとを身分制から解放する。それは、実態としては差別を伴いながらも、普通選挙権や人権など一定の国民的同権を保障することによって、さまざまに分断された民衆を均質な国民として国家に統合しようとする。つまり、国民国家は一定の近代化・民主化を担うのである。先に概略した国民国家の発展も、多かれ少なかれ社会経済の近代化と政治的民主化を伴っていることは指摘されねばならない。一方民衆の政治参加は、政治主体としての国民を創出する上では不可欠であり、国家にとって国民統合の問題を第一義的なものにしたのである。総じて、性や階級、地域・宗教・社会・民族などさまざまなレベルでの分裂をいかに克服するかは、近代国民国家の最大の課題であった。

しかし、現実の国民国家形成あるいは国民統合の過程はこの国民国家の矛盾をも露呈している。ここでは、前述した「民主化」や「政治主体としての国民」の内容が問われなければならない。国民国家の形成と発展の長い歴史のなかで、女性や外国人などはそこから排除されてきたのではなかったのか。国民国家が内包してきた問題である。私たちは、この点をまず確認する必要がある。

さらに、祖国の観念やナショナリズムが国民的アイデンティティを推し進める機能を果たしていることは、明らかに指摘できよう。しかし他方では、言語ナショナリズムが「国語」を強制することによってマイノリティの反発を呼び起こしてしまうケースも、歴史上しばしば見られたところである。この場合、マイノリティへの統合圧力は差別・排除を意味しているだけに、一部のマイノリティは国家に対抗してみずから「国民化」を進めようとした。いわゆる「対抗ナショナリズム」によって、自分たちの国民意識の形成を図ろうとしたのである。しかも、よくあるように、マイノリティの彼らは別のマイノリティを差別し、排除さえしたのだった。こうして国民国家は、国内的にはマイノリティへの抑圧、対外的にはナショナリズムによる国際対立をもたらすことによって、民衆や民族集団、国家間の関係を断ち切り、その分裂を拡大している。このような点を踏まえて、近年では、民族的マイノリティやエスニシティ問題、そして女性や外国人問題を視野に入れながら、国民国家の抑圧的・差別的な側面に批判のポイントが置かれてきていると言ってよいだろう。

## 第4節　わが国における国民国家研究と私たちの課題

ここで、わが国におけるこれまでの国民国家研究について概括し、私たちの課題を明らかにしたい。「日本の近代化、民主化」を意識していた戦後歴史学は、ブルジョア革命を歴史研究の重要な課題に据えた。西洋史の場合、もっぱら注目されたのは土地所有と農民解放の問題であり、国家や国民形成とナショナリズムの問題に注意が払われることは少なかった。この問題を視野におさめた数少ない代表例が、桑原武夫たちの共同研究である（桑原編 1959）。総じて、戦後歴史学は国民史的あるいは一国史的観点を強く帯びており、それだけに国家を段階論的に把握する傾向が強く、国民そのものあるいは国家を世界史の文脈のなかに位置づける姿勢には弱かったのである。

とはいえ、民族やナショナリズムの問題が無視されていたわけではない。戦後歴史学が世界史の基本法則に次いで民族の問題を取り上げていったのは、周知の通りである。ただし、第二次世界大戦後の事態は複雑であった。民族の問題の重要性を認める人と戦前の侵略的ナショナリズムを連想してたじろぐ人とが、互いに日本の将来に思いを馳せて併存していたのである。こうした現実を前にして、江口朴郎は、だからこそ民族やナショナリズムは問題にすべき重要な事柄なのだと指摘し、ナショナリズムについては民衆を行動に動かす主体的契機として把握すべきことを強調した。ここで、江口が民族の問題を考えるに際して、民衆の切実な要求として表現される民族的意識を重視していたことは見逃されるべきではない。同時に私たちの注目するのは、江口の認識の先駆性である。例えば「歴史におけるナショナリズムの発展」に示されているように、江口は民族やナショナリズムの問題を常に世界史の発展のなかで論じているのであり、民族の問題の複雑性やナショナリズムの複合的性格を直視している。ともあれ江口においては、その問題意識はナショナリズムが民衆の具体的、歴史的な利益とどのように結びついているかにあった（江口 1975）。

一方、政治学の丸山眞男は、戦中に書かれた論文「国民主義の「前期的」形成」のなかですでに、日本の国家と社会への批判を意識して、単に国家に帰属しているのではなく、国民たろうとし、自らを政治的統一体として意識する「国民意識」とそれを背景とする「国民主義」を評価し、そうした「国民主義」に支えられた「近代的国民国家」の形成を明言していた（丸山 1996）。戦後の丸山は、日本のナショナリズムの考察を通してこの問題にふたたび触れることになるが、南塚信吾の言葉を借りるならば、「丸山においては、民族国家は、人民主権ないしは「ブルジョア・デモクラシー」の諸原理をへて（つまり市民的変革をへて）国民国家になっていくのが本筋と考えられていたのである」（南塚 2010:8）。

丸山とともに第二次世界大戦後の世論に大きな影響を与えた大塚久雄の場合、低開発国問題に触発されて「国民経済」の問題の再検討を余儀なくされるようになり、それと国民の政治的独立の関連性を視野におさめることになった。基幹産業部門を軸にした「国民経済」の産業構造の確立と「国民主義」的運動との関係、世界資本主義内のナショナリズムの問題である。他方で大塚は、ナショナリズムを歴史的に考察し、「ナショナリズムのいわば小ブルジョア的起源」を指摘している。大塚にとって問題なのは、明るい「国民主義」的ナショナリズム、あるいは暗い「国家主義」的ナショナリズムを生み出すのも小ブルジョア層であり、彼らを前者の方向に向けさせることであった。現在の時点からすれば、こうした二分法は批判を免れないが、少なくともここには「国民主義」的ナショナリズムに期待して事態を打開しようとする大塚の危機意識が現れていよう（大塚 1969）。

ところで、国民国家という用語がしだいに一般化したのは一九七〇年代以降のことであろう。その背景について、西川正雄は次のように整理している。第一に、植民地・従属国の独立によって諸政体の比較研究が促され、ヨーロッパ型国家の相対化への関心が生まれたこと。第二に、ナショナリズムが人類共存の足かせになっているという反省。第三に、ヨーロッパ統合の動きとともに、欧米におけるエスニシティの強まり（西川 2001:332）。西川の指摘するこうした状況は、従来の国家概念の見直しを要求していくことになる。

いち早く反応したのは政治学の分野であった。その先駆けをなしたのが、一九七六年に書かれた福田歓一「国民国家の諸問題」である。政治学者である福田は、ここで、「国家独占資本主義」の実体への接近が国家概念の検討を求め、多国籍企業の巨大な姿が国家の見直しを迫っているとして、従来の国家論を政治社会論として組み直すべきことを主張した。福田はさらに、社会主義、植民地解放、地域主義や外国人労働者問題という二〇世紀のアクチュアルな問題を指摘して、伝統的な国民国家の見直しを求めるのである。福田は、そこで、国民国家の歴史的特質を検討し、国民国家の擬制的性格を明らかにする必要があることを強調した。すなわち福田の結論は、「(国民国家の)巨大な力を制御しながら、人間の多様な要求を定式化しなおすためには、主権国家を相対化し、擬制から解放された新しい枠組が必要である」(福田 2009:136) というものであった。

ただし、歴史学の分野では、例えば一九七七年度と七八年度の歴史学研究会の全体会テーマとして「民族と国家」が掲げられたが、ここでは従来の民族とナショナリズムの枠のなかで問題が取り上げられたのであり、国民国家論に位置づけられていたわけではなかった。とはいえ、その後の研究状況から見るならば、七〇年代の歴史学においてすでに、民族に関わる問題について重要な問題提起がなされていた。つまり、一九七三年度歴史学研究会大会全体会で報告された板垣雄三「民族と民主主義」である(板垣 1992)。この報告はその後「n地域論」の提唱として知られるようになるが、それと関わって板垣は、民族形成に関して、その主体的な側面を軽視して客観的にのみ捉える見方を批判し、これを民衆の運動の発展過程に即して見直そうとした。これは、前述した江口朴郎につながる理解である。板垣によれば、民族は究極的には民衆意識、民衆の自覚形式に則してしか問題となしえないのであり、民族は国際的関係の広がりのなかで、そこに不均等な不均質な関係が生まれるところで成立する。このような観点からすると、一国史的・一般法則論的把握は通用しないのであって、民族形成は不均等性を絶えず増幅する世界資本主義の場においてダイナミックに進行するということになる。私たちは、民族形成やナショナリズムの研究において、江口や板垣の果たした先駆的役割を押さえておくべきだろう。

　事態の転換は、一九八〇年代にははっきりと示されることになった。それを象徴的に示したのが、戦後歴史学を自覚する柴田三千雄が著した『近代世界と民衆運動』である。本書において柴田は、国家の構造的な凝集力に着目して、国民国家を「国民的規模の国家」と「国民国家」とに分け、前者については「社団国家」と「名望家国家」を指摘し、後者は中核において帝国主義段階に照応する国家構造であると説明している（柴田 1983）。世界システム論をふまえた新たな国民国家論であった。さらに一九八九年には、柴田はフランス革命の意義を新しい国家統合の創造に求めることになり（柴田 1989）、西川長夫は国際学会あるいはシンポジウムで国民統合の面からフランス革命を論じた（西川 1998）。そして、九〇年代には国民国家を批判的に再検討する動きが活発になっていくのである。

　国際的に見ても、とりわけ一九八〇年代以来、国民国家やナショナリズムに関する研究は顕著に進められた。前述した諸研究がそれを代表している。ヨーロッパでは、「ヨーロッパの概念」や「ヨーロッパの意味」をテーマにした研究成果も目立ってきている。日本も同様に、ヨーロッパ統合を意識したハプスブルク帝国史研究、大英帝国の構造やその帝国意識の研究をはじめとして、「帝国」の意味がさまざまに問い直されている。さらに、日本の内外で、国家内の地域、あるいは国境をまたがる地域への関心が高まった。これらの研究は、国民国家の相対化を要求し、歴史的地域の形成やその意味を明らかにして、従来の国民史的研究に反省を迫っているのだと言えよう。

　こうした文脈のなかで大きな意味を持ったのは、エスニシティ研究の進展とエトノス概念の再評価であった。なかでも二宮宏之は、「ソシアビリテの歴史学と民族」において、歴史学と民族学や文化人類学との交錯を意識して、国民国家や国民経済の基盤となったネイション、あるいは民族主義運動の場合における民族が政治の局面で語られていることに反省を求め、それらを社会的・文化的共同体として捉え直すべきことを要求した。こうして、二宮の言うソシアビリテ（社会的結合）の歴史学は、「からだ」と「こころ」を参照系として、社会の根底にある人と人との結び合う絆のありように注目し、そこからふたたび政治支配の次元との関連を問おうとする。換言すれば、エトノスとネイションとの関連である。ここにおいては、国民国家の枠内において多様な社会的・文化的共同体が存続している事実が直視されねばならないということになる（二宮 1994）。

このような新しい研究成果を意識して、九〇年代には国民国家の意義が問われることになった。この嚆矢となったのが一九九一年度歴史学研究会大会全体会報告であり、そのテーマの副題は「国民国家を問う」と題されていた。この報告で「ヨーロッパ国民国家の歴史的相対化」をめざした小沢弘明は、ネイションを「国民」と訳す一方で、日本語の「民族」をエスニック・グループまたはエトノスと同義と見なし、これによって国民国家の実態を多民族国民国家（マルチ・エスニック・ネイション・ステイト）と捉え直すとともに、民族解放運動を「国民（としての）解放（をめざす）運動」として理解できるだろうと言う。その上で小沢は、エトノスや地域を実態化して捉えるのではなく、あくまで歴史的状況の産物として押さえておくことが必要であることを強調している。小沢によれば、「国民という枠組みは新しいもの、つくられたもの、変わりうるもの」として捉えなければならない。この理解は「不断の国民化」とも呼べようが、小沢は周到にも「国民国家に収斂する歴史学ではなく、そこからはみだす歴史学が求められている」ことを私たちに訴えている（小沢 1991:2-9）。これらの指摘は、歴史の動態をふまえた国民国家論の新しい方向と言えるだろう。

わが国で、国民国家批判としての国民国家論を精力的に展開してきたのが西川長夫である。西川は、フランス革命における国民と国民国家の成立を論じたが、その際、国民統合（国民国家の形成）の諸要素として経済統合、国家統合、国民統合、文化統合を取り上げ、とりわけ国民国家の「イデオロギー装置」に注意を払っている。西川がここで国民統合の観点からフランス革命を見直す場合、西川が同時に女性や外国人、民族的少数派などの国民統合から排除された存在にも注目していることは指摘されるべきだろう（西川 1994:24-43）。さらに西川は、近代歴史学と国民国家の相関性を問いかけている。最近のナショナルな事態を見るにつけても、「われわれ自身の国民化」に無自覚な状態に対して反省を迫る西川の議論は貴重である（西川 2002）。しかし、ここでは、歴史学は国民国家の回路に一方的に吸収される存在として位置づけられており、世界史に関するこれまでの研究の意義が正面から論じられることはない。また、「国民国家は崩壊しつつある」という指摘を読むとき、いささかの違和感を覚えずにはいられない。国民国家が世界の現実から挑戦を受け、国民国家を相対化する傾向が進んでいることは確かである。そして、国際社会を構成する主体として、NGOなどの組織が国際社会で貴重な役割を果たしていることも否定できない。しかし他方において、現段階では、国民国家の統合力とナショナリズムの強さを自覚する一方で、ナショナルなものをめぐる事態に示されている矛盾や異なる存在を排除しようとする志向性などを意識しておかないと、私たち自身、国民国家の論理に足をすくわれかねないのである。

ところで、山室信一は「「国民帝国」論の射程」において、「国民帝国」論を提起した。山室は、ここで、「国民帝国」を「主権国家体系の下で国民国家の形態を採る本国と異民族・遠隔支配地域から成る複数の政治空間を統合していく統治形態」と定義した上で、国民国家と植民帝国とがほぼ同時期に相互補完的に形成されていったことを指摘している。このような認識は、国民国家が帝国主義を特徴づける世界分割の主体となっていることの意味に注意を払ってきた従来の歴史研究に連動している。帝国でありつつ国民国家としてあるという二重性の問題を、山室が本格的に論じたことの意義は大きい。しかもこの国民帝国については、格差原理と統合原理が組み合わされた異法域の結合として、植民地支配の実態を明らかにしながら、その内部矛盾を剔抉している（山室 2003:87–128）。

最近、ロシア史研究者の塩川伸明は『民族とネイション』と題する新書を著し、ネイションやナショナリズム、あるいはエスニシティ、国民国家などに示されている事柄の相互関係を目配りよく整理している。塩川は、マイノリティやエスニシティの問題にも視野を広げながら、歴史の実態に迫り、二分法的ナショナリズム論を排して、ナショナリズムの複合的性格を論じている（塩川 2008）。世界の現実に向き合おうとするとき、私たちは国民国家やナショナリズムの歴史と理論を扱う際の塩川が持つ視野の広さに学ぶべきだろう。

国民国家の相対化が進みつつも、それが未だに重要な政治的単位であることを考えたとき、その歴史と現実やこれまでの研究史から、私たちはどのような点を問題にすべきであろうか。それぞれの研究が明らかにしてきた事実、そしてそこからの問題提起を踏まえるならば、さしあたり次のような課題を指摘できるように思う。

第一には、国民国家の形成、「国民というまとまり」の誕生が持つ歴史的な意味を国際的な連関のなかで押さえる必要がある。フランス革命がもたらした社団の解消と国民国家の創出から脱植民地化によって生まれた国民国家に至るまで、私たちの視野を広げねばならない。歴史的な形成物としての国民国家の特質を、国際システムにおける主権平等という原則まで含めて、その実態に即して明らかにすることが重要であろう。フランス革命＝市民革命と国民国家形成との関係、そして何よりもまず、工業化の進展による国内市場の統一、運輸・交通、通信の発達と国民国家形成との密接な関係も、国際的な関わりのなかで問われることになる。こうして成立した一九世紀後半の国民国家と第一次世界大戦後誕生したそれとの比較、また女性が参政権を獲得して文字通り国民の一員となった二〇世紀後半の国民国家の特質などが問題にされてよい。

このようななかで、国民の中身も問われるべきだろう。国民は不断に変わりうるものであり、創られていくものであるとする小沢弘明の理解（小沢 1991）に立てば、国民の中身が変化し、発展していくことは当然であり、それはそれぞれの時代状況のなかで問われねばならない。さらに、国民統合が個々の民衆にとって持つ意味を明らかにすることも重要となる。階級や民族、性・宗教・地域などの問題を通して生ずる諸矛盾を考慮するとき、「国民」と括る意味は何なのか。この点は、とりわけ現在において私たちに要求されている検討課題であろう。

第二に、国民統合における国家と社会の役割という問題がある。西川長夫の述べる国民統合（国民国家の形成）の諸要素、つまり経済統合、国家統合、国民統合、文化統合、わけても国家による抑圧的な統合機能、イデオロギー装置の役割を問うことが大事となろう。同時に、私たちにとっては、社会における「下からの」運動の果たす役割の解明が不可欠となってくる。帝国主義段階で成立した急進的な大衆的ナショナリズムは、帝国主義的状況を切り開き、国民国家の実質化を進める上で重要な役割を果たした。ナショナリズムの強さは国家の操作だけでは説明できないのであり、大衆的ナショナリズムは国民統合を牽引するものであろう。ドイツにおける全ドイツ連盟やオストマルク協会、ドイツ艦隊協会などのドイツ・ナショナリズム団体、あるいはビスマルク協会などの国民的運動、フランスについてはとりわけ「対独復讐」の運動、アクション・フランセーズなどは注目に値する。

第三には、国民国家における「主権」「民主主義」の観点から、差別の実態と現実の支配の重層性を明らかにする必要がある。ここにおいて、民族的マイノリティやエスニシティの問題、女性や外国人の問題は重要な位置を占めることになる。例えば、帝国主義ドイツで明らかなように、国民国家の体裁が整えられて、出版や結社・集会の自由が保障される一方で、民族的マイノリティのポーランド人には公用語としてのドイツ語が強制され、初等教育においては母語であるポーランド語を学ぶことが禁止されている。さらには、公開集会ではポーランド語の使用が禁じられた。また、カトリック、ユダヤ人、社会主義者に対する社会的差別、公職での不利益は顕著であった。建前としての平等な「国民」は、選挙権で不平等な存在であった。このような社会・政治状況から見るならば、第一次世界大戦前ドイツ社会民主党の理論的指導者であったローザ・ルクセンブルクが、ユダヤ系ポーランド人の社会主義者で、しかも女性として、何重もの差別にさらされたことの意味を私たちは問うべきだろう。この問題はまた、ポーランド人地域などに示されるように、地域的差別という問題にも連動している。つまり、さまざまな差別を受けていた地域の問題である。このように、国民国家としてのドイツ帝国は、重層的な支配構造を持っていたのである。以上に見られるように、国民国家の重層的支配のあり方は、本国と植民地・

従属地域から構成される帝国の構造にそのままつながっていくのではなかろうか。国民国家と帝国との関係性である。

第四に、「国民国家と帝国の重なり合い」の重要な側面として、「内」＝国民国家における「民主主義」と「外」＝植民地・従属地域における「支配・抑圧」の関係が問題にされねばならない。国内諸制度の整備・「民主化」と「世界分割」、民主主義運動と植民地支配の強化とはいかなる関係にあったのか。例えば、イギリスにおける議会政治の発達や社会政策の展開とインドを軸にした植民地支配との関係、あるいはまた現代のアメリカ民主主義とベトナム戦争との結びつきなど、いずれもイギリス民主主義やアメリカ民主主義の質を問うものであり、現代世界が直面している事柄につながる問題である。

第五に、キムリッカなどが指摘する文化の多様性・多元性を視野に入れるならば（キムリッカ 1998）、いわゆる国民国家の擬制的性格やイデオロギー的性格の問題もあらためて検討する必要があろう。さらにこの問題を突き詰めれば、私たちにとっては二宮宏之の提起しているソシアビリテ論が欠かせない。ここでは、ネイションとエトノス、エスニシティとを一義的に対応させることはできないのであり、国民概念は相対化されざるを得ない。「絆」と「しがらみ」の両面を合わせたさまざまな人的結合関係を視野におさめることによって、近代社会の実相に迫ろうとするこうした試みは、国民に集約される近代の人間関係を相対化し、現代において新たな人と人との絆を模索する試みを意味していよう。

最後に第六として、南塚信吾が指摘するポストコロニアルの立場から提起されている国民国家批判の問題がある。「世界史的には、一方の地域での国民国家形成は他の地域での国民国家の形成を困難にし、歪めざるをえないのであり、国民国家の「ペースト」議論は非歴史的であることを見逃してはならない」

（南塚 2010:24）という南塚の言葉を私たちは正面から受けとめるべきだろう。この総論では、一九世紀ヨーロッパで成立した国民国家を中心に論じてきたが、南塚においては、これまでヨーロッパや日本を主な対象としてきた国民国家の同質性議論に対して、植民地本国と植民地との相互関連性を視野におさめることによって、その差異性に注目すべきことが主張されていると言ってよい。

国民国家が世界大に広がることによって、むしろ国民国家の持つ問題性はいっそう明らかになってきている。一人一人の人間を大事にし、人々の多様な要求に応えて、人間相互を結びつけるための政治的な仕組みはどのように構築されるのであろうか、私たちに問われている問題である。

# 参考文献・引用文献一覧

※本文中では、原則として、当該箇所に［著者・執筆者名　著書・論文の発行年：参照頁数］の形式で掲出。


①和文文献

アンダーソン、ベネディクト 1997：白石隆・白石さや訳『増補　想像の共同体』NTT出版。原著、Anderson 1991.

板垣雄三 1992：『歴史の現在と地域学』岩波書店。

伊藤定良 2007：「国民国家・地域・マイノリティ」、田村栄子・星乃治彦編『ヴァイマル共和国の光芒』昭和堂。

伊藤定良・平田雅博編 2008：『近代ヨーロッパを読み解く――帝国・国民国家・地域』ミネルヴァ書房。

江口朴郎 1975：『江口朴郎著作集』第四巻、青木書店。

大塚久雄 1969：『大塚久雄著作集』第六巻、岩波書店。

小沢弘明 1991：「境界をつくるもの、こえるもの」、『歴史学研究』六二六号。

木畑洋一 1994：「世界史の構造と国民国家」、歴史学研究会編『国民国家を問う』青木書店。

木村靖二 1993：「国民国家の「近代」」、遅塚忠躬・近藤和彦編『過ぎ去ろうとしない近代――ヨーロッパ再考』山川出版社。

キムリッカ、ウィル 1998：角田猛之他監訳『多文化時代の市民権　マイノリティの権利と自由主義』晃洋書房。

桑原武夫編 1959：『フランス革命の研究』岩波書店。

ゲルナー、アーネスト 2000：加藤節監訳『民族とナショナリズム』岩波書店。原著、Gellner 1983.

塩川伸明 2008：『民族とネイション』岩波書店。

柴田三千雄 1983：『近代世界と民衆運動』岩波書店。

柴田三千雄 1989：『フランス革命』岩波書店。
ジマー、オリヴァー 2009：福井憲彦訳『ナショナリズム 1890―1940』岩波書店。
スミス、アントニー・D 1999：巣山靖司他訳『ネイションとエスニシティ』名古屋大学出版会。
関根政美 1994：『エスニシティの政治社会学』名古屋大学出版会。
田中克彦 1975：『言語の思想――国家と民族のことば』日本放送出版協会。
西川長夫 1998：『国民国家論の射程――あるいは〈国民〉という怪物について』柏書房。
西川長夫 1994：「一八世紀 フランス」、歴史学研究会編『国民国家を問う』青木書店。
西川長夫 2002：『戦争の世紀を越えて』平凡社。
西川正雄 2001：「国民国家」、『角川世界史辞典』角川書店。
二宮宏之 1994：『歴史学再考――生活世界から権力秩序へ』日本エディタースクール出版部。
福田歓一 2009：『デモクラシーと国民国家』岩波書店。
ホブズボーム、E・J 1981：柳父圀近他訳『資本の時代 1848―1875』I、みすず書房。
ホブズボーム、E・J 2001：浜林正夫他訳『ナショナリズムの歴史と現在』大月書店。
ホブズボーム・レンジャー編 1992：前川啓治他訳『創られた伝統』紀伊國屋書店。
丸山眞男 1996：『丸山眞男集』第二巻、岩波書店。
南塚信吾 2010：「総論 いまなぜ国民国家か」、久留島浩・趙景達編『国民国家の比較史』有志舎。
山室信一 2003：「「国民帝国」論の射程」、山本有造編『帝国の研究――原理・類型・関係』名古屋大学出版会。

②欧文文献

Anderson, Benedict, 1991: *Imagined Communities: Reflections on the Origin and Spread of Nationalism*, Revised Edition, London/New York: Verso.
Breuilly, John, 1993: *Nationalism and the State*, Manchester: Manchester University Press.

Gellner, Ernest, 1983:*Nations and Nationalism*, Oxford:Basil Blackwell.

Hobsbawm, Eric J., 1992:*Nations and nationalism since 1780:Programme, myth, reality*, Second Edition, Cambridge: Cambridge University Press.

Hobsbawm, Eric/Terence Ranger (eds.), 1983:*The Invention of Tradition*, Cambridge: Cambridge University Press.

Kohn, Hans, 1944:*The Idea of Nationalism*, New York.

Mommsen, Wolfgang J., 1990: "The Varieties of the Nation State in Modern History," in: Mann, Michael (ed.), *The Rise and Decline of the Nation State*, Oxford:Basil Blackwell.

Schieder, Theodor, 1991:*Nationalismus und Nationalstaat:Studien zum nationalen Problem im modernen Europa*, hrsg. von Otto Dann und Hans-Ulrich Wehler, Göttingen:Vandenhoeck & Ruprecht.

Smith, Anthony D., 1986:*The Ethnic Origins of Nations*, Oxford:Basil Blackwell.

# 第1部　ドイツ国民国家形成とドイツ語の歴史

伊集院　立

# はじめに

ドイツ語について歴史を画す大きな仕事をしたヤーコプ・グリムの『ドイツ語史』（Jacob Grimm, 1848［1853］）と膨大な『フランス語史』（Ferdinand Brunot, Vols.13, 1905-38［1966-79］）をまとめたフェルディナン・ブリュノ（1860-1983）の第一巻「ラテン語時代からルネサンス」とを読み比べると、ドイツ語とフランス語の歴史は大きく異なることがわかる。ドイツ語はグリムによれば、ゴート語（Gothisch）とゲーテ語（Getisch）というゲルマン語から始まっていると思われる（Grimm;1848［1853］, 151）のに対して、フランス語の場合はケルト語系の言葉を話すいくつかの人間集団がローマ帝国の支配下で、ラテン語を用いるようになっていった。そして、その話し言葉としてのラテン語からイタリア語、スペイン語、そしてフランス語が生まれたとされている。ゲルマン人の言葉については、タキトゥスの『ゲルマーニア』などから伺い知ることができる。他方、現在のフランス・ベルギーにあたるガリアと呼ばれる地方での、前一世紀頃のケルト系の部族に関しては、カエサルの『ガリア戦記』から伺い知ることができるのである。ドイツ語の歴史に深く関わったルター、ライプニッツ、そしてグリムの著作を検討していくと、ゲルマンの言語もフランス語と同じようにラテン語との関係が深かったことは否定できない。ことにキリスト教会ではいずれの国においてもラテン語が大きな存在であったことは間違いない。それでも、フランスでは官庁の行政言語や裁判での審理がすべてラテン語で行なわれていたことから、フランス語にしていくという問題は一六世紀フランス王権が抱えた課題の一つであった。ドイツでもフランスと同様にキリスト教会では『聖書』を始め、礼拝はラテン語で行なわれ、大学でもラテン語が使われたものの、各領邦の官庁言葉はその地域のドイツ語が用いられていた。こうしてみると、フランスとドイツで決定的に異なったのは庶民が話す言葉であったと言えよう。フランスではケルト系の言葉よりも「話し言葉としてのラテン語」(ブリュノ)であったのにたいして、ドイツではさまざまなゲルマン語が用いられていたことであろう。その意味ではフランスではネイションとしてのフランス人はケルト系の言葉を話していた状況から、ラテン語の「話し言葉」としてのフランス語に転換して行くという過程があったということになる。ブリュノによれば、「ガリア(gauloio)語がラテン語に置き換わるのはゆったりしたもので、何世紀にもわたる時間のなせる技であったように思われる」(Brunot, 1966, Vol.I:31)という。また、一四・一五世紀には、ラテン語が逆に力を増したこともあったという(Brunot, 1966, Vol.I:566 ff.)。その何世紀にも渡るラテン語から「話し言葉」としてのラテン語(フランス語)へ移っていく過程とともに、ケルト系の言葉とフランス語(話し言葉としてのラテン語)との関係はドイツでは見られなかったことである。この関係についてブリュノは、方言(ケルト系の言葉)とフランス語との関係、ということで説明している。他方、ドイツ語はさまざまなゲルマン語の形や表現を維持しながら、庶民が話す言葉として近世・近代のドイツ語が形成されていった。その経緯は文字に書かれたものとしても追跡可能であり、グリムにとってはコインに刻印された文字やその他さまざまの資料によって子音・母音の細かな綴りや発音までを再構成することが可能であったと言えるであろう。

さきにフランスではケルト系の言葉を話す人間集団としてネイションという言葉を用いた。そもそも「ネイション」(nation) とは何であろうか。ネイションは日本語では「国民」のほか、「国家」「民族」として訳される(『広辞苑』第六版)とされている。そして、それぞれの説明からみれば、国家において領土とその住民(国民)に対する統治権があるとの構図になっている。Oxford English Dictionary (OED) によれば、ネイションとは共通の祖先 (descent)、共通の言語あるいは歴史を有し、明確な人種ないしは人間集団 (people) を形成しており、通常は他と区別される政治的国家を組織し、明確な領土を占有している広範な人間集団である、という。そして初期の頃は一般に政治的理念より、人種的要素が強かったが、近年では政治的統一と自立が一層顕著である、としている(一九七一年版)。このようにOEDは、ネイションは政治的国家を形成し、明確な領土を持つと述べている。リトレ (É. Littré) の『フランス語辞典』(一八六三〜七二年刊) では、ナシオンとは、同一の領域に居住し、一つの政府に服属するにしてもしないにしても、お互い同じ人種に属していると自ら見なすほど永い時間、共通の利害をもっている人々の集合である、と述べている(一八八五年版)。ここでも領域と政府との関係でナシオンが問題とされているが、「一つの政府に服属するにしてもしないにしても」とあるように、当時ドイツ領に属していたアルザス・ロレーヌの人々を意味したと思われる書き方がされている。さらにドイツのグリム兄弟の『ドイツ語辞典』(一八八九年版) では、ナツィオーンとは一つの国土 (Land)、一つの大きな国家総体 (Staatsgesamtheit) と固有の人民 (Volk) であり、これは一六世紀以来フランスのナシオン、イタリアのナツィオーネから取り入れられた、とある。そしてたとえばカントの「われわれドイツ人は未だナツィオーンではない」とか、レッシングの「われわれがナツィオナールな舞台を経験して、初めてわれわれもナツィオーンとなる」とか、ゲーテの「フローレンスのナツィオーン」という言い方を引用している。そこには、領邦国家を基礎にしていたドイツが未だイギリスやフランスのようなネイションを形成してはいないという認識が強くはたらいていたとも言えよう。このように、ヨーロッパの国々ではnationといえば、それは領域とか国家との関係で歴史的に生活している人々の結合という認識が基底に存在しているように思われる。とは言え、グリムによれば一六世紀以降フランスやイタリアからナシオンという言葉がドイツに入ったというが、リトレのいうような意味での、つまり同一領域に居住し、一つの政府に服属し、互に同じ人民に属しているという意味でのナシオンが、いつから形成されたのかは分らない。

本論ではルター、ライプニツ、そしてグリムのドイツ語との関わりを見ながら、近世におけるドイツ語の発展とドイツにおける政治権力との関係を辿ってみたい。もちろん、ドイツ語史の時代区分を新たに検討する意図は全くない。しかし、ドイツ国民国家形成におけるドイツ語のあり方という観点からドイツ語にたいする三人の姿勢を考えて行きたいと思っている。また、F・ハルトゥング『ドイツ国制史』(広瀬訳、一九八〇年)によれば、ドイツ中世史にとってドイツ国およびその王権と神聖ローマ帝国および皇帝権との結合はドイツ国制史においてほとんど実際的な意味をもたなかったということではあるが、言語と国家の重要性からみて、ドイツ国制史の展開との関連から、国制史に対するドイツ語のあり方についても考えたいと思う。もとより、筆者はドイツ語の歴史を網羅的に辿る力は持ち合わせないが、さし当りルターからスケッチ風に辿ってみることにしよう。

第一章

# ドイツ語の歴史の時代区分

とはいえ、ルターにいたるまでのドイツ語の歴史について簡単にでも振り返っておくことは必要であろう。ルターによる宗教改革までのドイツ語の歴史については、例えば、一八世紀後半の辞書編纂者で文法家のヨハン・クリストフ・アーデルング（Johann Christoph Adelung, 1732-1806）は『詳説ドイツ語体系』においてドイツ語の歴史を六段階に分け、アーデルング自身の時代を第六の段階としている（Adelung, 1782［1971］）。グリム自身はこのアーデルングを決してお手本にした訳ではないと述べているが、ドイツ語の歴史を黒海沿岸からカスピ海に住んでいた人々に求めていることは、彼がアーデルングの影響をうけたことは十分あり得ることである。アーデルングはドイツ語史の第一段階はドイツ民族の発生から民族の大移動までとして、すでにこの時代にはギリシア人やローマ人によってその存在については知られていた、としている。第二段階は民族大移動からカール大帝までで、フン族に追われて南西に移動して来た民族のなかで、モゾ・ゴート族という集団がドイツ人その他の集団の母体ではないかという。彼らはギリシア人の近くに住み、四世紀半ばにはウルフィラス（Ulphilas）という司祭はギリシア文字を借用してものを書いていたとさえいう（Adelung, 1782:21f.）。この人物は聖書をゴート語に訳した人物とされている人であろう。アーデルングはこの大移動がゲルマン民族にとって極めて大きな意味をもったことを指摘し、とりわけドイツ語の発音と極めて異なるにも拘わらず、ラテン文字が取り入れられ、記録され始めたことに注目している（Adelung, 1782:27）。六世紀後半には、ドイツ語の発音を表現できないラテン文字に ä, th, w の文字をランゴバルド語の文字等から借用して表現したという。第三段階はカール大帝からシュワーベン出身のホーエンシュタウフェン朝（一一三八〜一二〇八年、一二一五〜五四年）までで、同王朝は約一世紀にわたり神聖ローマ帝国を支配した。第四段階はこのシュタウフェン朝から一四世紀半ばまでで、この時期にドイツ文学の夜明けが到来するという。第五段階はそれから宗教改革までで、印刷術の発明などもあり、学問・科学の水準が高まったとある。

一方、アーデルングより時代が下って、一九世紀後半のオーストリアの文献学者W・シェーラー（Wilhelm Scherer, 1841–86）によれば、ゴート語の時代は一五〇〜四五〇年頃までの民族大移動の時代にあたるとしている。アーデルングがカール大帝までの時代としているのに比べると、より短く捉えている。そして古代高地ドイツ語の時代は八世紀半ばから一〇五〇年頃、中世高地ドイツ語は一〇五〇年頃から一四世紀半ばとされている。新高地ドイツ語は一六五〇年頃から一九世紀までとされ、一四世紀半ばから新高地ドイツ語の時代となる一七世紀半ばまでの三世紀は移行期と位置づけられている（Scherer, 1878 [1868]）。

現代のドイツ語史研究の権威ヴィルヘルム・シュミット（Wilhelm Schmidt, 1914-82）はこれまで述べたようなどのような時代区分もその規準の取り方によって重複する部分が多いことをあげ、シェーラーの時代区分には難点が多いことを指摘している。そこでシュミットは歴史的な観点からの時代区分、言語的な観点からの時代区分と時代区分を複数の規準から示している。歴史的な規準に基づく時代区分は中世のドイツ語の時代、*近現代のドイツ語の時代**とされる。他方、言語的な観点からの時代区分では古代高地ドイツ語の時代（五〇〇～一〇五〇年）、中世高地ドイツ語の時代（一〇五〇～一三五〇年）、初期新高地ドイツ語の時代（一三五〇～一六五〇年）、新高地ドイツ語の時代（一六五〇～現代まで）とされている（シュミット 2004:52）。

シュミットの時代区分によれば、これからみていくルター、ライプニッツ、グリムの時代は近現代のドイツ語の時代に属するということになろう。

* 五〇〇年から一四五〇／一五〇〇年、そのうち一〇五〇年までは中世初期、一〇五〇～一二五〇年は中世盛期、一二五〇～一四五〇／一五〇〇年までは中世末期。

** 一四五〇年から現代、そのうち一四五〇／一五〇〇年は近代初期、一六五〇～一八〇〇年は近代中期、一八〇〇～一九五〇年は近代後期、一九五〇年以降が現代。

# 第二章

# ルター

## 第1節　ルターのドイツ語がドイツ語史に占める位置

以上、極めて簡略ながら、ドイツにおけるドイツ語史の流れを見てみたが、ルターはドイツ語史においてどのように位置づけられているであろうか。冒頭に掲げた『フランス語史』をものしたブリュノはルターのドイツ語訳『聖書』について次のように述べている。彼は「強いられた因習を利して聖書のドイツ語版を発表（一五二二年九月）した。それは〔ドイツ〕言語の統一に非常に大きな役割を果たした」と（Brunot, 1967:18)。こうした評価はブリュノに限らず、多くの人々によって同趣旨で紹介されている。例えば、我国のドイツ語史研究においては、新高地ドイツ語の形成にいたる歴史で、ルターの役割を高く評価する見解（小島 1964）があるばかりか、ドイツ経済史家の松田智雄もルター訳の『聖書』について「ルター訳のドイツ語の文章は、やがて標準ドイツ語として国民の間に通用するようになった」とさえ述べている（松田 1969:32)。

こうした評価はドイツ語史からみるならば、慎重に検討する必要があるように思われる。先に掲げた一八世紀後半の辞書編纂者で文法家のアーデルングによれば、ルターは一五一七年の「九五ヵ条の論題」以降、何年も上ドイツ語の方言（Oberdeutsche Mundart）を使い続けていたと述べ、ルター自身がドイツ語改革に力を注いだ訳ではないことを窺わせている。また、ヤーコプ・グリムも、ルターのドイツ語訳聖書のドイツ語について「上ドイツ語の堅苦しさからようやく少し距離をおき始めたものだが、ミヒャエリスの純粋な高地ドイツ語訳〔一七八九／一七九〇年〕には及ばない」（Grimm, 1854）としており、新高地ドイツ語への発展を簡単に辿った別の文章でも、ルターの名前には全く言及していないのである。現代のドイツ語学者ポーレンツもルターのドイツ語が新高地ドイツ語の成立につながったとすることはできないという（ポーレンツ 1972:97 以下）。他方、我国の研究者の中にも、ルターの言語史上の重要性は認められても、その時代の言語的な規範という点ではほとんど問題にされないとする見解がある（高田 1987）。

この問題を考えるにあたって、まずはルターが聖書のドイツ語訳をした際に用いたザクセン官庁言葉について検討していきたいと思う。ルター自身は彼の『卓上談話』で、『聖書』をドイツ語に訳す際には、「ザクセンの官庁語を用いた」と述べている。また、何故この言葉を用いたかについて、彼は次のように説明している（一五三二年三月）。

「私はドイツ語には確かな格別な〔ドイツ語〕本来のものは見いだせない。私は普通のドイツ語〔ザクセンの官庁語〕を使って、高地地方〔南ドイツ〕の人も低地地方〔北ドイツ〕の人も、ともに私の言うことが分るようにする」（Luther, 1912, Nr. 1014:524 f.）ためである、という。

だが、彼のいう「普通のドイツ語」、つまりザクセンの官庁語とはどのようなものであろうか。

「私はザクセンの官庁言葉に倣って話すことにする。というのも、ドイツの領主や王はみんなこれに従っているし、〔神聖ローマ〕帝国諸都市も侯国の官庁もすべてザクセン官庁やわが侯国官庁に倣って記録している。従って、これが最も共通のドイツ語なのである。〔神聖ローマ皇帝〕マクシミリアン〔一世〕もフリードリヒ〔三世〕＝ザクセン公（ルターをヴァルトブルク城に匿う）も神聖ローマ帝国においてドイツ語をきちんとした官庁言語にしたのである。他方、マルク〔ブランデンブルク〕の言葉はかろやかである。マルク人がしゃべっても唇が動いているのか分らない。マルクの言葉はザクセンの言葉に優っている」(*ibid.*)。

つまり、ルターは自分がザクセンの言葉にも優っていると考えるドイツ語を用いて『聖書』のドイツ語訳をしたのではなく、「最も共通のドイツ語」で訳したということなのである。

ルターのいう「ザクセンの官庁言葉」とはどのようなものであったのであろうか、もうすこし詮索してみたい。まずはルターのいう「ザクセンの官庁言葉」という際の「官庁言葉」とは何か、どのようにして生まれたのかについて考えてみたい。因に、『ドイツ言語学事典』（一九九四年）には、ルターのドイツ語は「正書法上では東中部ドイツ語によるクーアザクセンの官庁語」とある。残念ながら筆者は正書法上の観点からクーアザクセンの官庁言葉を他の官庁言葉と比較して論ずる力を持ち合わせていないので、ここではドイツの歴史家ハルトゥングの研究（ハルトゥング 1980）などを参照しながら、この時期におけるザクセンの国家とその官庁言葉の関係を検討してみたい。ハルトゥングによれば、一五世紀ドイツにおいては君侯権力が伸長し、世俗的な領邦君主が、貴族や都市に対峙するとともに、聖職者に対しても自分の権能、裁判高権、そして租税高権を貫徹したという。この面ではオーストリア、ザクセン、ブランデンブルクといった大領邦が一歩先んじていた。こうした国家権力の前では、都市であれ貴族であれ、全てが君主の臣下であり、服従を義務づけられていた。この国家の権力理念によってこそ、ドイツの諸国家については領邦国家という言葉を用いることがゆるされるのだ、という。そして、これは国家と教会との関係についてもいえるのである。ハルトゥングによれば、すでに一二～一三世紀から、つまり領邦国家が成立する遥か前から、若干の君侯たちは領邦司教座を新たに設け、外部の司教の裁判権を排除しようとした。オーストリア、ブランデンブルク、ザクセンなどの大規模な世俗領邦は領邦内の司教座を領邦所属のものにし、教皇との協定を通じて、領邦君主としての諸権利を教会にも押し広げた。北ドイツ下ライン地方のクレーヴェという小さな領邦（ラァファイエット夫人の『クレーヴの奥方』〈岩波文庫〉で有名）も、同じようであったというから、ルターの宗教改革以前にドイツの領邦国家は領邦国家の教会高権を手にしていたといってよい。つまり、ドイツ領邦国家は教会に対してばかりでなく、言語に関してもその政治的な力を発揮していたと考えるのが、当を得ていると思われるのである。

次には、この政治力を背景にした官庁言葉は、とりわけルターの生活していた環境において、現実の社会的機能という観点から見た場合、どのような状況にあったのかを考える必要があろう。そもそものザクセン・ドイツ語は大規模な世俗領邦としてのザクセンの成立から、南ドイツの言葉と北ドイツの言葉を結ぶ機能をもって生まれてきたという。ザクセン貴族の血をひき、一九五二年旧東独から西独のマールブルク大学に移ったペーター・フォン・ポーレンツは『ドイツ語史』（一九七四年）でこのマイセン言葉（彼はザクセン言葉という言い方をせずに、その著書においてはマイセン言葉、マイセン官庁言葉という）について、次のように述べている。

「一五世紀から一八世紀にかけていわゆる〈マイセン・ドイツ語 Meißnisches Deutsch〉として模範となった東中部ドイツ語の書き言葉の重要性は、短命におわったプラハ官庁語*がもった影響から説明することはできない。その言語地理学的および文化社会学的な前提条件は、ヴェティーン家の領土**そのものにあった。……ヴェティーン家の諸官庁の書記や公証人の大部分は、テューリンゲンの出身だったのである。マイセン辺境地域はテューリンゲンの旧領地とマイセンの新領地とを結ぶカスガイの役割を演じており交通上南と北にたいして開かれていた」。

ここに言うマイセン辺境地域とは日本でも陶磁器で有名なザクセン州マイセン郡である。この辺境伯の歴史は九六八年神聖ローマ帝国の辺境国として始まり、一〇八九年からヴェッティーン家の領地となり「ザクセンのゆりかご」といわれたところである。

* プラハで使用された書き言葉としてのドイツ語。ドイツ語史ではバイエルン方言とアレマン語（西南ドイツ・スイス・アルザスにまたがる地域で話される）を仲介する機能を果たすとされる。

** 同家はドイツの古い貴族で、その領地は現在のザクセン、テューリンゲン、ザクセン＝アンハルト、そしてバイエルン各州に及ぶ。

ポーレンツによれば、書き言葉としてのマイセン官庁語の発展は「ヴェティーン家のきびしい官吏制度とも関係がある」と指摘しながらも、一五世紀末のヴェティーンの官庁役人にはニュルンベルクやヴュルツブルク出身の人々がいたことや、南ドイツの皇帝官房による〈共通ドイツ語〉といったマイセンを越えた地域との有機的な関係も重視すべきであるという。こうして「マイセン方言」とも言われる言葉がもつ規範性と普遍性が、南ドイツや西ドイツで積極的に受け入れられることになってきたと強調されている。ルターが、「ドイツの領主や王はみんなこれに従っているし、〔神聖ローマ〕帝国諸都市も侯国の官庁もすべてザクセン官庁やわが侯国官庁に倣って記録している」と表現しているのは、ザクセン官庁言葉のこうした事情についてのことだといえよう。

アーデルングは結論的に次のように述べている。

「古い上部ドイツ語方言は無智が喪服をまとって次第に消え去っていったというべきか、否、むしろマイスニッシュ方言の範にならって発展したのである。宗教改革によって純化されたあらゆる導師たちがこのヴィッテンベルクの方言を学び、初期の宗教改革者たちから吸収した。そのため、時とともに始めには思いもしなかったことが生じたのである。つまり、道徳と学問によって鍛錬され豊かさをましたマイスニッシュ方言、あるいはむしろこのマイスニッシュによって洗練された上部ドイツ方言そのものが、民族（Nation）の教養と道徳を備えた層の支配的な言語となったのである。ルターのドイツ語への貢献はこうした観点から見なければならない」（Adelung, 1782:64 f.）。

とはいえ、後にも述べるように、ルターの訳したドイツ語はしばしば印刷屋によって手が加えられ、おそらくルターのドイツ語訳『聖書』がどこまでルターのオリジナルなドイツ語とみなせるのか、それを確定することは困難なのではなかろうか。ヤーコプ・グリムはルターのオリジナルなドイツ語とみなすことはできないとさえ考えていたと思われるのである。森田安一はルターの教説を庶民に分かり易くするため、多数のビラが作成されたことに注目し、それがルターの考えを広めた重要な要因としている。その際に、さまざまな版元でオリジナルの原稿に手が加えられた事実を実証している（森田

1993)。ルターのドイツ語訳『聖書』自体も、グリムのいうように、版元によって手が加えられ、ドイツ語としてルターのオリジナルそのものではないということになれば、このアーデルングの評価も版元の作業を勘案して受けとめて行く必要があろう。

それはともかく、すでに見たように、ルターの時代はすでに大きな領邦国家が官庁語として、言語的な整備をすすめており、そのような言語的な整備なくしては宗教改革の力だけでドイツ語の平準化が進んだと考える訳には行かないのではないかと思われる。事実、W・シュミットも「宗教改革がドイツ語の歴史に大きな影響を与えたことに議論の余地はない。しかしながら、そもそも言語史的に、おそらく概して精神史的に見ても、宗教改革は基本的に何か全く新しいものというわけではなく、むしろ連綿と続いていた中世後期からの大きな流れがこの時期に一つの頂点を迎えたと言った方がいいのである」(シュミット 2004) と述べていることも忘れてはならない。事実、ポーレンツは「中部ラインやフランケンの諸官庁も、レーゲンスブルクまでも含めて、言語統一に寄与したこと、あるいはまたマイセン方言とは独立に、同様の言語平均化の過程をずっと早くから歩んでいた」(ポーレンツ 1972:87) と述べているのである。

ルターは聖書のドイツ語訳を以上述べたザクセン (マイセン) の官庁言葉にならって進めようとしたが、ルター自身の母語はどのような言葉であったのであろうか。当時、領邦国家の統治の継承は、あくまでも私法的な相続と見なされ、君侯の子息は個人として平等の相続権を主張するという状況であった。彼らの相続権争いはバーデン、ヴュルテンベルク、ザクセンでも起こった。ザクセンでも一四八五年ザクセン選帝侯ヴェッティーン家の分割相続 (ライプツィヒ協定) により、長男のエルンストが支配したヴィッテンベルクを中心とするザクセン選帝侯国（エルネスト系）と、ライプツィヒ・ドレスデンを中心として次男アルブレヒトが支配したザクセン公国（アルベルト系）の領邦に分かれたである。ルターは、一四八三年まさにこのヴェッティーン家のザクセン領邦の分割相続の年に、ザクセン＝アンハルトの小さな町アイスレーベン（二〇〇五年現在、人口二万四〇〇〇人で、ルターの町と呼ばれる）に生まれた。アイスレーベンはヴェティーン家の次男アルベルトが相続した複雑に入り組んだザクセン選帝侯国（アルベルト系）に直接に属してはいなかったものの、その縁に接していた。ルターが『卓上談話』で「ザクセン官庁やわが侯国官庁に倣って記録している」と述べたのは、このアルベルト系ザクセン公国とエルネスト系のザクセン選帝侯国をさしていたのである。ルターは、翌年にはアイスレーベンの北西一〇㎞に位置するマンスフェルト（アイスレーベンと同じくアルベルト系に隣接するマンスフェルト伯爵領に属す）に移り、そこで成長した。彼は一五〇一年にエアフルト大学に入るまで、地元の学校でラテン語を学び、一四九七年マクデブルク、翌年アイゼナハの学校に通った。従って、ザクセンとはいっても、ルターが成長した生活圏はザクセン西部のアルベルト系の領邦に隣接していたことが窺える。

アーデルングによれば、一五一七〜一九年ころのルターの文章をみれば、上部ドイツ語方言（Oberdeutsche Mundart）にのみ見られる語彙や全く洗練されていない綴りが見られることを指摘している。この上部ドイツ語とは、当時バイエルン、アレマン（シュヴァーベン、アルザスなどドイツ南西部）、フランケンなどの地方でひろく話されていた方言で、ルターの生活圏であったザクセン西部の言葉も上部ドイツ語の圏内にかかっていた。ルターが『聖書』のドイツ語訳をしたのは一五二二〜四五年である。アーデルングは、「ルターも自らの方言のがさつでぎこちなさを知るにつけて、その言葉に抱いていた当時の愛着は別にして、自分の方言をマイスニシュといわれる言葉、ないしは上ザクセン言葉で磨こうと努力し、高地ドイツ語で社会生活でも通用しなくなって来た語彙や表現を一般に理解し易いものに置き換えていったに違いない」（Adelung, 1782:64）と述べている。

## 第2節　ルターのドイツ語観

これまで述べて来たように、ドイツにおいてはフランス語におけるパリとかイギリスにおけるロンドンといったような言語的な中心というものは存在していなかった。むしろ、規模の大きな領邦の言語的ネットワークがコミュニケーションの範囲を決定していたと言えよう。ルターがザクセン官庁言葉（彼はマイスニッシュあるいはマイセンの官庁言葉という言い方はしていないようである）を選んだのも、たまたま彼の生活圏がそこに含まれていたという以上に、その言語的ネットワークの規模が大きかったことによっていたと言えるのである。

ところで、ルターの心には、ドイツ人としてドイツ語そのものに対する鬱屈した心情のようなものがあったであろうことを指摘することは、意外なことと受けとられるかもしれない。しかし、彼の『卓上談話』の次の一節（一五三二年四月）から、彼がドイツ人としてドイツにある種のわだかまりを抱いていたことを想像することは許されるのではないかと思われる。

「ドイツ人ほど蔑まされている民族はいない。イタリア人は我々を野獣と呼び、フランスとイギリスは我々や他の国々を歯牙にもかけない。神が何を望まれているのか、ドイツ人をどうされようとしておられるのか知る由もない。すでに我々は神の御前にたっぷりと懲らしめを受けてきているにもかかわらず」(Luther, 1913, Nr. 1428 : 98)。

「ドイツ人に欠けるものは何もない。全てを手にしているのである。しかしながら、ドイツ人にはものごとのちゃんとした知識や用意周到さが欠けているのである。それがために、彼らはダメなのである。彼らは、自ら手にしているものの、正しい使い方が分らないのである。ドイツは逞しい馬のようなものである。食べるものと必要とするもの全てを所有しているのである。しかしながら、ドイツには騎手がいない。まるで、力強い馬が騎手をのせないままさまようのと同じように、ドイツは力も人も優れているにも関わらず、君主を欠いているのである」(Luther, 1913, Nr. 1983 : 287)。

ルターは『聖書』をドイツ語に訳す際には、ドイツ人としてのこのような意識を抱えていたことは間違いのないことではなかろうか。ルターは言う。「私はギリシア語もヘブライ語もできない。しかし、それでもギリシア人とヘブライ人にはできれば会ってみたい。なるほど、言葉がそれ自体で神学者を作りあげる訳ではなく、言葉は一つの補佐役にすぎない。というのも、ひとがあることについて語ろうとするならば、彼はまずはそのことについて熟知し理解していなければならないのである」。

ルターは『卓上談話』で「ギリシア語もヘブライ語もできない」と述べているが、それとは裏腹に、ギリシア語もヘブライ語もよくしたと思われる。そのすぐ後で、「自分は文法や戒律に忠実なヘブライ人ではない、自由にやっている」と話してもいる。

「私がもっと若ければ、この言葉をもっと身につけたいとおもう。それもこの言葉なしでは、聖書を決してまともには理解し得ないからである。というのも、たとえ新約聖書がギリシア語で書かれていようとも、それは完全にヘブライ語でヘブライ様式で語っているものなのである。従って、ヘブライ人は泉から湧き出る水を飲んでいる。ギリシア人は泉から流れてきたものを飲んでいる。しかし、ラテン人は水たまりから飲んでいる、といわれるのは全くその通りなのである」(*ibid.*)とさえ述べている。事実ルターは、改革派の指導的な神学者ヴェンツェスラウス・リンク宛の書簡(一五二八年六月一四日付)に次のようにしたためている。

「なんとまあ、ヘブライ語の書き手たちに無理無理ドイツ語で語らせようとすることなど、とんでもなく大変で、厄介な仕事です。彼らはヘブライ語以外では語ろうとはしませんし、聞き慣れないドイツ語などで語ることに馴染もうともしないのです。まるで、ウグイスが、忌み嫌うカッコウの一本調子な声にあわせて鳴き、まるでもちまえの美しい声でさえずるのを止めるように強いられているようなものです」(Luther, 1982)。

ルターにとっては「神から湧き出る言葉」としてのヘブライ語をドイツ語に訳することはまるでウグイスの声を一本調子のカッコウの声に合わせるようなものであったと受けとめてよかろう。

『聖書』を自国語に訳す際にともなうこうした大きな困難は、ルターのようにドイツ語に限られる訳ではなかった。ブリュノは『聖書』のフランス語訳にともない、ラテン語に比べてフランス語には類似語、同義語がとりわけ欠如していることが、ある聖書訳者を悩ませたことを指摘している。そうしたことから、一四・一五世紀には、フランス語化の勢いは廃れ、ラテン語主義が台頭したことを指摘している(Brunot, I:539 ff.)。しかし、こうしたラテン語等に比して自国の言語に劣等観念を抱く「言葉のヒエラルシー」（ブリュノ）はフランスにおいては一六世紀に至るところで、その基盤を失って行ったという（Brunot, II:1）。

ところで、グリムの『ドイツ語辞典』は、カッコウについて五頁近くのスペースを費やして説明しており、カッコウは古来春の到来を伝える鳥として、ルターからの引用もある。他方、カッコウはとりわけウグイスと対比され、カッコウは何度も同じ啼き方を繰り返すその単調さのために、これも古くからあざけりの対象とされているとか、「密告者」との説明もある。尤も、グリムはカッコウとウグイスはそれぞれ声比べをして、カッコウの方が啼き声がよいとの見方もあることも紹介している。因に、ルターがこのリンクへの書簡をしたためた一五二八年から遡ること五年の一五二三年、ルターをウグイスになぞらえる説話詩『ヴイッテンベルクの鶯』が発刊されている。作者はニュルンベルクの靴職人ハンス・ザックスで、彼はルターを模して鶯としている。森田は、このカトリック批判の表紙の木版画にはその批判内容が示されているとして、ウグイスの右下に二羽の「雁」が描かれていることを説明している（森田 1993）が、これは本当に雁なのであろうか。筆者は、これは二羽のカッコウではないかと想像している。版画からいずれかを判断することは難しいが、仮に雁であれば、描かれた鳥の首は短すぎるようにも思われる。森田によれば同説話詩はこのジャンルの代表作とのことなので、当然ルターの目にも触れていたことであろう。ルターはリンク宛の書簡を書いた際に、おそらくザックスの『鶯』を念頭にうかべ、カッコウとウグイスの話しを持ち出したものとも思われるのである。

とまれ、ポーレンツによれば、ルターは確かにザクセン選帝侯フリードリヒの官庁で用いられていた言語様式にあわせるべく努力をし、ルター自身はそれがそのまま官庁の言語慣習と同じものと思ったのだが、必ずしもそうではなかった（ポーレンッ 1972）。あるいは、ルターがカッコウのような一本調子のドイツ語というのは、あるいはザクセンの官庁言葉さえもそうだと考えていたのかもしれない。ときにルターの聖書のドイツ語訳は、ドイツ人がラテン語の呪縛を離れて自らの言葉で語ることになったとされるが、以上述べて来たことからみても、ルター個人は必ずしもドイツ語で聖書の内容を十分に伝えることができるという自信を持っていたとは言えないように思われる。それでも彼は、ヘブライ語・ギリシア語あるいはラテン語と自分の国のドイツ語との勝負としてではなく、ヘブライ語をとにもかくにも手持ちのドイツ語で表現することに精力を注いだと言ってよいように思われるのである。

# 第三章　ライプニッツ

## 第1節　「ウェストファーレン体制」とライプニッツ

ライプニッツ[*]（Gottfried Wilhelm Leibniz, 1646-1716）はウェストファーレン講和が成立する二年前の一六四六年七月一日、ライプツィヒで、ライプツィヒ大学教授の父と法学教授の娘である母との間に生まれた。アカデミックな人生に相応しい恵まれた環境で育った。

＊ Leibniz の表記は Gottfried Wilhelm 自身が Leubnütz あるいは Leibnütz から Leibniz（しばしば Leibnitz とされるのは誤り）に変更したものという（Ariew, R. 1955:39）。また、Leibniz の発音については、これまでもライプニッツかライプニッツかで様々議論されているが、ここでは Duden の *Aussprachewörterbuch*（『発音辞典』）、および J. C. Wells による［*Longman pronunciation dictionary*, Harlow, 2000］に従ってライプニッツと-b-を濁点で表記する。

ライプニッツは一般にはドイツの哲学者、数学者として知られているが、ここでは彼がウェストファーレン講和（ないしは「ウェストファーレン体制」）についてフランスの戦争政策をきびしく批判していたこと、また主権国家としてのドイツに悲観していたことについて述べておきたい。また、彼がドイツ語に関わって積極的な発言をしていたことについても言及しておきたいと思う。

ルターの生きた一五世紀末から一六世紀半ばの時代と、ライプニッツが活躍した一七世紀から一八世紀初めにかけての時代では、ヨーロッパの国際関係に大きな違いが生じていた。その一つは、既にルターの時代に始まっていたことだが、オスマン帝国がヨーロッパに積極的に関与するようになって来たことである。いま一つは、やはりヨーロッパの諸国家の主権問題が国際関係の主要な問題となっていたことと言えよう。第一の点では、オスマン帝国は反ハープスブルクに的を絞ったヨーロッパ政策を巧に展開したことである。オスマン帝国のスレイマン一世はフランスに貿易の特権を与えること（カピチュレーション）によってフランスのブルボン朝との関係を維持し、さらにイギリスやオランダにも与えることで、ハープスブルク家との差別を明確にする政策をとったことである。他方でハープスブルク家には、フランスの理解を確保して、その首都ウィーンを直接包囲攻撃するとともに、スペインのハープスブルク家に対しては大規模な戦争を起こしたことである。また、いまひとつはヨーロッパにおける主権国家体制とよばれる国際関係が生まれたことである。その象徴としては、しばしば三十年戦争の結果として一六四八年に結ばれたウェストファーレン講和があげられ、その政治理論としてはホッブズが一六五一年に主権者と国民との関係を社会契約論で説明し、社会契約を論じた『リヴァイアサン』を出版したことがあげられる。このウェストファーレン条約によって成立した「ウェストファーレン体制」はとりわけ英語圏においては主権国家体制の成立として世界史的にも新しい時代に入ったとされている。しかし、ドイツの歴史学においてはこの条約は神聖ローマ帝国の力を弱め、ドイツの封建的な性格をもった高位聖職者や貴族（封建領主）でドイツ語ではStände（日本では等族と訳され、「身分」とされる）と言われる社会的土台を温存させ、その権限を強化させたものとして位置づけられている。この二重の性格をもった「ウェストファーレン体制」は、その後のほぼ二世紀半におよぶドイツの歴史に大きな影響を残したと考えられる。

ここで、ドイツ側から見た「ウェストファーレン体制」について少し確認しておきたい。この体制はドイツの封建的な性格をもった社会勢力（封建領主）を温存させたと述べたが、この封建的領主の力は「ドイツ的自由」としてドイツ国内で重視されたのみならず、フランスとスウェーデンの外交政策にとってもウェストファーレン講和において一つの基本的な関心事であったという（エーストライヒ 1982）。このドイツの近世史家エーストライヒは、一六四四年和平交渉に臨んだスウェーデン外交官の一書簡を引用しながら次のように述べている。

「帝国議会は三〇年にわたってほとんど開かれることがなく、この間皇帝がすべての大権を事実上簒奪してしまった。これはまっすぐに、絶対的専制と等族の隷属に通ずる道である。〔フランス・スウェーデン両国の〕国王はこれを阻止するであろう。……両国の安全はドイツの等族の自由の中に存する」。

このことは、フランスとスウェーデンという当時のヨーロッパの二つの大国の政治的な目標と手段を特徴づけるものは、神聖ローマ皇帝の権威と権力――いうところの「絶対的専制」――に対抗して、皇帝ならびに帝国を弱体化させるための戦い、そのために等族の自由を擁護するための介入であったが、まさにこの点〔等族の自由〕にこそフランスとスウェーデンの安全がかかっていると見なされたのである。そしてこの政策がウェストファーレン講和の交渉に臨む両国の戦術を細部にわたるまで規定していたと、エーストライヒ（1982:209-10）は論ずる。他方、ライプニッツは後に（一六八〇年）ある牧師への書簡で「ウェストファリア条約はなんとかハープスブルク家の両統を分割させ、スペイン家が王国全土の反乱で弱体化すると、フランスはイタリアでもオランダでもそしてスペインでさえも勝利を収めた」と述べているが、これはこの段階になると彼が、フランスによる神聖ローマ帝国の主権弱体化政策に危機感をつのらせていたことの現れと思われる事柄である。

ここで、一六七二年ルイ一四世に由って仕掛けられたオランダ侵略戦争の講和（一六七九年のナイメーヘン講和）にむけて、ライプニッツの残した文書にそくして彼の考えの変化を少しく明らかにして行きたいと思う。一六七七年の夏にはルイ一四世はオランダ侵略戦争で軍事的に大きな成果をあげ、早期に講和条約を締結することを期待していた。他方、ライプニッツは一六七七年一〇月カエサリヌス・フュルステニヌスなる筆名で「ドイツ諸侯の主権および代表権について」（以下「主権および代表権」とする）なる長大なラテン語の文書を発表している（Caesarini Fürstenerii, 1984:3-270. なおここでは、英訳の[Riley, 1972]を参照する）。

ライプニッツのこの文書は、連邦や連合国家であれ、近代国家においては個々の連邦構成国の分割主権は認められないという主張に異を唱え、この講和会議へのブラウンシュヴァイク公爵の代表権を法的に根拠づけようとしたものと言える。つまり、ウェストファーレン条約で規定されたドイツ領邦君主の「主権」はオランダ連邦に比しても強大であるので、ドイツ領邦君主にも講和への参加を認めることを主張したのである。

「ドイツ諸侯の代表権に関しては、……ここで私はドイツ帝国をオランダ国とを比較することは全く正当ではないことを述べておきたい。なぜならば、ある面では我が〔神聖ローマ〕帝国の盟約は厳格であるとしても、他の面では我が領邦諸侯の〔国家的〕権力はオランダ連邦の諸邦のそれに比して、より強力であるように思われる。オランダ諸邦には我が諸邦ほども、交戦権、講和権、条約締約権、そして代表権が全く認められてはいないのである。このような愚見は頭脳明晰なイギリス人トーマス・ホッブズの見解とは相容れないことは承知しているところである。しかしながら、私は文明化されたヨーロッパのどの国民においても、彼の提示する法に従っているわけではないことも知っている。従って、ホッブズの高説に耳を傾けるならば、我国は底抜けの無政府状態ということになるでありましょう」（Caesarini Fürstenerii, 1984:58; Riley, 1972:117 f.）。

ライブニッツは、同じく一六七七年一〇月、フランス語で問答形式の「ナイメーヘンに関するフィラレットとウジェーヌの時事問答」（以下「ナイメーヘン時事問答」と略記）という文書*を発表している。

* "Entretien de Philarete et d'Eugene sur la question du temps agitée à Nimwege", in: *Sämtliche Schriften und Briefe*, 4. Reihe: *Politische Schriften*, hrsg. v. Zentralinstitut für Philosophie an der Akademie der Wisseschaften der DDR. Bd.2: *1677–1687*. S. 293–338.

彼はここで問答形式をとりながら、領邦主権に関連して領土、裁判、皇帝と選帝侯など様々な問題についてフィラレットとウジェーヌとの間で議論を戦わせているが、フィラレットにナイメーヘンの講和会議には大きな領邦を有する支配者にも会議の代表権を与えるべきであるとの立場を主張させている。

「フィラレット：領邦主権には複数の段階が存在することはお分かり頂けよう。司法主権者、領土主権者、そして最後に専制者あるいは主権者とされるものであります。司法主権者は高級、中級、そして下級の各司法権を行使できますが、軍事権はもっておりません。領土主権者つまり領土高権をもつものには、国内の無秩序および外国からの奇襲にたいして領土を維持することが可能な軍隊を所持することが許されます。小領主であれば、彼が……専制者の仲間入りをしようとすることは滑稽なことです。しかし、真の主権者あるいは専制者は領土の統率者で、平時も戦時も条約か、武器をとるか、同盟するかの重要な判断をする充分な権限を持たねばなりません。

……

ウジェーヌ：しかし、帝国の選帝侯と領邦君主は主人である皇帝の尊厳を承認しているではありませんか。尊厳とは主権的権力でありますから、どうして諸侯たちが主権を持ち得ましょうか？

フィラレット：尊厳と主権とは全く異なるものです。尊厳とは、単に名誉の称号だけではなく、権能でもあって、司法高権であります。いうなれば、服従するものたちに、命令を遵守させる義務をも含む命令権です。しかし、この最高命令権の所持者は直ちに強制し、命令を無制限に執行する絶対的権限は所持しておりません。つまり、彼は　その最高命令権を承認する等族（Estats）に、武力あるいは軍隊を維持させる一般命令権をもつのであり、従って彼ら等族から講和、戦争、同盟の権限を奪うものではないのであります」（Leibniz, 1677:334）。

アメリカのライブニッツ研究者R・アーリューは「主権および代表権」と「ナイメーヘン時事問答」について「この議論は中世的な政治哲学と近代のそれともデリケートなバランスを図ろうとしたものである」との評価をしているが（Ariew, 1955:26）、一六七七年は、ライブニッツが一六七二年から四年間のパリ滞在からドイツに帰国し、ブラウンシュヴァイク家の枢密顧問官を務め始めていた時である。ブラウンシュヴァイク公爵領は当時この二つの文書で議論される選帝侯でもなく（一六九二年選帝権獲得）、領邦として軍事的な決定権を有するまでの大きさではない位置にあった、と思われる。それでも、こうした領邦国家の権限を重視する見解をまとめたライブニッツの政治的関心は、アーリューの中世・近世の主権理念の狭間でバランスを取るということ以上に、彼がこのブラウンシュヴァイク公爵領に個人的な地位を得ていたことに基づいていたのではないか、との印象を受ける。

## 第2節　ナイメーヘン講和以降のライブニッツ

一六七八年八月〜七九年一〇月にかけて、オランダ侵略戦争の一連の講和がオランダ東南部の都市ナイメーヘンで結ばれた。ライブニッツの神聖ローマ帝国認識はこのナイメーヘン講和以降、大きな転機を迎えたように思われる。一六八〇年ライブニッツは先にも引用したある牧師への書簡でナイメーヘン講和について次のようにしたためている。「帝国にとって遺憾にして、フランスにとって都合のよい講和が一六七九年とうとう締結されてしまいました」（Leibniz, 1680: 429–36）とのべ、ナイメーヘン講和の展開とそれ以降の状況に強い失望の念を伝えているのである。

それから三年後の一六八三年、八月から九月にかけて、彼はフランス系ギリシア人を装って、ゲルマヌスという筆名で「篤信のキリスト教徒なる軍神」（Leibniz, 1963: 446–502）と題する文章を残している。これを書いた時は丁度、オスマン帝国軍がウィーンに接近し、皇帝がウィーンを離れざるをえなくなったという情報がライブニッツの耳にも届いていた時である。この文書タイトルはフランス王がキリスト教徒とはいうものの、異教徒とグルになってドイツ攻撃をしていると揶揄するものであった。

ここで「篤信のキリスト教徒なる軍神」（以下「軍神」）なる文書を少し紹介しておこう。マース（軍神）とはローマ神話にでてくる「戦の神」のことである。そしてChristianissimusとは一五世紀半ば法皇からルイ一一世に与えられた「篤信なるキリスト教徒」という称号で、ここで「篤信のキリスト教徒なる軍神」とは言わずと知れたルイ一四世のことをさしている。このライプニッツの文章はまずラテン語で書かれたが、彼自身によってフランス語に訳されたものである。フランス語訳の欄外には、「ラテン語からフランス語に訳されたが、それはフランス語に訳されたものと思われる」と書き込まれているとあるが（Leibniz, 1963:471）、この書き込みが誰によって為されたかは分らない。書き手は、この文書はルイ一四世が「篤信なるキリスト教徒」という称号をもちながら、異教徒のオスマン帝国と戦い、教会を護るどころか、イスラームの彼らと結託してハープスブルク家の都ウィーンを攻撃させていることを当てつけたものと読者に伝えようとしたものであろうが、果たしてライプニッツがそのような意図でフランス語訳を試みたのか、いささか疑わしい。というのも、確かにタイトルはそうした意図を窺わせはするものの、ここで特に注目したいことは、ドイツ帝国のあり方にたいするライプニッツの考えの重要な変化だからである。確かに、このフランス語訳された文書の内容はルイ一四世の戦争政策を、口を極めて非難し、それによってドイツが奴隷状態におかれていることに抗議していることは事実である。しかし、ライプニッツの主眼はドイツの現状に対する批判である。彼は、ドイツ帝国がフランスおよびオスマン帝国の攻撃にさらされているにも関わらず、ドイツ諸侯は「ゲルマン的自由」こそ、と言わんばかりに、自らの利益を求め、勝手気ままに行動していると、彼らの能天気さに切歯扼腕しているのである。確かにライプニッツは、次のようにも述べる。

「私は、ドイツの状況がフランス人の軛のもとでいかに惨めなものになるであろうかはよく承知しており、さまざま思いを巡らしている。彼らは、我々がなお世界で重要な位置をしめているとなると、我が民族をさんざん蔑むのである。我々が敗者となり、見下げはてられるような時には、彼らは我々の間抜けさのみならず、我が民族の過去の名声、我が祖先の栄光にそぐわない無気力さをみつけると、嫌みを並べたてるきっかけにして、何をしでかすか分ったものではないのである。彼らは我々から武器をとりあげ、まるで武器等保持する価値もない人間であるかのように扱うであろう」(Leibniz, 1963:490)。

しかし、彼はフランスを非難するだけではなく、ウェストファーレン条約で承認されたドイツの諸侯の領邦権の強化を「ゲルマン的自由」などと言いなすことがいかに見当違いなことであるのか、その「ゲルマン的自由」こそがドイツ帝国たる神聖ローマ帝国の権力を弱めているとして、次のように「ゲルマン的自由」を揶揄する。

「ゲルマン的自由とは、カエルどもがケロケロ啼き、あちこちで飛び跳ねるわがままを意味するのではないとするならば、はたして何でありましょうか?　水に浮かぶこの樹木〔帝国〕が大きな音をたてて倒れていき、彼ら〔カエルども〕にとって、もはや少しも恐るべきものではないとあっては、一羽のコウノトリが必要なのです」(*ibid.*, 488)という。

これはおそらくイソップの説話にある「王を求めたカエル」をもじっているのであろう。この説話はもともと「カエルたちはただケロケロ、ガァガァ啼くだけではつまらないので、大王〔ジュピター〕に王様の支配を受けてみたいと頼んだところ、大王はコウノトリを遣わした。カエルたちはコウノトリに次から次へと食べられてしまい、悲鳴をあげて暴君は嫌だといった。大王は王様を望んだのはお前たちではないか。なにか望むならばどのようなことが望ましいのかはっきりさせておけ、自分たちでなんとかしろ」という趣旨であろうが、ライプニッツの言いたかったことは、おそらく「ゲルマン的自由」を掲げる領邦君主たちに対する警告であったのではなかろうか。

このルイ一四世非難にあわせて「ゲルマン的自由」批判をおこなったことは、ライブニッツの政治思想の変化を考えるうえで決して小さな問題ではないように思われる。この「軍神」は一六八三年八月から九月にかけて書かれたもので、ウィーンがオスマン帝国の攻撃を受けていた時のことである。ここでは、ライブニッツがドイツ国制について、先に述べた「主権および代表権」や「ナイメーヘン時事問答」とは明らかに異なる見解を示していることに注目すべきであろう。一六七七年の「主権および代表権」から一六八三年の「軍神」の間にライブニッツの政治思想に極めて大きな変化があったことを窺うことができる。一六七七年に「主権および代表権」で書いたホッブズ批判もおそらく修正することにつながると考えてよいのではないか。一六七七年と八三年の間にどのようなことが起こったのであろうか。少しく、この間のライブニッツの思考を辿ってみたい。

さきに紹介した、一六八〇年にライプニッツがある牧師に送ったナイメーヘン講和に関する書簡の翌年前半、ライプニッツは「ドイツの戦争体制草案考」(“Gedanken zum Entwurf der Teuschen Kriegsverfassung”, Leibniz, 1963:577-93)をまとめている。この「草案考」でライプニッツは、おそらく初めてと思われるが、神聖ローマ帝国の諸侯の自分勝手な行動に対する厳しい批判を展開している。

「大領主たちはなにより自分の家と領地の繁栄が長続きすることを重視するつもりなのだろうか。彼らの真の栄誉や不朽の名声は、彼らの職務や良心はさておくとしても、お追従のない後世にこそ生まれるものである。偉大な領主にとっては、ほかのことでは何不自由なくとも、それこそが自らの政治支配に見出すことができる最高の栄誉なのである」（*ibid.* 580）。

こうしたドイツの諸侯にたいするライプニッツの批判は、次のような認識から生まれたものであることは言うまでもなかろう。

「ドイツはかつてない大変な危機にある。それはトルコ〔オスマン帝国〕、フランス、スウェーデン、デンマークの所為であり、そしてある程度は、皇帝とブランデンブルクの所為でもある」（*ibid.* 579）。

ここにいうトルコからの危機とはハンガリーのテケリ（Imre Thököly）の反ハープスブルクの反乱（一六七八年）の停戦協定が一六八〇年六月に期限切れとなり、テケリがオスマン帝国に援軍を要請し、実際に上ハンガリー（現東スロヴァキア）で反乱が始まったという状況をさし、フランスの所為とはルイ一四世がメッツ、トゥール、ヴェルダンなどを併合していたことを念頭においていたとされている。さらに皇帝の所為とは、皇帝レーオポルト一世がナイメーヘン講和でフランスに領土的譲歩をしたことをさし、ブランデンブルクの所為というくだりについては、ブランデンブルク選帝侯が一六七九年のサンジェルマン・アン・レ条約でフランスと反皇帝の約束を結んだことをさしているという（*ibid.*）。

さらに一六八一年九月半ばには、短いとはいえより立ち入った内容の「帝国の現状についての熟慮」と題する文書（“Délibération sur l'présent de l'Empire”, *ibid.*, 436–41）をもまとめて、次のように述べる。

「もしドイツがそもそも分別と決断力をもっているのならば、今日直ちにそれを示す必要がある。なぜなら我々はいたるところで攻撃にさらされているのである。皇帝の軍隊はハンガリーの不平分子にこけにされ、ブランデンブルク選帝侯はポーランドとの紛争を抱え、スウェーデンが〔サン・ジェルマン・アン・レ条約でスウェーデン領ポメルンを奪還して〕一息つくや、常にスウェーデンの恨みを恐れていなければならない。ブラウンシュヴァイク家はデンマークとスウェーデンそしてブランデンブルク侯にさえも不信を抱かざるをえない。ライン（プファルツ）はフランスの勢力圏というべきか、もう少しでそうなる。近隣の諸侯は嵐をおそれて動こうともしない。一方フランスはドンドンことを進め、次から次へと諸侯を服属させている。もう理屈ではこれを止められないことは明らかである。篤信の王〔ルイ一四世〕は、最高の理性は彼の国の利益にあると信じており、〔神聖ローマ〕帝国の諸侯が所有しているほとんどの領地はフランス王国の古くからの属領であり、彼の先輩たちの不手際のためか弱腰のためか、不当に切り離されたものと見なしているのである。彼はそれらを取り戻すことは正当であり、そうできる状況にあると信じ込んでいる」。

そして、二〇世紀のドイツの国制史の碩学であるF・ハルトゥングは次のようにいう。

「ヴェストファーレンの講和は、領邦諸国家の法的な重要性とそれらがもつ実際の力との背反という、ドイツ帝国国制が抱えていた根本的欠陥をなんら除去することなく、むしろこれを先鋭化した。かつて帝国改革の時代には、すくなくも、アイヌング〔中世の法律用語。誓約に基づく合意協定〕という手段を用いて諸領邦を従来以上にしっかり帝国の組織にくみ入れようとする試みが行なわれた。それに反しヴェストファーレンの講和は、〔帝国〕等族の自由権 Libertät、かれらの領邦高権と同盟締結権をほとんど無制限に承認しながら、皇帝と帝国とにたいするかれらの義務をなんら確定しないことにより、もっぱら破壊作業を行なったのである」（ハルトゥング 1980:212）。ライブニッツの一六八〇年代以降の歴史認識が、仮に近代への橋渡しをするものであると位置づけることができるとするならば、二〇世紀の歴史家ハルトゥングの認識と同じ歴史認識と言えるのではなかろうか。

## 第3節　ライブニッツのドイツ語論——彼のドイツ語への思い

ライブニッツはヴェストファーレン体制においてフランスの戦争政策に対抗してドイツの政治的・軍事的弱点の克服をも視野に入れた文書をいくつか紹介してきたが、ここではドイツ語の向上という側面からのライブニッツのドイツへの思いを考えてみたい。但し、ライブニッツの言語論に関しては、恐らくゴットロープ・フレーゲの論理学の立場からの研究が活発になされているようである（岡部 2001:165-81）。例えば、ハノーファーのライブニッツ協会のハイネカンプは、ライブニッツは言語が伝える理念・概念を文章構成から分析し、言語を認識手段の記号としてとらえているという。そして自然言語としての用語は単純な認識としてではなく、原初的な認識を表現する記号であるとする、という（Heinekamp. 1972:446-88）。だが、ここではドイツ語の歴史的な視点からの問題に限って扱いたい。また、ポーレンツも指摘するように、ここに紹介するライブニッツのドイツ語の改善に関する文書は「最後まで公にはされなかった。おそらく彼は、彼の非常な声望をもってしても、これほどまでに広く浸透した時代の流れに対しては戦っても勝ち目がないものと判断したためであろう」（ポーレンツ 1972:119）ということである。いずれにしてもここに紹介するライプニッツのドイツ語改善の様々の提案が実際にどの程度広く影響力を持ったのか、あるいは全く持たなかったのかの検証は行なっていない。

ライプニッツはおそらく一六七九年（公刊は一八四六年）に書いたと思われる「ドイツ人に自らの知性と言語をより磨くよう求める」で、知性とドイツ語を磨くべきことを切々と訴えている（Leibniz, 1986:795-820；渡辺学 2006）。この文書（以下「ドイツ人への訓言」または「訓言」とする）の成立年については、これまでさまざまの研究がなされてきており、日本では赤沢元務が「Leibniz と Thomasius — Ermahnung an die Teutschen の成立年をめぐって」（赤沢 1989）で、その成立年を一六九〇年としているが、ここでは、ドイツアカデミーの見解に従い一六七九年末としておきたい。一六七九年といえば、先に述べたナイメーヘン講和の展開にライプニッツが心を悩ましていたころである。

この「訓言」の成立年を巡る中心問題は、ライプニッツが「訓言」の導入部で「この戦争の展開 in diesen Kriegsläuften……」あるいは「このたびの戦争で起こったこと in diesen Kriegen vorgangen……」と述べていることに関して、この戦争がどの戦争をさすのかの解明に関わっている。ドイツアカデミーは、しばしば指摘される一六七二〜七八年のルイ一四世のオランダ侵略戦争ではなく、先に言及した一六七九年スロヴァキアの若き愛国者テケリ（Imre Thököly）の反ハープスブルク戦争であろうとの立場をとっている。この時に、テケリはフランスのルイ一四世に支援を約束されてウィーンに戦争をしかけ、瞬く間にハンガリーの地を支配下に置いたのである。ライプニッツはこの「ドイツ人への訓言」のなかで、先に述べたドイツの軍事的な危機ではなく、ドイツの文化的な「危機」に触れているのである。彼は、ドイツ人がいまだに外国の言語（ラテン語やギリシア語）からの寄せ集めだけの書物に浮かれていることを嘆じ、次のように述べている。

「フランスでもまさに状況は同じではあったが、淑女や紳士が母語で知識や学識について幾ばくか味わうようになると、誠に大層なことを語る衒学者たち自身も、彼らのかまびすしい言い争いも、ともに蔑まされるようになってしまいました。……しかし、それでもなおドイツでは、ラテン語と文明*にはあまりにも勤しみ過ぎてはおりますが、母語と自然〔原文はNatur〕にはあまりにも勤しまなさすぎました。このことは知識人と同じくドイツに生まれた民衆（Nation）**にも悪い影響を及ぼしました。というのは、知識人は知識人相手にものを書き、あまりにもしばしば役にも立たない事柄にこだわってきました。また、民衆はといえば全体として、ラテン語を身につけない人々はほとんど学問から排除されるということが生じました」。こうして、

「ドイツでは確かな精神や明敏な思想、成熟した判断、繊細な感覚と言ったものが、よくも悪しくもまだまだ人のこころを捉え、外国で見られるように人々の間で広く共有されてはいないのです。〔それにたいして〕外国のよく整えられた母語は、あたかもよく磨かれたガラスのように、洞察鋭い魂（Gemüt）を他に伝え、知性に透徹した明断さを与えているのです」（Leibniz, 1986:809）。

＊ 原文はKunstだが、グリムの『ドイツ語辞典』ではKunst（文明〈あるいは巧〉）とNatur（自然）とは対立するとともに、姉妹でもあるとしている。文明は自然を完全なものにするといった説明があり、その例としてドイツ語の詩歌を賛美する例文が挙げられている。

＊＊　グリムは「ナッツィオーン」という言葉は一六世紀にフランス語の nation を取り入れたもので、その地に生まれ育った人々を示すと説明している。

ライブニッツの母語を磨くことへの強い関心は、自然つまり「本源的なもの」と、文明つまり「人工的なもの」との関係についての彼独自の認識を基礎にしたものと言ってよかろう。ライブニッツは、ドイツ人は「並外れて洞察力のある精神を持っている」にもかかわらず、「我が民衆（Nation）はあたかも陰鬱な雲に覆われたままになっているかのようである」のは、「洞察鋭い魂」を外に伝えるべき本来「よく磨かれたガラス」であるべきものが曇っているためである、と主張していると思われる。

またライブニッツは、嘆じて次のようにも言う。

「ドイツ人がそれら〔知識や学識〕を国内にではなく、旅行やイタリア人やフランス人の書物に見出そうとするのは、まるでドイツ人の手になる書物には嫌悪感を抱き、外国のものだけを愛し、評価するかのごとくである。それとともに我々の知性や民族がもっとましなことができることさえほとんど信じようとしないかのごとくである。こういうわけで我々は、こと知性に関わる事柄においては、すでに奴隷状態に陥っているのであり、我々の無智によって自分たちの生き方、話し方、書き方、さらに考え方さえも、外国のものまねにならざるをえないのではなかろうか」（Leibniz, 1986:809）。

こうした議論は、確かにＵＣＳＤ（カリフォルニア大学サンディエゴ校）のライブニッツ研究者Ｄ・ラザフォードの主張するように、ライブニッツの言語理解は、話者の思想が合理的な単語を通じて聞き手に伝達されるというメカニズムに、その哲学的意味があるとの説明に通ずるところが多く存在するように も思われるが（Rutherford, 1995:224–69）、ここではライプニッツの国民的な言語能力の改善によってドイツ人の知性を高めるという視点から、さらに議論を進めたい。

ライプニッツは一六七九年の「訓言」からほぼ二〇年後、さらに「軍神」から一四年後の一六九七年、「ドイツ語の使い方と改良について謹んで申し上げる卑見」（一七一七年公刊）を書き、ここでドイツ語の「改良」の具体的方法を提示するとともに、その実現のために「卓越した人々が結集して、適切な機関が設立されるべきである」（Leibniz, 1697［1717/1995］:255–314［以下 Leibniz, 1995］）と提言している。*

＊　邦訳（高田 2006）がある。提言のタイトルにある unvorgreiffliche Gedanken はここでは「卑見」としたが、それはグリム『ドイツ語辞典』の unforgreiflich の項でグリムはアーデルングを引用しながら、この言葉はとりわけ上ドイツで用いられる控えめで慇懃な官庁言葉の言い回しであると説明し、ライプニッツのこの提言を例として挙げていることによる。また、この「卑見」の成立年について、グリムは一六九七年としている。

ライプニッツはこの「卑見」の冒頭で次のように述べている。

「言語は知性の鏡であり、諸民族の知性がいや増すのにともない、言語もよく使われることはよく知られております。これはギリシア人、ローマ人、そしてアラブ人の例が示している所でございます」、「今望まれますのは、ドイツ人の知性もまたまことに征さり、称賛されることであります。それは教えよろしきを得、勤勉な練成が調和して実現されるはずのものであります。人はあまりに執着しているもの全てについて当面は問題にしようとはしないものでございます。しっかりした知性と練成は、教えるものと学ぶものとの間のみならず、偉大な教えの達人、つまり世間あるいは社会でのふだんの生活に存在しており、言語を媒介にして人の心をまとめるということを認識するだけなのです」(Leibniz, 1995:256)。

彼は、知性が自然発生的に「偉大な教えの達人」である世間や社会から生まれてくることを基礎(「自然」)として、積極的に言語を改善すること、そして鍛錬することによってドイツ人の知性を高めようとしていたのではなかろうか。このような言語を「自然」と「文明」とに分けて捉える考え方は、一六七九年の「訓言」で示された言語論と変わりないものであり、「自然」としての母語を高めていくことが、ドイツ人に課せられた課題であるという点においても変わりがないものと言えよう。それだけに、「卑見」の第3節で「それがゆえに、ドイツ人はこの〔神聖ローマ帝国の〕尊厳にふさわしいことをみずから示すべく、なお一層力して努力せねばなりません」(Leibniz, 1995:255f.)と述べているとも考えられるのである。つまり、ライブニッツにとっての言語は、ルターのように聖書の教えをどれだけ正確に伝えるものであるのか、ヘブライ語、ギリシア語、ラテン語という言語はどれほど聖書の言葉を伝えるに相応しいのかと捉えるのではなく、いかなる言語であれそれはその言語を話す人々の知性を映し出すものであるだけに、人々の知性を高める努力をすることによって言語が映し出すものも異なってくる、ギリシア人、ローマ人、アラブ人はそうした努力をしたのだと訴えているものと言えよう。従って、ドイツ人は母語をもっと磨く必要があるのだ、ということになるのであって、こうした認識はルターの言語認識には、おそらく存在しなかったものではないかと思われる。ルターにとっては、ドイツ語はライブニッツ流にいえば、「自然」であって、けっして「人工的な巧」ではなかったのである。

ところで、ライブニッツはさらに思考を深め、知性を高めるうえで、あるいは言語を通じて真実に達するうえで、とりわけ「単語」がもつ意味に特別な注意を払っていた。繰り返し述べてきたように、彼にとって、単語は知性を映し出す鏡であり、知性の「手形証」あるいは記号であって、この知性の記号は「ヘブライ語の秘密にのみ求められるのではなく、確かになにがしかの文字面だけのこじつけではないもので、単語の真の知性と用法に求められるのであります」(Leibniz, 1995:259)という。その意味では「ドイツ人は自分たちの言葉を高めてきました。とりわけ現世的な事柄や工芸・手工業においてはそうであります。しかし、知識人たちはほとんどラテン語にだけ関わってきて、母語はなるがままに任せて来たのであります」という。そのために、ドイツ語には「直接見たり触れたりできないもの、思索によって獲得できるもの、例えば心の動き、また道徳や悪徳、および倫理学と行政学に属する多くの事柄におきまして、いまだいささか遅れているところがございます」と述べている。ライブニッツはこうした観点からドイツ語育成機関の設立、ドイツ語の単語調査の実施、専門用語・方言・古語の辞典の編纂、アジアなど異文化の未知の事象を認識させる多くの単語の解説など、幅広い分野についてドイツ語の研究と辞書の編纂を提言しているのである。

さらに、ドイツ語向上の具体的課題を指し示した一六九七年の「ドイツ語の使い方と改良について謹んで申し上げる卑見」(“Unvorgreiffliche Gedanken”, *ibid.*) の内容をもう少し検討してみたい。ライブニッツはこの「卑見」でもドイツ語を豊かにすることの重要性を強調し次のように言う。

「言語において、豊かさは一番に必要なことであります。豊かさとは、適切にして重みのある単語(Wort)に、不足することなくむしろ溢れ、あらゆる出来事に役に立つこと、それによって全てを迫力をもって厳密に頭に思い浮かべるとともに、色鮮やかに描けることであります」（Leibniz, 1995:287）。

そして、「言語が横溢しているか不十分かの試金石は、良書を異言語から翻訳する際にあります。その際に何が欠けており、何が具わっているのかが示されるのです」（Leibniz, 1995:288）という。先に述べたようにライブニッツは、思考を深め知性を高める上で単語の重要性を強く主張しているが、言語の豊かさもその単語が豊かであることが大切であると考えていた。彼がドイツ語の単語調査の必要性を訴えていることも、同じ考え方から生まれたものと思われる。また彼は、「単語は単に思考ではなく、物の記号でもある。我々は我々の考えを他人に伝えるためにだけ記号を必要とするのではなく、我々の思考自体を助けるためにも必要とする」（Leibniz, 1995:257）とする。つまり、単語は意思疎通と思考の内的深化という二つの機能を果たすことができるという。従って、彼は具象的な事柄を示す単語と抽象的な事柄を示す単語の双方を指摘し、ドイツには論理学や形而上学の専門的単語に欠けるところがあるともいう。そして、論理学や形而上学の概念をしめす単語などは改善しなければならない、とするのである。

しかし、ライブニッツは「言語の基礎と土壌は、言うなれば単語であり、その上に表現の様式*が果実として育つのであります」（Leibniz, 1995:272）という。従って、ドイツ語の全ての単語を調べることが大切で、それは高地ドイツ語と呼ばれている言葉に留まらず、平地ドイツ語、マルク・ブランデンブルクやバイエルンなどの各地方の言葉、さらには都会の人々よりも農村の人々の言葉も調べるべきであり、さらには、ドイツ語起源の言葉でオランダ語や英語になっているもの、とりわけドイツ北方のデンマーク、ノールウェイ、スウェーデン、アイスランドの言葉も対象とすべきであるという。単語調査の対象はさらに広がり、古語や技術者**や職人の言葉も調査することが必要であるとし、そして、すでに忘れ去られている単語があれば、その単語を復活させて欠陥を補うべきであるが、それによって表現が適切な外国語を全て排除することがあってはならないともいう。

単語調査がこのようにあらゆるジャンルに広がれば、それに伴い辞書も編纂されるべきであり、普通の辞書、専門用語辞書***、地方語の辞書、語源や語形の由来辞典などの必要性があるとしている。言葉に関するライブニッツの基本的な考え方は、「自然」と「巧」という二項的な構造を持っていたと思われるが、この「卑見」ではその「自然」についての彼の考え方が明確に示されたといえよう。まずは、ドイツ人はどの地方でどのような言葉を話し、書いているのか、政治的に優勢な地域の言葉だけでなくドイツのさまざまな地域の言葉を調べるべきであるという。そうした地域で話されている言葉への意識から、都会の言葉よりも農村の人々の言葉により注意を払った調査を提案している。そうした「自然」の言葉のもつ広がりから、ドイツ語とオランダ語あるいは北欧の言葉との関係も調べるべきことを提案するばかりでなく、農村のみならず社会のさまざまな職業・階層でどのようなことばや単語が話されているのか、そして忘れ去られてしまっていっているのかそれをも調べ、それを記録すること、つまりそれぞれの専門的辞典をつくる必要があると訴えているのである。

* 原文は Redens-Arten だが、グリムの『ドイツ語辞典』では一七世紀の一般的な Redensart の使われ方は die art auszudrücken とされているので、それに従う。

** 原語は Künstler とあるが、グリムによればこれは techniker あるいは mechaniker ともある。

＊＊＊　原語は Kunst-Worte である。グリムの『ドイツ語辞典』では Kunst の項目だけで九頁を超す。もともと高度な内容・能力、詳細な知識などといった意味との説明であるので、ここでは専門用語とする。

加えて、ライプニッツがドイツ語を豊かにする課題として重視したのが、外国語の問題であった。当時の様々な文献を渉猟した福本喜之助は、ドイツ人の多くが外国語にかぶれていたさまを、数多くの例で紹介している。なかでも、一六四三年に刊行された四〇頁ほどの小冊子『ドイツ語をダメにする無軌道な連中』(*Unartig Teutscher Verderber*, 1643) から「当時のドイツ人は、あらゆる階級を通じて、二、三ヶ月でも、フランスを覗いてくるか、またはフランス人が話すのをきくと、もうそれだけで、自分たちの国語が嫌になるという程度に達していた」と紹介している (福本 1980:161)。こうした状況において、ライプニッツは「外国語あるいはドイツ語にはない単語に関しては、未だ多くの人に理解されない度合いに応じて、その外国語を受け入れるべきなのか、あるいはどの位受け入れるのかは、大変悩ましい問題であります」(Leibniz, 1995:304) と、外国語ことにフランス語の専門的単語への対応には慎重であるとともに前向きな姿勢を取っていたように思われる。それは、外国語はドイツ語にない表現があり、ドイツ語を豊かにする側面があるという認識からのものであったと言えよう。ドイツ語に外国語を交えることによって、ドイツ語の単語がたとえ不明確ではあっても、外国語の力によって本来の意味や力を回復することもあると考え、次のように述べている。

「ドイツ語の単語にそれに相当する外国語の単語を挟み込み、一方を他方の説明として利用するといった媒介関係を利用することもしばしば有効でありましょう。なぜならば、一方の〔ドイツ語の〕

単語に分かり易さと力強さが消えていたとしても、他方〔の外国語の単語〕で補うことができるからです。こうした利点は良く練られたとしても、未だ人口に膾炙していないドイツ語の単語を普及させるのに大いに役立つことでありましょう」(Leibniz, 1995:303)。

ライプニッツは、さらに必要な場合には外国語の力ある単語を、ドイツ語化させることを毛嫌いしないことも必要であるとの考え方をしていた。そのなかにはPotentanten（強力な領邦君主)、Galanterie（紳士の優美さ)、Gala（盛装）に混じって、ドイツ語のSuprematuren（統治権）に代えてフランス語からドイツ語化したSouverainitäten（主権）をも挙げていた（Leibniz, 1995:305f.)。ここには、ライプニッツのドイツ帝国の現状にたいする思いが込められていたように思われる。

「ヴェストファーレン体制」において、ドイツのおかれた状況はライプニッツにとっては厳しい課題を提起するものではあったが、彼は政治的・軍事的な観点から国家主権の強調を訴えるのみでなく、むしろドイツ語の改善を通じてドイツの行政・政治・哲学・文化一般にわたってもドイツの力量を高めるべきであるという考え方から、次第にあるがままの「自然」のドイツ語の確認こそが重要であり、その「自然」を確実に把握することこそが重要であるとの考えに移っていったように思われる。しかも、それはライプニッツ自身の政治思想の面でも、神聖ローマ帝国の本質的な弱点を認識するという大きな思想的転換を経験してから、時間をかけてゆっくりと形成された構想であった。

# 第四章

# ヤーコプ・グリム

ヤーコプ・グリムは「赤ずきん」「白雪姫」「シンデレラ」「ブレーメンの音楽隊」「ヘンゼルとグレーテル」「眠れる森の美女」などグリムの童話として日本でも子供のころから親しまれ、よく知られているグリム兄弟の兄である。このグリム童話は主にヤーコプが集めた民話で、例えば「シンデレラ」といったタイトルやその話しのあらすじは世界中で非常によく知られていてはいるが、ディズニーのアニメ映画のキャラクターのイメージもあって、それがグリムの童話であることすら忘れられていることがある。本場のドイツにおいても、グリムと言えばこうした童話を集めた人物として子供の頃から親しまれており、日本においてもグリムの研究は圧倒的に童話研究に集中している。ところが、このヤーコプ・グリムが童話の蒐集以外に膨大な『ドイツ語辞典』を編集したことは童話ほど知られてはいない。まして、彼がドイツ語文法について重要な仕事を残していることはほとんど知られていないといってよいのではなかろうか。ここでは、まず、ヤーコプ・グリムのドイツ語文法研究について考え、そこにみられるヤーコプのドイツ・ナショナリズムのあり方を考えてみたいと思う。

## 第1節　ヤーコプ・グリムとドイツ語史とのかかわり

ヤーコプ・グリムは、一七八五年一月四日、ヘッセンのハーウナウ*に、六人兄弟の次男として生まれた。弟のヴィルヘルムはヤーコプの生まれた翌年一月一〇日に生まれ、子供の頃はいつも同じ洋服をまとい一緒に過ごしたという。弟は頑健で、兄よりも大きな体にめぐまれていたが、成人するに伴い「原因のつかめない病」（ヤーコプ）におかされ、病弱な晩年を過ごした。二人は性格がかなり異なっていたようだが、年子だったこともあってか、一生共同の生活を続けた（Grimm, 1991:165）。彼らはもともと九人兄弟であったようだが、そのうち三人は乳飲み子のうちにこの世を去っている。ヤーコプの自伝によると、彼の家系は熱心なプロテスタント（ルター派）で、「どういう訳か祖国愛がとりわけ強かった」という（Grimm, 1864:1）。しかし、ヤーコプがここで祖国といっても、それはおそらくドイツ全体を指すのではなく、ヘッセン＝カッセル方伯領を中心とする地域であったと考えられる。なぜならば、彼は「自分たちの殿様は考えうる最高の人物と思っていた」とも述べており、「四番目の小さな弟がヘッセンの地図を描くとき、都市はすべて他領邦の都市よりも大きく、川もほかより太く描いていたことを思い出す。我々は、たとえばダルムシュタット**のような領邦をも、たいしたことはないという気持ちで見下していた」（Grimm, 1864:2）とも述べているからである。

*　マイン川支流のキンツィッヒ川に面するヘッセン＝カッセル方伯領の都市。
**　マイン川左岸ヘッセン＝ダルムシュタット方伯領の宮廷所在地。

ヤーコプの父は法律家だったが、彼が六歳の頃、キンツィッヒ川上流のシュタイナウ（父の生地）の役人として赴任することとなった。しかし、それからまもなく一七九六年の一月一〇日にこつ然とこの世を去った。ヤーコプ一一歳の時である。母親に財産がなかったため、当時ヘッセン選帝侯夫人のヘッセン方伯夫人つきの女官をしていた母親の姉の援助を得て、カッセルに移り住むこととなった。こうしてヤーコプは一八〇二年まで、カッセルでの学校生活を送るが、それについては自伝のなかで詳しく述べている。一八〇二年、ヤーコプは弟ヴィルヘルムと別れ、マールブルク大学で法学を学ぶことになった。それは「心から敬愛する父」が法律家だったことによると「自伝」で明かしている。彼は、当時新進気鋭の法学者フリードリヒ・サヴィニ（Friedrich von Savigny, 1779–1861）の講義を受け、この若き法学者に非常に強い印象をうけて、しばしばサヴィニの自宅を訪れることとなった。ヤーコプは、そこで法学の書籍のみならず、さまざまな文献を手にすることになった。そのなかには、ボドマー（J.J. Bodmer, 1698–1783）の『ドイツ＝ミネジンガー』などもあった、とさらりと述べている（Grimm, 1864:6）。

その当時、ヤーコプは『占有権論』（*Das Recht des Besitzes*, 1803）を発表したサヴィニの依頼で、ローマ法の史料を集めるためにパリにまで彼に同行するほどであったが、筆者はそのヤーコプがどうしたはずみで『ドイツ文法』をはじめ、弟ヴィルヘルムと編纂した『ドイツ語辞典』や童話等の世界に入っていったのか、その経緯をなんとか掴みたいとおもった。一九九五年に復刻されたグリムの『ドイツ文法』第一巻（初版は一八一九年）に序文をよせた女性言語学者E・フェルトブッシュ（現パダーボルン大学教授）によると「当時の多くの政治家、文化創造者、学者、そしてもとより彼の師匠サヴィニにとってと同じく、ヤーコプ・グリムは自らのライフワークを、当初からの関心事である、自国が政治的・経済的に寸断されている状況に対して、そしてナポレオンによる支配に対して、ドイツ人自らの存在価値と統一を示すことに捧げたのである」という（Feldbusch, 1995:xxiv）。しかし、確かにヤーコプが当時発表した文章、例えば一八一三年一二月『プロイセン通信』の「カッセルからの報告」や一八一四年八月の『ライニッシェ・メルキューレ』掲載の「エルザスの人々」といった記事から、グリムの政治的関心を伺い知ることはできるにしても、その関心によってどのようにしてグリムがもともとの法学研究からドイツ文法の研究に関心を移行させたのか、その点についてのフェルトブッシュの説明には些か無理があるように思われた。おそらく彼女は、ヤーコプが一八三八年にまとめた「自伝」にのみ頼ったためではないかと思われる。

そのカギは、一八五〇年、サヴィニ教授の法学博士号取得五〇周年記念に寄せた文章で明らかにされている。ヤーコプはそこでマールブルクの高台に立つ城へ通じるバーフューサー通から、細い横町を経て石組みの螺旋階段を登り、さらに頂上の城に近いフォルストホーフという現在は学生寮になっている建物への道の途中にある、サヴィニ教授宅での思い出を語っている。それは一八〇三年の夏のある日である。少し長くなるがその件を引用してみよう。

「私の心をさらに引きつけたのは書斎にそびえ立つ書架に並べられた書物でした。私はそれまで教科書と父が遺したわずかばかりの書籍しか見たことがありませんでした。〔先生の〕それら書物は通常の順序で並んでいましたが、他のものはヘブライ語を書くときのように右から左へと逆に並んでいました。そのおかしな並びの理由が私には分りませんでしたが、先生はそれを説明され、弁明されました。書架には梯子を懸けて近くで書籍を見ることができました。そこからは、私がそれまで目にしたことがないものが目に飛び込んできました。扉から入って右手の壁の一番後に四折判のボドマーの『ミンネザンク集』がありました。私はそれを手に取り、初めて頁を開いてみました。そこには奇妙な、半分理解できないドイツ語の詩で、〝ヤーコプ・フォン・ヴァルテ氏〟(Jacob von Warte 中世騎士恋愛詩人)、〝クリスタン・フォン・ハムレ氏〟(Kristen von Hamle 同前)とありました。そのとき誰かが「お前はこの本をおそらく二十回も最初から最後まで読破し、これ無しではいられなくなるであろう」と言ったような思いに囚われました。先生のところではこの本はなんの役にも立たず、書架に突っ立っているだけで、先生もこれまで読んでおられないことは明らかでした。しかし、当時私のなかに芽生えた気持は敢えてこの本を拝借しようと思うまでには至っておりませんでした。しかし、その思いは私の心にしっかりと根を張り、二、三年後パリの図書館で手書き文書に取り組んでおりますとき、そこにかわいらしい絵をみつけ、その文書からその一部を写しとりました。そうしたものを目にして、私の中には、我々の古い詩をしっかりと読み、理解するという大きな欲求が生まれたのです」(Grimm, 1864:115 f.)。

ヤーコプは「自伝」でもボドマーの文献に触れてはいたが、これほど印象深く彼の生涯を左右する形では述べてはいない。グリムのドイツ語への姿勢についてフェルトブッシュが当時の政治的な環境にふれたことは不当ではないと思われるが、彼女はグリムのドイツ語学についていささか政治的な志向という視点から捉える傾向が強いのではないかと思われる(Feldbusch, 1995:xxvii)。後に『マールブルクにおける『グリム兄弟』という小冊子を目にした。著者アルフレート・ヘックは、このボドマーの一件を引用してはいるものの、ヤーコプが言語学に関心をもったきっかけとしてではなく、「彼が師匠には全く似ても似つかなくなった」とサヴィニから学問的に離別したこととして説明している（Alfred Höck, 1978:25）。

## 第2節　グリムの『ドイツ文法』

グリムは、五冊からなる『ドイツ文法』という書物を発表している。いずれも大著で、総頁数は四六〇〇を越える。* いずれの巻も売れ行きがよく、ヤーコプは出版社からの要請に応えるため奮闘をかさねたようである。しかも、グリムのドイツ文法は普通の文法としての形式をとらず、母音の変化の歴史、活用変化の歴史を分析するもので、いうなれば学校教科書の単なる文法書ではなくドイツ語史と文法の歴史を混合したものと言えよう。この他、彼の死後編集されたものとして『ドイツ文法』の三巻本がある。

＊　一八一九年刊行（lxx ＋六六一頁）、一八二二年刊行（xx ＋一〇八二頁）、一八二六年刊行（xi ＋一〇二〇頁）、一八三一年刊行（viii ＋七八八頁）、一八三七年刊行（viii ＋九六四頁）。

まず、一八一九年刊行の最初の『ドイツ文法』から見て行くと、ここには古いドイツ文法を分析するためにどのような資料を用いたかについての詳しい説明がある。碑文・貨幣などに書かれたラテン文字やギリシア文字によるドイツ語は勿論のこと、もともとの古いドイツ文字の資料も用いたという。その場合、ドイツ文字とはいえども、それが他言語から翻訳された言葉であるのか、もともとドイツ語であるのかは慎重に判断しなければならないともいう。また、タキトゥスのようなローマ人がドイツ人と交流した場合、ドイツ語の意味を問うたり、記録したりしたであろうし、なかには文章や歌全体が記録されている場合もある。そうした記録がドイツ文法史研究にどのような価値をもつのか、どう評価すべきかも、慎重に判断する必要があるという。さらにヤーコプは四世紀末のウルフィラス（ゴート語でヴルフィラ）訳の聖書についても、完全に保存はされていない資料に目を配って、分析している。さらに五世紀に下ると、多くのラテン語やギリシア語文献にドイツの名前が沢山でてくるが、それによって元のドイツ語を推測できるようになり、こうして、ゴート語と古高地ドイツ語との弱変化の差異が分るようになる（Grimm, 1995: xvii, xxi f.）。さらに、彼はこの序文でさまざまな例を紹介して、古いドイツ語の研究の苦労を明かしているが、それらをここでいちいち紹介して行く訳にはいかない。いずれにしてもこの序文によって、一八〇三年夏ヤーコプがサヴィニの書斎でボドマーの『ミンネザング』を手にしてから、最初の『ドイツ文法』第一巻が刊行されるまでの一六年の歳月に、ヤーコプがどのような資料と取り組んだかを窺い知ることができるといえる。

こうした分析方法は、ルターのように、ドイツ語をヘブライ語あるいはギリシア語やラテン語と比較したり、はたまたライプニッツのようにフランス語と比べてその上下関係（「言語のイエラルシー」ブリュノ）を問題とするという考え方から、ヤーコプ・グリムを解放していくこととなったと思われる。

一八二二年に刊行された『ドイツ文法』の第二巻の序文で、ヤーコプは次のように述べる。

「文法において私は普遍的に筋道だった概念は好ましいとは思わない。そうした概念は規則の見せかけの厳格さや閉鎖性をもたらすだけであって、私が言語研究の魂と思っている観察を妨げてしまうのである。事実に基づくという確実性を大切にし、最初はあらゆる理論を無視するという認識手法を重んじない人間は、計り知れない言語の精神に決して近づくことはできない。少し別のことだが、ここには二つの異なる傾向が存在している。一つは上から下に向かう傾向で、いま一つは下から上に向かうもので、双方とも固有の長所を備えている。ラテン語とギリシア語の文法学者たちは、これらの言葉がもつ高い教養に照らして、ドイツ語のもつ力に同じような繊細さと完成度を期待することに疑いをもつかもしれない。しかし、いかにラテン語とギリシア語の文法家がたってている優位な立場を以てしても、あらゆる場合のドイツ語文法にたいして十分に対応しているという状況からはほど遠いのである。個々の場面では、ドイツ語文法はラテン語やギリシア語よりも、より純粋でより深く評価されるべきなのである」(Grimm, 1822 : xii)。

ところで、ここでヤーコプがいう「下から上に向かう」とはどういうことであろうか。ヤーコプが「下から上に向かう」としていることは、詩人や著述家があやつるギリシア語やラテン語というより品位ある言語、あるいはより高い教養を有する知識人にたいして、民衆が話す方言の立場にたって、民衆が発するであろう皮肉まじりのもの言いではおそらくないであろう。それは「言葉のヒエラルキー」ということではなく、言うなれば、言語の成り立ちや変化を、その原始の歴史から実証的に現在までを見通すことを意味するということであろう。さまざまの言語のもつ現在の力関係〈例えば、永川玲二〈1979〉における、「おしことば」と「おされことば」という印象的な言い方を参照〉を前提にして、より洗練された言語の高見からそれぞれの言語を位置づけるやり方、つまり「上から下に向かう」ものの見方にたいして、ヤーコプの歴史的方法そのものを際立たせるものとして「下から上に向かう」という言い方がなされたものと思われる。「民衆的言語の歴史の吟味はまだ非常に欠如している。その多様性はまことに種々多岐にわたり、隣接した地域でも相互に際立った対称をなしているので、書き言葉では気づかれないような微細な差異の境界についても、〔話し言葉の〕多様性は別の状況にあるかもしれないのである」(Grimm, 1822: xii) という。そして、ヤーコプは方言の歴史を研究することの意味について次のように述べる。

「方言は、歴史によって我々に最も古く最も純粋なものであることが示されているもので、いうならば基幹言語から生まれた全ての分岐を普遍的に説明する際に最も根底的な規則を提示するはずのものであり、後世の言葉についてこれまで見つけられた諸法則を全て撤回することなく〔それらを〕修正するものなのである。私には、ドイツ文法において、下から上にむけて〔過去の方言から後世の言葉へと〕取りかかり始められたことは、ドイツ文法にとっては欠点というよりもむしろ長所に思われるのである」(Grimm, 1822: vi)。

ヤーコプは『ドイツ文法』第一巻ではゴート語の名詞・代名詞・形容詞の変化、古高地ドイツ語・中期高地ドイツ語・新高地ドイツ語などとの比較を論じているので、次の巻では造語論を論ずるのが順当なところだが、敢えてそれを後回しにして、第二巻で音韻論を論じることにしたと述べている。それは既に第一巻で古高地ドイツ語にみられる音韻の問題は綴りの探求によって混乱すると思われたために全く扱うことができなかったのだが、音韻変化の法則を極めて厳密に区別することはドイツ文法研究には不可欠であり、それがラテン語やギリシア語の語源研究にも大きな刺激となるとして、第二巻では音韻論を精力的に論ずることにしたというのである。ヤーコプは例えばギリシア語P・B・Fが、ゴート語そして古高地ドイツ語で法則的にどのように変化するのか、ギリシア語のγがラテン語、ゴート語そして古高地ドイツ語でどのように法則的に変化するのかなどを丹念に論じている。こうした音韻を研究するにあたって、ヤーコプはとりわけ詩の押韻に注目していたようである（Grimm, 1822:vii)。彼の伝記をまとめたW・シェーラー（1841-86）によれば、彼は一見詩には関係ないと思われるさまざまな言葉を注意深く蒐集していった。職人やあらゆるジャンルの職業の人々、狩人、船乗り、鉱夫、学生、傭兵、土地貴族や農民の言葉、それればかりか盗賊の言葉をも蒐集してまわった。なぜならば、これらは全て古い詩やその形式と密接に関わっていると考えられたからであるという。こうしたヤーコプの手法は、当時の人々には理解されなかったようである。彼の厳しい批判者の一人は、ドイツのロマン主義的詩人ヴィルヘルム・シュレーゲルであった。シュレーゲルは「人々の家々に抜きん出て、釣り合いのよくとれた高い塔を見かけると、きっと我々は多くの建築職人たちがレンガを積み上げたに違いないと思うであろう。しかし、レンガは塔ではないのである。塔は建築の親方の創作なのである」と言って、ヤーコプを厳しく批判したという（Scherer, 1885:139, 143）。おそらくこうした批判はシュレーゲルに限らなかったであろう。ヤーコプ自身の説明から判断するならば、彼が「下から上に向かう」という表現を用いたのは、こうした環境のなかでのことではないかと思われる。

ヤーコプは大きな塔としてのルターのドイツ語訳聖書についても、一つひとつのレンガを精査する手法、それはルターのドイツ語訳『聖書』の単語の綴り法についての厳密な研究にも貫かれており、次のように述べたのである。

「ルターによる聖書のドイツ語訳は我々にはどの世代の人にとっても極めて貴重なものであり、教会の厳かなスタイルとなっており（いかなる言葉たりとも故意に変更してはならないもので）高地ドイツ語に雄々しさと力を与えたものである」（Grimm, 1819［1999］: vi）。

ここで、「故意に変更してはならない」というのはおそらく、『ドイツ文法』第二巻でも触れているように、ルターのドイツ語はしばしば印刷屋によって手が加えられたことによって、ヤーコプの方法論ではルターのオリジナルなドイツ語とはみなすことはできないということをさしているのであろう。事実、ルターのドイツ語は「貴重ですばらしい純粋さとともに強烈な影響力の故に、新高地ドイツ語の言語的遺産の中核であり基礎であると見なさねばならないが、その力と表現とがしばしばそこなわれており、今日ではほんのわずかではあるものの新高地ドイツ語から外れているのである」（Grimm, 1822［1999］: xi）と述べている。

しかし、いかに古ドイツ語からさまざまな階層のドイツ語の単語を蒐集したとしても、それだけではまとまったドイツ語研究ができるとは言えない。シュレーゲルのグリム批判は確かに的外れと思われる側面があった。しかし、シェーラーによれば、ヤーコプはシュレーゲルの批判を受けて、そこに的を射た部分があることを見てとり、その克服に努めたという。シュレーゲルが批判したヤーコプに欠けているもの、シュレーゲルがヤーコプに求めたものこそ、ヤーコプが手掛けた古ドイツ語の研究、ドイツ語の文法、比較語源研究に学問的な基礎を与える性格のものであった。シェーラーはヤーコプがドイツ語文法の研究に本格的に取り組むようになったのは一八一五年頃であるが、そのきっかけはシュレーゲルのヤーコプ批判があったのではないかという。ヤーコプは次第に自らの古ドイツ語研究など多くの自分の仕事に文法的な研究の不確かさや不足を認識するようになったのではないかという（Scherer, 1885:155）。

ヤーコプとドイツ語の関わりを締め括るまえに、一言グリム兄弟の『ドイツ語辞典』について触れておく必要があるであろう。ヤーコプとウィルヘルムの兄弟による辞書はドイツ語の辞書としてやはり第一に挙げられるべきであろうが、完成するのに約一〇〇年を要したこの辞書の作成に取り組んだ意気込みをヤーコプ自身は次のように述べている。

「「一六世紀、一七世紀の文献を読むと、今日〔一八五四年〕から見て羨ましいほど豊かな言語で書かれている」。例えば「ゴート語の語形論は新高地ドイツ語のそれより十倍も豊かではあるが、中世高地ドイツ語に比してゴート語あるいは古代高地ドイツ語の特殊語彙が乏しいことは見ればすぐに分かることである。それでは中世高地ドイツ語は新高地ドイツ語辞書と比較してどのように判断できるであろうか。ここに、我々がなすべき営為のために、あらゆる困難を乗り越えてなされてきた言語研究に基づいて、ドイツ語の全ての言葉についてこれまでにないほどはるかに完全で活力にみちた収集作業を実施すべきである、との思いに至る次第である」」（*Deutsches Wörterbuch von Jacob und Wilhelm Grimm*, [Berlin, 1854], München, 1999）。

さすればグリムは、W・シュミットの時代区分に従えば、一一世紀半ば以降の中世高地ドイツ語から新高地ドイツ語への移行期にあたる時期の文献を読んだということになろうか。勿論、グリムの時代区分がシュミットのそれと同じ規準に基づくものかどうかを検討する余裕もないので、あくまでもおよその目安としてのことである。そして彼らグリム兄弟は新高地ドイツ語の姿全体を、それまでのドイツ語のあらゆる語彙を収集・分析することによって、その姿を捉えようとの驚くべき志で、『ドイツ語辞典』の作成に取り組んだと言えるのではなかろうか。その志の強さは、ドイツ国民主義がもつ激しさからくるものであったと思われる。

## 第3節　ヤーコプの生きたドイツ国民主義の時代

ヤーコプの時代がルターやライプニッツの時代と大きく異なるのは、一八〇六年八月六日をもって神聖ローマ帝国が消滅し、ウィーン会議の結果として一八一五年、ドイツ連邦が成立したことであると言えよう。それは、ナポレオンの大陸支配の後、旧勢力の盛り返しとして正統主義のもとに作成されたドイツ連邦規約に基づくものであった。ヤーコプはこのドイツ連邦と戦うことになったといってよかろう。ハルトゥングはドイツ連邦について、「連邦は帝国よりもはるかに固く団結した体制を示し」、「国民に対してはいかなる全体的代表機関をも容認しなかったとはいえ、少なくともドイツ人に対しては外国人の場合とは異なり、ともかく「一般ドイツ市民権」と呼ぶことがゆるされるようないくつかの権利を、ドイツ全体にわたって保証した」（ハルトゥング 1980:248-49）と評価している。あるいは、ヤーコプはこの評価には多くの異論を差し挟んだのではなかろうか。

ウィーン会議ではオーストリアとプロイセンがお互いに他を圧倒する関係にはなく、プロイセンが主張した「最低限要求項目」（統一的軍制、連邦裁判所、個別諸邦の憲法の保証）も実現できずに、「主権を有するドイツの諸侯と自由都市」が「連邦大綱」（Bundesakte）のもとでドイツ連邦としてまとまることとなった。ヤーコプは、一八一五年のウィーン交渉にヘッセンの軍事書記官として参加していた。この時「連邦大綱」に関してヤーコプは、各条項ごとに短いコメントを加えている（Grimm, 1890 [1992]: 415 f.)。それは断片的なコメントではあるが、当時のドイツ国家のあり方にたいして彼がどのように考えていたかが示されているように思われる。

彼は、まず基本条文第一条に、イギリスとアイルランド国王が同君連合の関係でハノーファー王国に属し、ホルシュタインの関連でデンマーク王と、ルクセンブルクの関係でオランダが連邦に加わることが規定されているが、これについて「最悪である」として、基本条文は次のように書かれるべきであるとした。「ドイツ帝国は神聖かつ単一の帝国であり、その権限と扱いはここに以下のように定め、規定する」と。ここにあるように、ヤーコプはナポレオンによるライン連邦の設立は勿論のこと、かつての王朝同士の連合に起因して外国がドイツ連邦の構成員になることは、なんとしても認められない、という立場であったように思われる。「我々は新しい連邦を受け入れるのではなく、永遠のかつての連邦を成立させることを望む」として、かつての神聖ローマ帝国の復活をも望んでいるかのようではあるが、単なる復古ではなく、条文には以下の条項が盛り込まれることが望ましいと述べてもいる。それは「一、すべてのドイツ人は自由である。二、すべてのドイツ人は祖国に属する。第一項、国内の移動の自由。第二項、外国に移住することによるドイツ人の権利を喪失」といった内容である。

第二条は、連邦の目的として「ドイツの外的および内的安全ならびに個々の諸邦の独立および不可侵性の維持」を掲げていたのに対して、ヤーコプはこれを「不必要」としている。「唯一の目的はドイツ人であること、生きることである。生きる目的自身が定義できないのと同じである。すべての仲間が一致できる生きる目的は、内も外も心温かく生きる（lebenswarm）こと」であるという。国防に関しては、第一二条でも、連邦諸邦はドイツ全体あるいは個々の連邦構成国にたいする攻撃にも、相互に協力してドイツ連邦に属する財産を保障することが規定されていたが、ヤーコプは（一部の例外を除いて）常備軍が廃止され、在郷軍と国民軍を至る所に設置すべきである、とした。

第四条から七条では、フランクフルトに常設の連邦会議（すなわち連邦議会）が設置され、これは一票ずつ持つ一一の大きな連邦構成国とその他全体で六票を有する他の構成国によって構成される専門会議（Engere Rat）が連邦全体の問題を担当し、賛否同数の場合は議長のオーストリアが決することとされていた。また、本会議（Plenum）は連邦に関する特定の案件を扱うとされていた。これらに関してヤーコプは、ドイツのことを個別票とグループ票の二つのグループに分けて討議するは多くのことを自分勝手に決めることになる、との問題を指摘している。

この他、ヤーコプは三二条にわたって、細かなコメントをしているが、例えばプロイセンのような大きな構成国は都市フランクフルトの一票にたいして、ヘッセンの三票に対してよせられる批判よりも弊害が大きいとの問題を提起している。ここには大きな領邦つまり大きな王朝を背景とした連邦構成国にたいして、いかに国民主義的原理を貫くのかという視点が存在しているように思われる。

そして、ヤーコプの「政治的」な活動としての頂点をなすのは、やはり一八三七～三八年のゲッティンゲン大学七教授事件であろう。これはハノーファー王国の国王エルンスト・アウグストが一八三三年の自由主義的憲法の廃止を宣言したことに、ゲッティンゲン大学の七教授が文書で抗議した事件である[*]。ハノーファー王アウグストはヤーコプらの抗議にたいして、彼らを罷免し国外追放することで対応した。こうした対応にたいしてドイツ各地では抗議行動が起こり、また抗議文書が出され、ヤーコプは一八三八年一月「私の追放について」という文書をスイスのバーゼルで発表している。ヤーコプはそこで次のように抗議の趣旨を述べる。

「法律学と政治学の教師は、自らの職責において、見識と学識に基づいて公共の生活の基本原理について述べるものである。歴史の教師は憲法や政府が人々によい影響を及ぼしているのかそうでないのか一時も沈黙していることはできない。言語学の教師はいたるところで、古代の治世の感動的な例に接しているが、国民の詩歌の発展や内在的な言語生活の自由なあるいは阻害的な発展にいきいきとした作用を直接及ぼすようにしなければならない」(Grimm, 1879［1991］:37)。

＊ 七教授の一人、法学者W・E・アルプレヒトによる、事件を法的側面から説明した史料が邦訳されており、関心のある方は参照して頂きたい（アルプレヒト 1994）。

さらに注目すべきは、ヤーコプが貴族に対してかなり強い嫌悪感を抱いていたということである。彼は一八三一年に発表した「自伝」において、マールブルク大学での思い出について次のように述べている。

「マールブルクでは私はつましい生活をしなければならなかった。母は司法のしがない役人の寡婦で、国家のために五人の息子を育てあげた。それで、さまざまの生活保護の約束が為されたにも関わらず、最低限の補助さえ得ることも叶わなかった。他方、潤沢な奨学金がマルスブルク出身の学友には与えられていた。彼は高位の貴族に属し、かつては大変豊かな土地持ちであるとのうわさであった」(Grimm, "Selbestbiographie", 1879［1991］:5)。

ヤーコプはよほどこの貴族の友人のことが心に深い印象を残したのか、一八四八年フランクフルト国民議会に名誉議員として招かれ、「貴族と勲章」という話しをした際にも、自分が奨学金を得られなかったのに、その羽振りのよい貴族出身の友人が多額の奨学金を受けていたというエピソードを繰り返しているのである。

# まとめ

ドイツ国民国家形成の歴史において、ドイツ語はどのような関係にあったのであろうか。第1部ではフランスにおける言語の歴史を片目で見ながら、ドイツ語に深く関わった三人の人物の生きた時代とドイツ語との関わりを見て来た。

いま一人ドイツの言語学者を挙げるとすれば、ヤーコプとほぼ同時代にヴィルヘルム・フォン・フンボルトがいる。彼は一七六七年ポツダムの貴族の家柄に生まれ、ベルリンのテーゲルで一八三五年に没している。生粋のベルリン子に近いと言えよう。彼は一般には哲学者、プロイセン政府の高官（教育省）、ベルリン大学の創設者として知られている。言語学にも造詣が深く、プロイセンの教育制度の理論的指導者とされている。事実、彼は言語学の研究を進めていたが、泉井久之助によれば、彼の研究対象は言葉と人間の精神的・哲学的な関係ともいうべきものであった（泉井 1976）。だが、フンボルトが主要な研究対象とした言語にドイツ語は含まれてはいない。亀山健吉によれば、「フンボルトは、言語一般の哲学的考察において、ヘルダーよりも更に大きな一歩を進めたのみならず、サンスクリットを中心とするインド・ゲルマン語族、ヘブライ語、アラビア語などのセム語族、カヴィ語、マレー語など東南アジアの諸言語、アメリカ大陸の本来の原住民その他の諸言語、スペインのバスク語、中国語、満州語、日本語に至るまで各種各様の言語の実証的研究を通して、それらの言語の構造や語彙の基本的性格を的確に把握し、そういう豊富な知識を前提にして民族精神と言語体系との内的連関を明らかにしようと努めた。フンボルト以前においても、以後においても、言語一般の哲学的・原理的研究と、具体的な個々の言語の実証研究とが、彼の場合ほど、相互に内面的に結びつき、二つの研究方法が相互補完的に助長し合っている例はないといっても過言ではない」（亀山 2000:127）とし、さらに、フンボルトは自らに課した二つの問いによって貫かれている、と次のように述べる。

「この二つの問題というのは、一つは、人間のもっとも根源的な活動であるところの言語活動が成立してくる所以は一体何であるのか、別の言い方をすれば、人間であること、言語を持つということの関わりがどうなっているのかという問いであり、他のひとつは、人間にとって最も普遍的なものである言語活動が、現実においては最も特殊性の高い存在形態をとり、相互に異質な諸言語に分裂して現象してくるという事実の原因およびその意義は何処にあるのかという問いである。フンボルトの場合、この二つの問題は内面的に連関し合っているので、第一の設問に対する解答の中に、必然的に第二の問いに対する解答が用意されていることになり、また、第二の問題と取り組むことは、同時に、言語そのものの本質の解明に通ずることになるのである。そして結論的にいえば、フンボルトの言語哲学の中核は「言語は精神活動である」というテーゼ」（亀山 2000:129）である、と。

こうしたフンボルトの言葉との関わりは、先に述べたヤーコプのドイツ語との関わりとは、一見、大きく異なるものであったと言えよう。

しかし、亀山はこのフンボルトとヤーコプの学術交流を示す貴重で、かつ大変興味深い両者の往復書翰を紹介している。筆者が興味を惹かれたのは、フンボルトがヤーコプに一八二四年六月二八日付けで送った書簡の次のくだりである。

「貴殿の著作の基本構想、すなわち〔ドイツ語という〕ひとつの言語を、そのすべての主要な地方語にわたり、屈折の細部に至るまで、歴史的に、しかも並列して並行的に記述するという仕方は、全く新しいものであり、かつ、言語の内部にまで深く浸透してゆこうとする言語研究の正しい要求にも適っておりますので、貴殿の挙げられたすぐれた成果を別にしても、御努力の方向のみですでに我々の深甚な謝意に値するものと申せましょう」（亀山 2000:63）。

フンボルトはここで、「屈折の細部に至るまで、歴史的に、……記述する」方法を「全く新しいもの」としている点に注目したい。フンボルトの言葉への関心は、先に亀山の考えを引用したように、「言語は精神活動である」とのことだが、フンボルトは「言葉の細部」に目をむけるようになった転換点を経験したのはバスク地方を旅行してその言語を研究したことであると言われている。彼は一八一二年の「バスク語と民族について」で、「言語の研究は習俗と歴史と隣接している」とも述べており、世界のさまざまな言語を扱った深い所には世界史、人類史を把握するという壮大な営みのきっかけとなったのではないかと思われる（Humboldt, 1904［1968］:290）。このことについて、ここで詳しく論ずる用意はないが、一八一四年の「世界史考」では、彼は先ず「世界におこる個々バラバラで、一見偶然と思われる事柄を一つの見地のもとに見渡す」ような考えを否定している。そして「極めて注目されるような研究を進め、かつ世界で断片的に起こることがらすべてを正当なこととして認めたうえで、次にわれわれは、理念的な面からも経験的な面からも、人類の変化の構造すべてを、つまり人類が思い描く無限の進歩、あるいはその進歩自身が逆行していることを事実に基づいて証明し、〔その事実を〕物語るものすべてを注意深く探し求め、それを正確に再編集しようではないか」(Humboldt, 1904 [1968]:351) という。これに似た考え方は、彼の「自伝」(一八一六年) でも「世界を個別性と全体性において把握することが私の一貫した私の営みである」(Humboldt, 1904 [1968]:456) という言い方で記録されているのである。

こうしたフンボルトの個別へのこだわりこそが、グリムのドイツ語研究への評価につながったと考えて、恐らく間違いではなかろう。また、この個別へのこだわりによってこそ、彼は世界のさまざまな言語に目を配ることに向かったものと思われ、この個別へのこだわりの「克服」として「言語は精神活動である」との一般的なテーゼが導きだされたのではなかろうか。

本論では、残念ながらプロイセンによるドイツ統一およびそれ以降のドイツ語の問題について考えることはできなかった。この文章の最初の目的はドイツ語の歴史と日本の近代国語形成の歴史とを比較することであった。しかし、それも叶わなかった。日本の国語形成はドイツ国民国家形成におけるドイツ語の歴史に倣ったということを耳にしたことがある。事実、日本の国語形成に大きな足跡を残した保科孝一の『ある国語学者の回想』(一九五二年) には、森鷗外と協力して臨時国語調査会の仕事をしたことが書かれている。保科は死期を悟った鷗外から、「かなづかいをどうするかについていろいろ参考になる資料を集めておいたから、これをそっくり君にやる。よく研究してみたまえ」との言付けをもらったという。そこで、保科の仕事と鷗外を通じたドイツ語との接点を探してみたいと思い、東京大学総合図書館の鷗外文庫や国立国語研究所（東京都立川市）の保科文庫にも足を運んでみた。しかし、このやりとりに出てくる資料を発見することはできなかった。

日本における国語はどのように形成されたのであろうか。明治期国語調査委員会の設置にも関わって国語形成に重要な役割をもった保科は「国語」の形成について次のように述べている。

「口語とはいわゆる話し言葉。話し言葉が如何にして国語になるか。統計上もっとも広く行なわれているものが優っているから、その実質はどうあれ一番広く使用されている一つの方言を標準とすべきという考え、古来その国の文学が基礎をおいてきた言語は、幾多の文豪によって彫琢精錬されてきたので、これを標準とする。

別の考えは強大な言語が他の方言に影響を与えるので、強大な言語がもっとも優れているという考え。しかし、多くの国では国の主権の所在地、中央政府のある都市の言語を採用している。イギリスはロンドン、フランスはパリである。あまり人為的に標準を決めると、例えば日本全国の方言を調査して、その長短を斟酌して合理的な言語を作って標準としても、その言語はどこにも生きた根っこをもたないので健全に発展することができない。日本においては、標準となる言語は、東京語、もう少し詳しく言えば東京語を中心として関東方言に根拠をおくのがもっとも得策。足利時代までは文学は京阪語に基礎をおいたが、徳川幕府になってから江戸語が国民文学と密接な関係を持ち、影響力を増した。そこで東京語を標準として口語法を組み立てているが、文部省や国語調査委員会では、東京の中流階層の言語をもって標準とするとしている。しかも、これは大体の標準とするのであって、これに関西方言の習慣を加味しているのである」（保科 1911）。

保科はイギリスとフランスについては言及しているがドイツには取り立てて言及はしていない。さらに『東京語ノ成立（新しく発見された保科孝一講義録）』（二〇〇六年）では、次のように述べている

「東京語の成立はほぼ元禄時代、西は麹町四谷、南は芝、北は神田より板橋王子、東は浅草まで町がつながっていた。侍町に住む武士階層ではなく、町屋に住む人々のことばである。江戸の言語は武士の語を指したるにあらずしてむしろ町人の語を指せり」。

『ある国語学者の回想』にある保科の鷗外とのやり取りは決して作り話ではないであろうが、国立国語研究所・保科文庫をみても、ドイツ語に関する文献が特に多いという訳ではないように思われるし、また鷗外文庫をみても、ここで利用したさまざまのドイツ語史に関する文献が特に多いという訳でもなさそうである。また、今回多少調べてみたドイツ語史の流れをみても、日本の「国語」の歴史はドイツ語の歴史とは大きくかけ離れているように思われるし、どちらかと言えばブリュノが手掛けたフランス語の歴史の流れに似たところもある。日本の「国語」制定はおそらくプロイセン的な方式ではなく、保科自身が述べているように、フランスおよびイギリスのやり方を参考にしたものではないか、と思われる。

## 参考文献・引用文献一覧

※本文中では、原則として、当該箇所に［著者・執筆者名　著書・論文の発行年：参照頁数］の形式で掲出。


①邦文文献

赤沢元務 1989：「Leibniz と Thomasius — Ermahnung　an die Teutschen の成立年をめぐって」、『千葉工業大学研究報告：人文編』二六。

アルプレヒト、W・E（Albrecht Wilhelm Eduard）1994：「ゲッティンゲン七教授の抗議および罷免――ゲッティンゲン七教授事件関連資料」（國分典子訳）、『法学研究』六七―七、慶応義塾大学。

泉井久之助 1976：『言語研究とフンボルト』弘文堂。

エーストライヒ・ゲルハルト（Oestreich, Gerhard）1982：「帝国国制ヨーロッパ諸国家体制（一六八四―一七八九）」、成瀬治編訳『伝統社会と近代国家』岩波書店。

岡部英男 2001：「ライプニッツにおける記号的認識と普遍的記号法」、『思想』九三〇、岩波書店。

亀山健吉 2000：『言葉と世界　ヴィルヘルム・フンボルト研究』法政大学出版局。

小島公一郎 1964：『ドイツ語史』大学書林。

シュミット・W（Schmidt, Wilhelm）2004：西本美彦他訳『ドイツ語の歴史　総論』朝日出版社。

高田博行 1987：「一七世紀の言語規範論におけるルター像」、『ドイツ文学』七八。

永川玲二 1979：『ことばの政治学』筑摩書房。

ハルトゥング、F（Hartung, Fritz）1980：成瀬治他訳『ドイツ国制史』岩波書店。

福本喜之助 1980：『ドイツ語史よりみた外来語の研究』朝日出版社。

保科孝一 1952：『ある国語学者の回想』朝日新聞社。

保科孝一 1911：『日本口語法』同文館。

保科孝一 2006：『東京語ノ成立（新しく発見された講義録）』国書刊行会。

ポーレンツ、P・v（Polenz, Peter von）1972：岩崎英二郎他訳『ドイツ語史』白水社。

松田智雄 1969：「ルターの思想と生涯」、松田智雄編『世界の名著18　ルター』中央公論社。

森田安一 1993：『ルターの首引き猫』山川出版社。

ライプニッツ（Leibniz, Gottfried Wilhelm）2006：「知性と言語をよりよく鍛錬するようドイツ人たちへ諭す」（渡辺訳）、高田博行・渡辺学訳『ライプニッツの国語論――ドイツ語改良への提言』法政大学出版局。

ライプニッツ（Leibniz, Gottfried Wilhelm）2006：「ドイツ語の鍛錬と改良に関する私見」（高田訳）、高田博行・渡辺学訳『ライプニッツの国語論――ドイツ語改良への提言』法政大学出版局。

## ②欧文文献

Adelung, Johann Christoph, 1782 [1971]: *Umständliches Lehrgebäude der Deutschen Sprache*, Bd. I, Leipzig.

Ariew, Roger, 1955: "G.W. Leibniz, life and works", Nicholas Jolley (ed.), *The Cambridge Companion to Leibniz*, New York.

Brunot, Ferdinand, 1966: *Histoire de la langue Française des origines à nos jours*, T. I: *De l'époque latine à la Renaissance*, Paris.

Brunot, F., 1967: *Histoire de la langue Française des origines à nos jours*, T. II: *Le XVIe siècle*, Paris.

Feldbusch, Elisabeth, 1995: "Einleitung", in: *Deutsche Gramatik* 1 (1819), mit einer Einleitung zur Deutschen Grammatik von Elisabeth Feldbusch, [Nachdruck der Ausgabe Göttingen, 1819], Hildesheim.

Grimm, Jacob, 1819: *Deutsche Gramatik* 1 (1st edition) Göttingen, [Rep. Foundations of Indo-European Comparative Philology, 1800–1850, ed. by R. Harris, London, New York, 1999].

Grimm, Jacob, 1822: *Deutsche Grammatik*, II, Göttingen, 1822 [Rep. London, New York, 1999].

Grimm, Jacob, 1848 [1853]: *Geschichte der deutschen Sprache*, Bd. I, Leipzig.

Grimm, Jacob, 1854: *Deutsches Wörterbuch von Jacob und Wilhelm Grimm*, Bd. 1, [Berlin, 1854], München, 1999.

Grimm, Jacob, 1864 :“Selbstbiographie”, in:Jacob Grimm (Hg.), *Kleinere Schriften*, Bd. I, Berlin.

Grimm, Jacob, 1864: “Das Wort des Besitzes: Eine linguistische Abhandlunng:Heil dem funfzigjährigen Doctor Juris Friedrich Carl von Savigny, XXXI October MDCCL. Geschrieben vom 13.-17. October”, in: Jacob Grimm (Hg.), *Kleinere Schriften*, Bd. I, Berlin.

Grimm, Jacob,1879: “Rede auf Wilhelm Grimm:gehalten in der königl. Akademie der Wissenschaften zu Berlin 5. Juli 1860, in:Jacob Grimm (Hg.), *Kleinere Schriften* I [2. Auflage, 1879]: *Reden und Abhandlungen*, Hildesheim, Zürich, New York, 1991.

Grimm, Jacob, 1879: ”Meine Entlassung”, in:Jacob Grimm (Hg.), *Kleinere Schriften* 1, (2. Auflage, 1879): *Reden und Abhandlungen*, Hildesheim, Zürich, New York, 1991.

Grimm, Jacob, 1879: “Selbestbiographie”, in:Jacob Grimm (Hg.), *Kleinere Schriften* 1, (2. Auflage, 1879): *Reden und Abhandlungen*, Hildesheim, Zürich, New York, 1991.

Grimm, Jacob, 1890: ”Bemerkungen über eins der Projecte der Pentarchen zu einer Deutschen Bundesacte”, in:*Kleinere Schriften* 8, 1 (1890): *Vorreden, Zeitgeschichtliches und Persönliches*, 2. Ausgabe (1992), Hildesheim, Zürich, New York.

Heinekamp, A., 1972: “Ars Characteristica und natürliche Sprache bei Leibniz”, in:*Tijdschrift voor Filosofie*, 34/3.

Höck, Alfred, 1978: *Die Brüder Grimm als Studenten in Marburg*, Marburg.

Humboldt, Wilhelm von,1904: ”Ankündigung einer Schrift über die Vaskische und Nation, nebst Angabe des Geschichtspunctes und Inhalts derselben”, Albert Leitzmann (Hg.), *Wilhelm von Humboldts Werke*, Bd. III, Berlin 1904 [1968].

Leibniz, Gottfried Wilhelm, Juni bis Okt. 1677: Caesarini Fürstenerii de jure Suprematus ac Legatinonis Principum Germaniae, in: *Sämtliche Schriften und Briefe*, hrsg. v. der Akademie der Wissenschaften der DDR, 4. Reihe: *Politische Schriften*, hrsg. v. Zentralinstitut für Philosophie an der Akademie der Wissenschaften der DDR, Bd. 2: 1677-1687, Berlin, 1984, 3-270. 〔なお、これは "Caesarinus Fürstenerius (De Suprematu Principum Germaniae)", in : Riley, P. (trans. & ed.), *The Political Writings of Leibniz*, London, 1972 の英訳を参照する。〕

Leibniz, Gottfried Wilhelm, 1683 [1963]: "Mars Christianissimus", in: *Sämtliche Schriften und Briefe*, hrsg. v. der Deutschen Akademie der Wissenschaften zu Berlin, 4. Reihe: *Politische Schriften*, hrsg. v. der Deutschen Akademie der Wissenschaften zu Berlin, Bd. 2: *1677–1687*, Berlin.

Leibniz,Gottfried Wilhelm, 1679 [1986]: "Ermahnung an die Teutsche, ihren Verstand und Sprache besser zu üben", in: *Sämtliche Schriften und Briefe*, hrsg. v. der Akademie der Wissenschaften der DDR, 4. Reihe: *Politische Schriften*, hrsg. v. Zentralinstitut für Philosophie an der Akademie der Wissenschaften der DDR, Bd. 3: *1677–1689*, Berlin.

Leibniz, Gottfried Wilhelm, 1680: "lettre à un ministre", in: *Sämtliche Schriften und Briefe*, 4. Reihe: *Politische Schriften*, hrsg. v. Zentralinstitut für Philosophie an der Akademie der Wissenschaften der DDR, Bd.2: *1677–1687*.

Leibniz, Gottfried Wilhelm, 1697 [1717/1995]: "Unvorgreiffliche Gedanken, betreffend die Ausübung und Verbesserung der Teutschen Sprache", Kap. VI, aus Illustris viri Godofr. Gvilielmi Leibnitii Collectanea Etymonologica , Illvstrationi Lingvarvm, Verteris Celtiae, Germanicae, Gallicae, Aliarvmqvue Inservientia cvm Praefatione Jo. Georgii Eccardi, Hanoverae 1717, 255–314, in: Unvorgreiffliche Gedancken / Gottfried Leibniz, *Vernünftige Gedancken von den Kräften des menschlichen Verstandes* / Christian Wolff, *Über die Geschichte der deutschen Sprache* / Johann Christoph Adelung ; with a new introduction by Chris Hutton, London.

Luther, M., 1912: *Tischreden*, 1531–46, Bd. I, *Tischreden aus der ersten Hälfte der dreißiger Jahre*, Weimar, [2000].

Luther, M., 1913: *Tischreden*, 1531–46, Bd. II, *Tischreden aus den dreißiger Jahren*, Weimar, [2000].

Luther, M., 1982: Luthers Brief an Wenzeslaus Link:M. Luther, Ausgewählte Schriften, Bd. VI: J. Schlling (Hrsg.), *Briefe*, Frankfurt/M.

Rutherford, D., 1995: "Philosophy and language in Leibniz", N. Jolley (ed.), *The Cambridge Companion to Leibniz*, New York.

Scherer, W., [1868], 1878: *Zur Geschichte der deutschen Sprache*, Berlin.

Scherer, W., [1885], 1985: *Jacob Grimm, Berlin*, in: *Jacob und Wilhelm Grimm Sämtliche Werke*, Abt. V, 5: *Die Brüder Grimm, ihre Mitforscher und Zeitgenossen*, Hildesheim, Zürich, New York.

**③事典・辞書**

グリム兄弟の『ドイツ語辞典』(*Deutsches Wörterbuch* von Jacob und Wilhelm Grimm, Leibzig, 1854-1954)。

岩崎英二郎、池上嘉彦、F・フンツヌルシャー (Franz Hundsnurscher)1994:『ドイツ言語学事典』紀伊國屋書店。

岩崎英二郎(他訳)1974:『ドイツ語史』白水社。

リトレ(É. Littré)の『フランス語辞典』(Dictionnaire de la langue française / par É. Littré, Paris, 1863-1886)。

Wells, J. C., 2000: *Longman Pronunciation Dictionary*, Harlow.

# 第2部　市民社会とエスニシティの権利

伊集院　立

# はじめに

一九世紀がネイション、つまり領域と関わる国民の時代であり、一九世紀末から二〇世紀前半は民族主義の時代であったとするならば、二〇世紀後半はエスニシティの時代ということができるかもしれない。エスニシティの問題は、おそらくグローバリゼーションの時代といわれる二〇世紀後半からの労働力と資本の移動によってますます、われわれの日常に広がりを見せている。多文化社会の問題が議論されることも、近代から現代への転換の問題というよりも二〇世紀後半以降に特徴的な事柄と言うべきかもしれない。確かに、エスニシティの問題は第二次世界大戦以降、とりわけ一九六〇年代以降、国際社会の重要な問題として人びとに認識されるようになってきた。ethnicity という言葉が英語圏で一般化したのは、一九六〇年代末から七〇年代である。そのきっかけは、恐らくアメリカ合衆国における公民権運動であり、また、ユダヤ人虐殺（「ホロコースト」）に際して、数百万の人びとの移送に指導的な役割を担ったアイヒマンの裁判*などによって、ナチスによるヨーロッパにおけるユダヤ人というエスニック集団抹殺の重大性が多くの人びとによく知られるようになったためであると思われる。こうして公民権運動もユダヤ人虐殺も、エスニック・マイノリティが居住している市民社会のあり方に、問題意識を募らせてきたと言えよう。エスニック・マイノリティが主社会**で生活していく際の市民的権利の問題として、その重要性が国際的な規模で認識されることとなった。また、その後のアフリカにおける所謂「部族」対立と考えられている紛争も大きな要因であったと考えられる。さらには、先住民の問題も関心を集め、一九九三年は国際先住民年としてさまざまなイベントが行われた。

* 一九六一年四～一二月、イエルサレムで行なわれた。

** マジョリティの社会とマイノリティのコミュニティの関係について、マジョリティの社会を念頭に置いて、主社会とした。H・シートン＝ワトソンの主張する「公定ナショナリズム」の議論（Seton-Watson, 1977）からヒントを得たが、主社会は必ずしも人口の多さだけによるものではなく、文化的・政治的・経済的・社会的にマジョリティを形成している社会を指す。

本論は「市民社会とエスニシティの権利」というタイトルを掲げたが、戦後日本においては「市民社会」という理念は、たとえば高島善哉によってすでに第二次世界大戦中から次のように論じられていた。近代社会は、イギリスにおいてはホッブズからスミスにいたる系譜を、フランスではケネーからサン・シモンやコントにいたる系譜を、一方に置き、ドイツの、フィヒテからヘーゲルおよびロレンツ・フォン・シュタインの系譜との対比において、捉えられるべきこと、高島の言葉を借りれば、現実感のあるイギリス・フランス思想と、「現実感の希薄な」ドイツ思想・社会認識という対比を前提にして、論じられた。そして市民社会の問題は「かつては封建主義との戦いにおいてそれは使命を完全に果たした〔が〕、今や自由主義の克服においても再び輝かしい勝利を戦い取らねばならない。しかし、自由主義の克服は〔現在〕の場合社会主義への飛躍とは考えられない以上、それは自由主義の補正であり、統制主義の基礎づけである」(高島 1940)と論ぜられた。他方、大塚久雄は『近代歐洲經濟史序説(上)』で、ポルトガル・スペイン・オランダ・フランス・イギリスの間で戦われた国際的な商業戦が農林工業、中産的生産者層の生産活動、つまり「国民的生産力」に支えられていた点に注目した。大塚は「中産的生産者」あるいは「国民的生産力」を強調したが、その人間像は「ロビンソンクルーソー」にみられる個人主義であって、後にみるアイルランド系労働力への視野はなかったといえよう(大塚 1944)。

第二次世界大戦後、国連を中心に「世界人権宣言」(一九四八年)などグローバルな問題として人権問題が掲げられた。そして、学問のレベルでは、日本においても封建制から近代国家・近代社会への関心が一層強まった。なかでも、近代市民社会さらには「国民国家」の形成はフランス革命に始まると考えられ、フランスにおけるアンシアン・レジームから国民国家形成を視野に入れたフランス革命研究について高橋幸八郎の仕事を筆頭に重要な進展が見られた。柴田三千雄はフランス革命について、「国家の構造という点からみると、フランス革命はアンシアン・レジームの領主権、ギルド制、売官制などの「社団」を廃止した点で、国家の凝集力を制度的に一挙に強めたのです」(柴田 1989:233)という。柴田のいう国家の凝集力という概念は、フランス革命における国家と社会の関係における国家の問題をとりわけ強調したように思われたが、柴田によって想定されたフランス社会とは、氏の言葉では「国家と民衆」の関係という政治過程への関心に支えられたものであり、市民社会の構造というよりも国家と民衆の関係――それがフランス革命を巡る極めて重要なテーマであったと思われる(柴田 1983)。もっとも、こうした国家の凝集力を高める動きは、フランス革命によって一気に実現したのではなく、すでに一五三九年八月のヴィィレール＝コトレの勅令でも示されていたと言えよう(Brunot, 1967:30)。この点はドイツとは国家の意味が質的に異なっていたと言えよう。

国民国家という点からは、既に古典的な研究となっているユージーン・ウィーバーの『農民からフランス国民へ』に、農民の「国民化」の問題がつぶさに示されている（Weber, 1976）。フランスでは、国家の力によって農民の「国民化」が推し進められてきたことが示されている。平田清明によれば、この農民の「国民化」は農民の市民化として捉えられており、この「市民的理念」は国民国家の時代に都市以外の農村にも拡大されていった、という（平田 1996:12）。こうした農民の国民化を「農村の市民社会への包摂」として捉えることは、例えば工藤光一が紹介する一八五一年におけるフランスの選挙権を巡る農民の「暴力」の説明にも現れているのではなかろうか（工藤 2009）。

ところで、ここでいう「市民化」あるいは「農村の市民化」とはもともと国家と民衆にかかわる問題ではなく、性格の異なる社会（コミュニティ）にかかわる問題と考えられている。「農村の市民化」は、産業革命の時代に農村社会を巻き込んだ新しいレベルの国民的統合が実現されたといういわば「国民統合」の問題とない交ぜになって理解されている。ドイツを含めた後進資本主義国ではこの「農村の市民化」は産業革命のかわりに工業化時代、高度成長期とともに進展したということになるであろうか。日本では一九五〇年代末から六〇年代にかけてのいわゆる高度成長期の都市と農村関係の変容が「市民社会」あるいはさまざまな「市民運動」の成立として議論され、「市民運動」あるいは農村の「市民社会化」という理念に戦後派の人間には漠然とした違和感を伴いつつも実態としての変容は進んでいった。こうして成立した「市民社会」が、自由・平等、「よき社会秩序」あるいは、民主主義という政治的「正義」という価値観を伴ったヨーロッパ近代社会の理念的な枠組として理論化されることとなった。それはE・バークの『フランス革命の省察』（半沢訳、一九七八年）とトマス・ペインの『人間の権利』（西川訳、一九七一年）との論争のような明確な形は取らなかったにしても、社会の現実においては基本的に国民統合と市民的人権の問題と考えられていたことは間違いないであろう。

大雑把にいえば、ヨーロッパ近代の「市民社会」は個人を基本とした社会であるとされているが、国民統合の問題としての「国民」の問題とエスニシティグループとの緊張関係を否定することはできない。とりわけ二〇世紀後半のグローバリゼーションの時代に主社会としての「市民社会」に、異質の社会集団としてのエスニシティが定着し、主社会の「国民化」の圧力に対して彼ら彼女らの権利をどのように根拠づけるのか、主社会の基本原理とどのように折り合うのかが深刻な問題となった。それは国家と個人の権利という古典的な問題とは別個に、個人の権利を基礎とする従来の「市民社会」において集団としての「集合的権利」を主張する問題に象徴的に表われているといえよう。事実、フランスで、二〇〇四年三月一五日、公立学校で生徒が「誇示的な ostentatoire」宗教的な標章を着用することを禁止する法が公布された。いわゆるスカーフ問題である。これをめぐってさまざまな議論がなされたことは言うまでもないが、ここには近現代フランス社会の理念的特徴には還元できない、フランス社会の伝統的な地域文化の存在が否定できないように思われる。この「市民社会」とエスニシティの緊張は日本においても例外ではない。

二宮宏之は、「革命以後の権力、とりわけ共和政の場合には、その権力自体が、進歩の担い手というイメージで受け止められてきたから、権力と社会のずれという問題はいっそうのこと隠蔽され」と述べ、「近代国家というのは、〔古典主義の理性による秩序〕そういうネーションというものを前提にして、その上にできあがるところの市民的結合の国家体制であるという、ひとつの理念型をヨーロッパの現実としてしまう」ことに警告を発している（二宮 1985）。まして、このヨーロッパの市民社会という理念型をそのまま非ヨーロッパ社会に適応させたり、それを非ヨーロッパ社会で実現しようとしたりすることに、どのような意味があるというのか。そうすることは、例えばアジアやアフリカのエスニシティが抱えるさまざまな問題を、安易に、それはアジア・アフリカの「市民社会」が未成熟だからという理解で済ませることになりはしないかという問題を生み出している。エスニシティに限らず、ほとんどの非ヨーロッパ社会の社会問題を扱う際に、多くの問題が非ヨーロッパ社会の「近代化」、西欧化、民主化という価値基準のもとで分析される状況にあることは否定できない。問題の難しさは、非ヨーロッパ社会の成り立ち、それを「市民」社会と呼ぶのか、単に社会と呼ぶのか、あるいは世間と呼ぶのか、その呼び方はともかく、一番重要なことはそれぞれの社会における人と人との結びつきの形、社会の政治・経済のあり方、それらと国家とのあり方をアジアやアフリカの個別の国々について明らかにして行くことではないか、と思われる。その試みはすでにいくつかの優れた研究でなされている。本論ではできる限りそのような研究成果に依拠し、非ヨーロッパ世界のそれぞれの社会の成り立ちを探って行きたい。非ヨーロッパに限らずヨーロッパにおいても現実の主社会を成り立たせている特徴的な伝統的社会関係に目を向けることから始めて、主社会に住む少数派としてのエスニシティとの関係を考える必要があると思われる。言うなれば、あるエスニシティが持っている特徴的な人間関係をさまざまな側面から研究し、主社会と異なるものへの認識を深めること、それと同時に主社会そのものが持っている特徴的な人間関係、家族（家）と社会、また社会と国家との特徴的な関係に目を向けること、この双方の作業なくしては、主社会とエスニシティの相互問題を十分に把握することはできないように思われる。

それと同時に、そもそも個人の権利とエスニックな集団との権利双方を尊重する整合的な新しい市民社会とはどのようなものなのか、また理念としての個人の権利あるいは理念としての集団の権利はそれとして、「市民」社会という理念的な枠組と人間と人間との関係、あるいは家族と社会の関係はどうあるべきなのか、果してノーマルなコミュニティという価値基準は存在しうるのか、といった問題をめぐって、とりわけ二〇世紀後半から始まった主社会とエスニック集団との関係改善の国際的な試み、そこにおける複雑な人権の問題にたちむかう試みを、できる限り具体的に探求していく中で、主社会とエスニシティのあり方を考えて行きたい。

# 第一章

# アフリカの「伝統」社会とエスニシティ研究の動向

主社会とエスニック・マイノリティの問題、異なるエスニシティ間の関係を「自然生的な結合のあり方」から考察するには、アフリカにおけるエスニシティ研究が持つ意味は非常に大きいように思われるし、最近の目覚ましいアフリカ史研究からさまざまなヒントを得ることができるように思う。それは四〇年近く前にオーストリア、グラーツ出身のヴァルター・マルコフがサハラ以南のアフリカの伝統と革新を論じた時代（マルコフ［Markov］:1975）とは大きく異なっていると言えよう。筆者はアフリカ研究については全くの素人であるが、最近のアフリカ研究の成果から「市民社会とエスニシティ」を考える重要なよすがを得られるのではないかと考えている。アフリカ社会を理解する基本概念は、一昔前、つまり一九四〇年代から五〇年代は、あるいは現在でも基本的に変わりがないかもしれないが、「部族 tribe」という言葉であった。この部族という概念は、一九四〇年代後半の近代化論で、人間の共同体は「伝統的トライブ（部族）」から「近代的ネイション」に発展していくとされ、アフリカの民族も今は部族の段階だが、近代化・欧米化が進めばアフリカの部族は解体され、「ネイション」という一つの同質的な共同体が出来上がるという考え方によるものだという。しかし、宮本正興・松田素二編『新書アフリカ史』（一九九七年）によれば、この部族 tribe という概念は植民地政府が小集団をまとめて作り上げたり、植民地化の過程で生まれた「近代化」の産物であったことが明らかになったという。また、国家の指導者たちはトライバリズムと称して、エスニシティに関わる集団そのものを非合法化したため、かえって支配側と被支配側の対立を生み、ネイションの形成を阻害したともいう（宮本・松田 1997:492 以下）。

従って、ここでも「部族 tribe」という概念を用いることにためらいを覚えない訳にはいかないが、一九八三年に行なわれた日本民族学会での議論では、複雑な関係のなかで部族集団はアフリカの都市社会を構成する一つの下位集団として、それぞれ一定の社会的機能をになって他と共存しているという視点が示されてもいる、という考え方が示された。報告者の日野舜也は、東アフリカのスワヒリ文化圏、西アフリカのハウサ・フラニ文化圏といったように文化圏として捉えているようである。日野によれば、こうした文化圏は一九世紀初めから形成され、これと平行して英・仏・独などによる植民地化が進んだこと、つまりアフリカに成立した都市社会にはアフリカの伝統的社会の発展の上に作り出された前植民地的地域文化と、一九世紀以降の植民地体制下において西洋文化との接触で形成された植民地的地域文化が重なり合っているという。従って、「国民社会」のなかでの都市社会の発展は、多くの面で、部族社会、村落社会の都市化、つまり都市文化との接触を必然とする、という（日野 1984）。日野は一九九二年には、この伝統的都市を、サハラ交易、環インド洋交易とつながる内陸サバンナ交易などで栄えた都市、第二は部族的王国の都市、第三は都市の連合を基礎にして成立した部族国家における都市と分類している（日野 1992:225 ff.）。ここでは、日野が多かれ少なかれ「部族」を前提にアフリカにおける「国民社会」の形成を問題としていることに興味が惹かれる。ここで独立後のアフリカ国家を「市民社会」とせずに「国民社会」としたのは、おそらく一九六〇年アフリカの多くの人々が独立を達成しても、国民意識を持つというよりも伝統的な部族本位の意識を抱き続けている状況にあり、国民本位の意識をもつ社会への転換が課題であることを意味しているように思われる。日野は、独立国家の政府は「アフリカの常民たちにとって、……しばしば、植民地同様に外在的なものとして受けとめられがちである」り、「多くの人々の意識は自分がタンザニア人であることよりは、自分はチャガである、マーサイであるという意識」(同上 :249 ff.) が存在すると言う。アフリカに国家が成立している事実はまぎれもない事実であり、こうした国家体制を良かれ悪しかれ部族を前提にしなければならないのが現実であるということは事実としても、やはりアフリカ研究においては、具体的な「常民」の生活や意識、またその人と人との結合形成の歴史的探求を基礎とする必要がある、ということではないかと思われる。

他方『新書アフリカ史』では、アフリカを五つの大河からなる四つの流域世界として捉えている点に特徴がある。その四つの流域世界とは、ザイール川世界、ザンベジ・リンポポ川世界、ニジェール川世界、そしてナイル川世界である。

しかし、近年数を増しているアフリカにおける「市民社会」を論じる研究においては、アフリカの独立国家と資本主義化(工業発展)の安定的な発展には「健全な」(ヨーロッパに見られるような)市民社会の育成が必要だという理念を基礎にしているように思われる。例えば、カズィフィール([Kasfir] 1998)やハーベソン/ロスチャイルド/チャザン([Harbeson, Rothchild, Chazan] 1994)などをあげることができる。しかし筆者には、それらの研究がアフリカの伝統的な社会や政治のあり方に十分な視野をもっているとは思われない。ここでは「市民社会とエスニシティ」を考える一つの方法として、その地域あるいはその国における主社会とエスニシティという視角からアフリカの伝統的社会とエスニシティを考えてみたい。そして、アフリカ（とくに赤道雨林地帯）の伝統的社会のあり方、また政治のあり方については、ベルギー・アントワープ出身の研究者ヤン・ファンシーナの非常に興味深い研究（Vansina, 1990）を紹介することから始めることにする。

## 第1節　中央アフリカ社会の基層的構造——農牧民と狩猟採集民の関係

ファンシーナによれば、紀元前三〇〇〇年頃、現在のナイジェリア地域ではバンツー語が話されていた。これまでの研究では、その語彙から彼らは農業を営んでいたと思われる（Vansina, 1990: 49;312 n. 28）。この西方バンツー語は次第に中部アフリカに移動し、南下し下ザイールに達した。現在、バンツー語群を話す人は三億一千万に及ぶという。

ニューヨークのナッソー地域学校（Nassau Community College）のアタ＝ポクは、アフリカ人は全ての人々がお互いに共生していると考えてきたし、今もそのように思っている、と主張する（Attah-Poku, 1998）。彼によれば、アフリカ大陸におけるエスニック構成は大きく言って、アフリカのエスニシティ研究者から「ネグロ」と呼ばれる「サハラ以南の赤道黒人」（彼らは先住アフリカ人）、「コイサン」（コイ［Khoi］は〔牧牛民の〕男、サン［san］は特別な能力のある、狩りのうまい〔ブッシュマン〕）と呼ばれる「南アフリカ黒人」（彼らは「ネグロ」と同じく純粋のアフリカ人）、アフリカ系アジア人

（ハム人）、インド人、白人入植者、アジア人入植者、である。前二者〔「サハラ以南の赤道黒人」と「南アフリカ黒人」〕は、アフリカの主要なエスニシティで、黒あるいは黒に近い肌、もしくは褐色の肌で、髪の毛は短くあるいはあまり長くない。「ネグロ」と「コイサン」の身体的特徴は異なっているとも言われるが、小柄や大柄な人々はアフリカ中どこにでもいる。アフリカの大きなエスニック・グループの人口は何百万の単位で、ズールー〔五七〇〇万〕、コーサ〔三八〇〇万〕、南アフリカのソト、ガーナのアカーン、フラーニ、ハウサ、ナイジェリアのイボ〔八〇〇〇万〕とヨルバ、ケニヤのキクユ〔四五〇〇万〕とマサイ、ブルンディのバガンダ、ジンバブエのショーナとヌデベレ、ザイールのモンゴ・ルバ・コンゴ、タンザニアのチャガとアルーシャ、ブルキナファソのモシ、ギニアのフラーニ、セネガルのウォロフとマンディンゴ、ニジェールのハウサ、コートディヴォワールのボールとベテである。これらの本来的アフリカのエスニシティ・メンバーの言葉と構文を詳細に検討すると、ほとんどのエスニシティの言語はニジェール＝コルドファン語あるいはコイサン語やニロ・サハラ語に属している。しかも、この三つの主要な言語グループも語彙や構文に共通性がある。例えば、"jamaa"という言葉はタンザニアでは家族とか共同体の単位や村落などを意味する"ujamaa"に通じ、ガーナのアーカン語を話す人々では"amaanifoo"は家族やコミュニティのメンバーを意味する。こうした言葉の共通性は基本的に多くのアフリカのエスニック集団が親集団としてのネグロ＝コイサンをエスニック祖先としている。こうした祖先の言語的共通性はさまざまな対立や紛争はあるものの、将来のアフリカの地域的統合に大きな意味をもつであろう、という。このアタ＝ポク氏の議論は、ほぼサハラ以南アフリカ全体の言語的祖先を問題にしているが、おそらくバンツー語族のことを意味しているものと思われる。

ファンシーナによれば、このバンツー語系集団の六〇〇年以上に渡る大移動によって、異動先ではピグミーといわれる狩猟採集で生活する原住民と接触することになった。この原住民は、移住者たちに雨林地帯での生活の術を伝える役割を果たしたという（Vansina,1990:56）。こうして、移住者は村落を形成したが、ピグミーはバラバラに生活し、移住者からの言語を身につけ、自らの言語は失われつつある（Seitz, 1977）。ファンシーナによれば、西方バンツー語族は六～七世紀、あるいは九世紀には鉄器文化を獲得し、バナナ栽培を行ない始めたことが、さらに大きな変化をもたらしたという（Vansina, 1990:61 ff.)。

このバンツー語族の共同体は、領域（-ce)、村落（-gi)、そして家（-ganda）で構成される。「イエ」(-ganda）は一〇～四〇名で構成され、「大きな男」("big man"）としての指導者（-kumu）が「イエ」の長、あるいは「イエ」の父親と位置づけられ、ヒョウとしてシンボル化されている（Vansina, 1990:73f.)。村落は「イエ」の集合体であり、一九世紀の記録でも一つの「イエ」で村落を構成する例はなく、遥か昔から村落は「イエ」の集合であったと思われる。村落には長がいて、「イエ」「イエ」の"big men"と協力して村の運営にあたる。村落は領域的な単位として、外部の者に対しその領域を維持し防衛する。村落は少なくとも一〇年ほどで離合集散し、新たに「イエ」「イエ」が集合して新しい村落を形成するが、「村落」の継続性と領域的な権利の観念は維持されるという（Vansina, 1990:78)。村落より大きな単位としては「地区」があり、彼らはある集団Xの居住グループとして共通の社会的タブーをもつなどエスニック集団ということができる。これはクラン（氏族)、あるいは部族（tribe）とされることがしばしばある（Vansina, 1990:81 ff.)。そして「地区」は村落同様、防衛と共通の安全の単位であり、ある村落が攻撃を受ければ同じ部族にたいして救援を要請するという。

農耕はこの体制の柱であり、古い時代以来、ヤム芋とやし油の生産が行なわれていた。これ以外にも、豆・ひょうたん・落花生に似た地下茎豆・胡椒、あるいは「緑菜」ないしはほうれん草という記録もある。これらは森の中の畑で耕作・栽培されていて畑の周囲には野生動物をさける防護壁もあった。後に(紀元一〇〇〇年頃?)、インドからバナナがアラビア人によってもたらされ、農耕プランテーションに大きな意味をもたらした、という。

## 第2節　中央アフリカ・ザイールにおける農牧民と狩猟採集民関係

これまで述べてきたように、エスニシティの問題は一九七〇年代頃から、国際法でも活発な議論が為されて来たばかりでなく、民族学は勿論のこと、歴史学でも活発な議論が行なわれた。この問題について、アメリカの人類学者で南北朝鮮関係(韓国による脱北者の受け入れ問題)の専門家であるグリンカーは、二年間フルブライト奨学金の援助をうけてコンゴ民主共和国(ザイール)のマレンビのレセ Lese とエフェ Efe の家庭に生活し、この地の農耕牧畜民(以下、農牧民)と狩猟採集民(ピグミー)の関係について、興味深い事実を紹介している(Grinker, 1994)。グリンカーが生活したマレンビは、日野の言うスワヒリ文化圏に属するものと思われる。グリンカーによると、農牧民はコイコイともコイサンとも呼ばれ、狩猟採集民はブッシュマン Bushman(あるいはピグミー Pygmy)と侮蔑的に呼ばれていた人々である。グリンカーの研究はミクロレベルの生活圏の実態を伝えている、少し紹介しよう。

これまで述べた農牧民と狩猟採集民の関係は、支配・従属の関係にあったようである。南アフリカでは前者はコイ〔農牧牛民〕と呼ばれるが後者はサンと呼ばれ、少なくとも四〇〇〇年以上前から南アフリカ一帯に住んでいた狩猟採集民で、彼らは、牧牛農民コイコイと共にコイサンとも呼ばれ、古くは人類発祥の地、東アフリカ一帯に分布していた（現在も居住する）狩猟採集民が、バンツー語系農牧民に圧迫され南下したとも言われる。あるいは、ファンシーナの研究でも紹介されているように、バンツー語族の東南方向への移動に伴い、バンツー語系の農耕民との共存関係に入ったとも考えられる。

先に紹介したアタ＝ポクの研究（Attah-Poku, 1998）では、およそネグロとコイサンという二つの人々をアフリカ人祖先とし、さまざまな対立はあるものの、アフリカの言語的共通性は将来のアフリカの地域的統合に意味があるとの見解を示していた。また、ファンシーナの研究ではバンツー語系農耕民にたいするピグミーの生活は十分には研究が進んでいないようにも思われた。しかし、グリンカーの研究（Grinker, 1994）は、ベルギーによる植民地支配によりザイールの農耕民（レセ〔Lese〕）と狩猟採集民（エフェ〔Efe〕）との不平等な関係が示されているばかりか、ベルギーの植民地支配に対して、農耕民と狩猟採集民のピグミーとの関係がどのように変化していくのかをミクロなレベルで見て取ることができることを示してもいる。

その点に関する彼の研究をかいつまんで紹介しておこう。一九八七年まで、道路は不便で、マレンビから一〇〇キロメートルほど南のマンバサへは二日、五〇〇キロメートルほど西にあるキサンガニ（スタンレーヴィル）へは天候次第で五日から一〇日かかった。道路に対する人々の対応は彼らの社会的変容を計る重要な指標である。マレンビ北方から南下する道路はベルギー植民者が建設した。この建設にはレセの人々が動員されたが、彼らはプランテーションにも動員された。多くのレセの人々は外界との接触に積極的で、道路で収穫された作物の販売などをしていた。しかし、数年前からレセの人々は道路を破壊し、外界との接触に消極的になった。このレセの「隔離」によって村落の人口や規模は小さくなり、意識的に日常的商品の取引などに対しても外界との接触を遮断するようになった。グリンカーは、これはレセとエフェ関係の歴史と外界との関係によって構成されるアイデンティティの維持にかかわるものと考えられる、という。これは現代のアフリカ社会を考える上で興味深い事実であると思われる。

マレンビのレセは自らをレセ＝デセと呼び、ザイールにおける五つのレセの支配地区の一つをなしている。他の支配地区は、レセ＝カロ（マンバサ周辺に居住）、レセ＝アブフンコツ（ホヨ山周辺）、レセ＝オツォド（ワツアからドゥングに居住）、そしてレセ＝ムヴバ（ウガンダ国境に接するベニ）である。植民地化以前、レセは自ら四つの集団に分かれウエレ川やその支流のボモカンデ川辺りに居住していたが、ザンデやマンベツの侵入を受け現在の位置に移動した。しかし重要なことは、彼らがエフェとともに生活するようになったことである、という。レセが南下してイトゥリ川流域の雨林で、そこの先住民であるエフェ（ピグミーと呼ばれる）と遭遇したのである。

このピグミーの歴史や農耕民のレセと狩猟採集民のエフェとの関係の歴史は、実はよく分からない。お互いの言語関係からいろいろ研究はされている（その一端は先のファンシーナの研究にもある）が、レセ＝エフェの関係にはアフリカによく見られる主従関係が形成され、エフェは植民地支配者が求める森の産物（ゴムや象牙など）をレセに提供する役割を担い、かつては、レセ＝カロはマンベツの支配下にあり、マンベツはカロに象牙や女性の貢納を要求し、後にはベルギー人やアラビセと呼ばれるアラビア人との商取引に必要となるゴムを要求した、という。

アラビセは、もとはアフリカ東海岸スワヒリのアラビア人たちで、一八七〇年コンゴ川でヨーロッパ人と初めて接触したのは彼らであった。彼らはヨーロッパ人と象牙や奴隷取引を行ない、コンゴ東部からスタンレーヴィル（キサンガニ）、アルバータ（モブツ）湖やエドワード（イディ・アミン）湖に及ぶ地域で活動した。スタンレーは彼らと取引し、イトゥリ川のマワンビにアラビセの居住区を設置したという。

一九三〇〜四〇年代、ベルギーの植民者はレセの人々を道路建設、プランテーションの開墾（綿花、ヤシ油の木、米、そしてコーヒー）などの強制労働に駆り出すために、彼らの居住地から追い出してそこに住まわせた。

ベルギー人がレセの支配地区を設置したのは、現地の氏族社会の秩序を利用して支配するためであり、大家族、集落、菜園を認め、もともとの政治システムを存続させた。ベルギー人は彼らに地区長の候補者を出させたが、出てこない場合は氏族長を地区長に選んだ。しかし、地区の権限は植民地政庁に制限され、税金等の徴収に応ずることが求められた。レセの人々は新しい地区行政システムに馴染まなかったが、植民地政庁はこの地区を国家と集落の緩衝機構と位置づけ、植民地支配の基礎とした。

そしてザイールの警察官や他の役人階層が形成されていった。地区の長に課せられた任務は、徴税、荷運びや道路建設の労役提供、プランテーションの労働などであった。

コンゴ政庁の行政は、このようにして僻地の最小単位である集落にまで及ぶこととなった。ベルギー人は、エフェ（ピグミー）は粗暴であるとし、彼らに命令することはなかった。国勢調査においても、エフェはカウントされなかった、という。

## 第3節　ジンバブウェにおける農牧民＝狩猟採集民関係

ジンバブウェは人口一二八五万二〇〇〇（二〇〇二年）、その内の七一％がショナ人で、一六％がンデベレ人、人口の三五％が都市に在住し、四五％は一五歳以下である。ジンバブウェ研究者のアレクザンダーとマックグレゴール（Alexander/McGregor, 2005）によると、リンポポ川とザンベジ川の間に横たわる高原地帯に、約一八〇〇年前まで、コイサン人が狩猟生活を営んでいたが、西暦一八〇年頃北方から移動してきたバントゥー系のグループによって次第に南西に駆逐されていった。従って、ジンバブウェも赤道雨林地帯特有の農耕牧牛農民と狩猟採集民とで構成される社会が成立し得たと思われる（但し、駆逐された後の狩猟採集民の運命は分らない）。そして、一一〇〇年頃、現在のショナ人の直接の祖先たちが高原地帯に定着した。ショナ人は農耕牧畜を営む一方で、東海岸からやってきたイスラーム商人と金および象牙の取引を行なって富を蓄え、グレートジンバブウェに代表される国家を建設した。一九世紀に入り、ムジリカジ Muzilikazi を指導者とするンデベレ人が南方から侵入し、王国を建設したが、一八九三年白人入植者にブラワヨ（Bulawayo――ジンバブエ南西部にある都市で人口六七万六〇〇〇の大都市）が陥落させられた。こうしたヨーロッパ人の侵入に対しては、一八九五〜九七年ンデベレ人とショナ人による激しい抵抗があった。

一九六一年、ジンバブウェ・アフリカ人民同盟 Zapu（the Zimbabwe African People's Union）がグ

レート・ジンバブウェ遺跡（Great Zimbabwe）の文化を継承するジンバブウェの解放を目指して結成された。グレート・ジンバブウェは共和国の首都ハラーレから南方三〇〇キロメートルのジンバブウェ高原の南端、サヴェ川の上流の標高約一〇〇〇メートルに位置する大規模な石造建築遺跡（現在は世界遺産となっている）の名称である。ジンバブウェとは、ショナ語で、首長、王の宮廷の意味を含んだ「石の家」という。Zapuは黒人政党としてジンバブウェの最大勢力であった。Zapuのもとにはゲリラ組織として武装勢力Zipla（the Zimbabwe People's Revolutionary Army）が結成された。一九六三年八月頃に、そのZapuから党首ンコモの指導部に異を唱えてロバート・ムガベらがジンバブウェ・アフリカ民族同盟愛国戦線（The Zimbabwe African National Union-Patriotic Front=ZANU-PF）を結成し、白人政権との対決姿勢を明確にした。そして一九六四年、白人政権による非合法化が契機となって、一八九五〜九七年の抵抗闘争（チムレンガ）にならって第二次チムレンガを開始した。主に中国からの援助をうけて、七二年以降は大規模なゲリラ戦争を展開し、ZapuのZiplaの活動とあわせ、闘争は全国規模に発展した。この過程でZANU-PFの全国議長チテポが暗殺された。

一九八〇年当時、ジンバブウェは南アフリカの模範的な国家であった。ロバート・ムガベは教育を受けた洗練された人物で、歴史家にして哲学者・経済学者・法学者として、同年二月の議会選挙で勝利し、国内の白人に対しても和解の手を差し伸べた。彼の閣僚には二名の白人を加え、圧倒的な社会主義勢力を斥けて「我々は誰からも財産を奪うことはしない」と述べた。そして、八五年総選挙で圧倒的な勝利を収めたが、ンデベレ人居住地区ではほとんど議席を獲得することができなかった。このころから始まった同地区での反政府運動が強まったため、ZANU-PFは国民統合、一党制への移行を進めるため、愛国戦線人民同盟（PF-Zapu）との統合を目指した。Zapu はンデベレ人の間で圧倒的な支持を受けていたからである。その結果、八七年一二月両組織の間で統合協定が結ばれ、組織名は ZANU-PF とされた。一九九〇年の選挙で ZANU-PF は全国レベルで支持を得たが、投票率は大幅に低下した。

その後、ムガベは劇的な変貌をとげ、ジンバブウェ自体も変わり、専制体制を敷いた彼はジンバブウェを孤立させ、経済的に疲弊させた。ムガベは約四五〇〇の白人大土地所有者を「ジンバブウェの敵」として、ジンバブウェ・アフリカ民族同盟愛国戦線（ZANU-PF）のゲリラ部隊 Zanla（the Zimbabwe African National Liberation Army）を彼らに差し向けた。彼らは独立闘争を経験した部隊で、農場を占拠し、農業生産はほぼ停止してしまった。

ソコモ（Zapu）とムガベ（Zanu）の対立は、解放ゲリラ闘争（第二次チムレンガ）の過程でのいざこざに起因するという。ソコモのゲリラ部隊 Zipla は村落の支持を得ながら活動していたが、村落内部の祈祷師を利用した反ゲリラ勢力によって、食物に毒をもるケースなど、ゲリラと村落を分断する策謀がなされたりした、という。

## 第4節　ルワンダ・ブルンディにおける農牧民＝狩猟採集民関係
### ――ツチ・フツ・トゥワの対立

いま一つの赤道雨林地帯の型に属すると思われる問題として、ルワンダにおけるツチとフツの関係を取り上げたい。このツチとフツの衝突は映画にもなり、一般にもよく知られている。スウェーデンのロンド大学のアントワーン・レマは、ツチとフツの関係は五〇〇年以上続いていたものであることを強調した。ツチとフツは、ルワンダおよびブルンジを構成するエスニック・グループで、異なった地域に住み分けするグループではなく、同じ言葉を話し居住地が混在している。ツチは牧牛生活、フツは農耕生活をし、お互いの通婚はない。しかし、全人口の二割足らずのツチが多数のフツに対して政治的優位に立っていた。ツチは、経済上の最大の財産である牛を独占し、それを利用してフツとの間に主従（パトロン＝クライアント）関係を持ち込み、軍事的・儀礼的な力をもつ首長を媒介にしてフツの農民を支配した。このような体制は、一五〜一六世紀に北方から移住してきたツチがフツを抑圧支配したことから生まれたと考えられている、という（Lema, 2000:68-86）。またツチは背丈、顔立ち、体形（細身か否か）が異なるとも言われるが、それはステロタイプ化された表現で、外見から明確な区別は付け難いようだ（Eller, 1999）。

さてルワンダは、面積二万六三三八平方キロ、人口九九九万（二〇〇八年）、公用語はルワンダ語・仏語・英語の国である。一九八七年ウガンダに逃れていたツチ系の人々によりルワンダ愛国戦線（Front Patriotique Rwanda）が結成され、一九九〇年以降その兵士一万五千から二万人がルワンダ政府正規軍三万人と約五万人の民兵と戦い、双方は組織的な人殺しを行なった。

この衝突の背景には何があったのだろうか。ルワンダの歴史は西暦一五〇〇年頃まで遡り、エジプトやエチオピアについで歴史のある国である。多くのアフリカの国と異なり、人々は村落に集住せず、山岳地域に居住し、アフリカのスイスとも呼ばれる。国民の構成はバトゥワ（あるいはトゥワ）と言われる人々（ピグミー）一％、バフツ（フツの複数形という）が八〇〜八五％、バツチ（ツチの複数形）は一五〜二〇％で構成される。バフツはバンツー語系でバツチはハム語系という区別は一八六〇年代ヴィクトリア時代の社会ダーウィニストであるイギリス人スピーク（Speke）によってでっち上げられたものだというが、亡命したバッチの人々には自分たちはエジプトの末裔との神話が生きているという。

レマによれば、一五〇〇年から一九六二年の独立までルワンダはバッチが支配する「封建的社会」であったという。この五〇〇年間、バフツは地元・地域・国レベルで政治から排除されていた。彼らはバトワと同じくにバッチの従者や僕の立場にあった。ルワンダの独立はこの伝統的社会関係に対する挑戦であったという。但し、こうした植民地支配以前からフツに対するツチの支配が成立していたという見方について、日本におけるルワンダ研究の代表的存在の一人である武内進一はさまざまな立場からの批判的議論を紹介している。そして、武内ははじめにトゥワがいて、それからフツそしてツチが来たという歴史認識は成立しないと論じ、独立国家はパトロン＝クライアント関係を基礎にしたものであることを指摘する（武内 2009）。

一九五九年の国連主導による初めての選挙によって、バフツは五〇〇年間のバッチの独占的支配に代わって初めて権力を取った。しかし、初めてのルワンダ共和国はたった一八ヵ月しかもたなかった。このとき、バッチのイニェンジ（Inyenzi）[*]といわれるゲリラがブルンディからから侵入した。これに対するバフツ主体の政府の反撃は凄惨を極めた。多くのバッチが殺害され、一〇万以上の人々（ほとんどバッチ）がルワンダを離れ、タンザニア、ウガンダ、ザイール、ブルンディに難民として逃れた。ブルンディではまだバッチが権力を維持していたのである。これがバフツとバッチの最初の軍事衝突であった。

＊　ルワンダの方言キンヤワンダ語で、ゴキブリという意味。

そのブルンディは、面積二万七八三〇平方キロ、人口八三〇万（二〇〇八年）、公用語はルンディ語・フランス語の国である。独立後、一九六二年グレゴワール・カイバンダ（Gregoire Kayibanda）が初代大統領になったが、一九七三年北部出身の国防相ジュヴェナル・ハビャリマナ（Juvenal Habyarimana）に追放された。ところが、一九九四年四月六日ハビャリマナ自身が暗殺された。ダーレス・サラームで行われた地域主脳会議から戻る際、キガリ空港に着陸するジェット機にミサイルが放たれ、ブルンディ大統領ヌタリアャラ（Cyprien Ntariamya）ほか政府高官が全員死亡した。両大統領ともルワンダとブルンディの多数派であるバフツ社会の出身であった。二人の大統領が支配した三二年間に三回の大きな武力衝突（一九六三～四年、一九七三年、一九九〇～四年）があった。多くの人々（ほとんどがバッチ）が難民となった。難民化したバッチはルワンダのバフツにゲリラをしかけ、バフツ主体の政府はこれに対し国内のバッチのエリートを多数殺害していった。両者の対立は子供、女性、男性をマチェーテ（サトウキビを刈る長刃の鉈）や槍で殺し合う事態となった。映画になったのは、一九九四年内戦のこうした状況を描いたものだった。

先に述べたようにルワンダの「封建社会」は約五〇〇年続き、ドイツついでベルギーによる植民地支配によってバッチとバフツの対立は強まった。「封建制」は国連の圧力により独立の八年前一九五四年に公式には廃止されたが、五〇〇年の歴史が一夜にして変わることはなかった。一九九四年の内戦を含む両者の対立には長い歴史的また社会文化的な背景があり、紛争は両者の政治権力の独占と社会文化的なヘゲモニー（主導権）をめぐる争いの結果と考えられている。また、こうした紛争は多くの多文化社会における社会階層間の不均衡によって爆発する危険がある、と著者は警告する（Lema, 2000:68-86）。

## 第5節　ウガンダ

ロンドン・スクール・オブ・エコノミックス（LSE＝London School of Economics on Political Sciences）のティム・アレンによれば、ウガンダやスーダンの紛争の地域的な説明には、今なお部族のカテゴリーに基づくものが多いという（Allen, 1994）。そうした研究状況の中で、テネシー大学のイマキュレイト・キッザの研究は、部族のカテゴリーを拒否してウガンダの伝統的システムとエスニックの視点からウガンダの問題を説明した貴重な仕事である（Kizza, 1999）と思われる。彼女の研究を紹介しながら、アレンの観点と対照させてみたい。

### (1)　独立を勝ち取る伝統的機関と政党・エスニック集団間の闘争

キッザによれば、今日ウガンダ南部に多く居住するバンツー言語を話す人々（バガンダ［Baganda］）は紀元前五〇〇〇年から前一五〇〇年頃、サハラ砂漠をつくりあげた気候変動によって現在地に移住して来たと伝承されているが、その最も信憑性のある説では一二〇〇年から一五〇〇年頃に強力な氏族構成を有した移民集団が、この地（ウガンダ南部）にブガンダ王国を打ち立てたという。このブガンダ王国は王権カバカ（一三〇〇年頃から三六代の王が確認されるという）のもとに複雑なヒエラルキー構造をもち、一九六六年に廃止されるまで存続した（一九九三年には復活する）。

ウガンダという「国」全体にとって一八八四年から一九五〇年までは、植民地化の盛んな時期であった。そのため今日のウガンダはイギリスが作り上げたもので、歴史的には無関係な、価値観も一致しないエスニック集団が強制的に独立国家建設を強いられた結果としてある、という。それでも、ウガンダのエリートたちは統一ウガンダ結成の必要性を認識したが、ブガンダ王国の国王カバカ（Kabaka）とそのバガンダ人たちはこの独立国家ウガンダ共和国という「巨大な」政治的統体の出現が自らの存在を脅かすに違いないと思い、さまざまなエスニック集団とともに自らの存在をかけた主張を繰り返した。植民地政庁はブガンダ王国のカバカをイギリスに追放したが、それは統一ウガンダの勢力を強める結果とはならず、一九五五年にブガンダ協定で政庁と王国の和解が成立した。しかし、ブガンダ王国の存在を前提とした和解は一層混乱を深め、さまざまな交渉の結果、ブガンダ王国に望み通りの処遇が為されると、今度は他の王国（アンコレ、トロ、そしてブンヨロ）が同等の特権を要求し、結果として諸王国による連邦的体制がとられることになり、一九六二年一〇月九日、オボテ（Milton Obote）を指導者とするウガンダが成立した。キッザは、このような過程が「土着的民主主義の帰結」ということなのか、と問うている（Kizza, 1999）。

他方、ティム・アレンによれば、部族主義が基本的問題とされている現在、西側のメディアにおけるアフリカ紛争の捉え方がこのような部族主義の観点からなされるのはそれなりの根拠がある、という。最近は多くの研究者がウガンダの紛争をエスニック紛争として理解するようになっている。部族カテゴリーは、確かに植民地化の過程で作られた概念であり、統治コストをできる限り少なくするために、土着の権力構造を利用するという考え方から作られた概念である。この「土着」の構造は、独立後も不正な政治家たちによって利用されてきた、という。なるほどアレンは、五〇年前までは部族（tribe）概念は植民地行政の視点からアフリカの被支配者たちを把握するために押し付けられたものであったとしても、部族というカテゴリーは事態をよりよく説明するものとなっている、という考え方に立っている。そして、アチョリ（Acholi）とマディ（Madi）の対立を次のように説明する。

イギリスの統治下においてウガンダの人々は、部族概念をしみ込まされた。アチョリは戦士の人種と自らを考えるようにされ、他方、マディは平和的で知的だが、時々は酔っぱらい過ぎる部族と思い込まされた。いずれにしても、アチョリ部族もマディ部族も、植民地支配の考え方によって創造されたものである。マディはもともと男を意味するスーダン地方の言語に共通する単語である。アラブ人、エジプト人、ベルギー人、イギリス人たちが侵入して来て、彼らをマディと呼んだのである。もともと非常に曖昧な呼び方であったが、*一九二〇年代にはマディが部族概念として体系化され、マディの境界が生まれた。マディとルグバラとの対立もこうした植民地政策の結果である。第一次世界大戦後、彼らはアラブの影響から切り離されなければならないとして、部族間の境界を強めた。実際にマディの部族はイギリス支配下で、ルグバラと対置される部族とされたのだ、という。そして、いったん部族間に境界がつくられ、行政サービスがその境界を通してなされるようになると、マディは自分の立場を主張するために近隣のスーダン部族に対しても障壁をつくるようになった、という（Allen, 1994）。

＊ ウガンダ西北部コンゴ民主共和国と接する地域の住民。

## (2) 部族紛争の視点から見る伝統的秩序と新しい国民国家像を巡る闘争

ティム・アレンによれば、独立（一九六二年）後の数年間に、オボテ首相（一九六六〜七一年大統領）のもとで、グル（Gulu）はウガンダ北部の商業地として栄えた。住民の八〇％がアチョリで、グル行政区の政治・経済の中心地である。多くのマディの人々がそこに移り住んだ。何人かは行政に携わり、またビジネスマンとなった。ウガンダ西部を拠点とするマディの人々は東部のアチョリの地にやって来て、農場経営に携わった。アチョリの方が、マディよりも肥沃だからであり、人口密度も低かったからである。マディの人々はアチョリに受け入れられ、結婚もし、子供たちはアチョリの言葉を第一言語として学んだ（Allen, 1994）。

他方、キッザによれば、オボテは自らの政治勢力であるウガンダ人民会議とブガンダ国王カバカとの連携を解消し、国内の反ブガンダ王国のうねりに乗って政権についた。直ちにブガンダの二州をブンヨロ王国に移行するか独立するかの国民投票が行なわれたが、当然ブガンダ国王はこれに激しく抵抗し混乱が増大した。オボテはすべての王国を廃止し、統一ウガンダを目指したが、これにブガンダなどの王国は一斉に反発したという。ブガンダ王国の主張は、独立は伝統的王権の復活であるべきであるのに、オボテは伝統的秩序を蔑《ないがし》ろにしたというもので、両者の対立は武力衝突にいたった。オボテの方は、次第に伝統的諸勢力や国民への支持基盤を失い、外国の支持勢力に頼らざるを得なくなった、というのである（Kizza, 1999）。

かくて事態は、ティム・アレンによれば、一九七一年イディ・アミン（Idi Amin——母親はルグバラ出身）がオボテ大統領をクーデターで倒して自ら大統領になり、独立の振り出しに戻ったという。アミンはアチョリが旧オボテ（Milton Obote）政府を支持するのを恐れ、オボテが多くのアチョリを軍隊に取り込んでいるのを恐れた。アミンは多くのアチョリの兵士を殺害し、何百人もの市民を殺害した。マディの人々はアミンを支持し、アミンを支持する人々は近隣のアチョリの人々を殺害して行った。ほんの一握りのアチョリの人々が、やっと北の隣国スーダンに逃れた。こうして、一九七二年のアディスアベバ合意*以後、アチョリに住むスーダン人もスーダンに戻った。

一九七九年アミンが倒れるまでは事態は決して悪くはなかった。しかし、その後ウガンダにとどまったマディに住むスーダン人がスーダンに戻り、スーダン南部で政治的に重要な役割を果たした。マディの人々はスーダンのアチョリ地区でも重要な地位につき、農場を経営し始めた。さらに悪い事には三万を超すウガンダのマディの難民が、スーダンのアチョリ地区の難民キャンプにいた。アチョリの難民はグルで何が起こったかを覚えており、マディの難民がスーダンのアチョリ地区にいることが気に入らなかった。何故彼らはスーダンのマディ地区に住まないのか、何故アチョリの土地が彼らに与えられたのか、と非難した。多くのウガンダのマディの人たちは英語が堪能で、国際的支援も多く得ている。支援する彼らはスーダンにいるマディ人を支援してスーダン南部の地方政府に政治的に力を及ぼすようにしている。また、地域開発のプロジェクトの利益を受け、そのプロジェクトは地域のアチョリの支えを必要としているものである（Allen, 1994）。

＊　スーダン軍人ヌメイリが、一九七一年九月一五日の大統領選挙に九八・六％の得票で当選し一〇月一〇日に大統領に就任し、一〇月一四日には革命評議会を解散した。一九七二年にはアディスアベバ合意で一七年間続いた第一次スーダン内戦を終結させた。

キッザによれば、アミンは政権を掌握すると直ちに伝統的指導者との交渉に入り、伝統的秩序の再建を約束した。そしてオボテの秘密警察を解体し、自らが属するエスニック集団から新たな秘密警察を結成し、かつ軍に政権の基盤を求めた。かくていったんはアミンに忠実な人々で固められた恐怖国家が成立したが、一九七九年四月にはタンザニア軍の援護を受けたウガンダ亡命勢力によって政権から排除された（Kizza, 1999）、という。

一九八〇年にウガンダで大統領に返り咲いたミルトン・オボテはアチョリの力を再建した。しかし、西ナイルとモヨ（Moyo）地区ではアミンの兵士が民主的に選出された（オボテ）政権に戦争をしかけ続け、地域の行政を混乱させた。何百人ものアチョリの兵士が殺害された。結局オボテ政権は手の打ちようがなくなり、アチョリの兵士はオボテをアチョリの経験豊かな将校にすげ替えた。ティロ・オケロ（Tilo Okello）は休戦を実現したが、反乱グループは休戦を利用して力を蓄え、一九八六年一月にはムセヴェニ（Yoweri Museveni）が政権をとった（Allen, 1994）。

キッザによれば、北部出身のオボテの第二次政権は芳しくなく、ウガンダ国民解放軍の力に頼って南部のブガンダ勢力にテロ活動を展開したが、結局は南部出身のかつての国防大臣ヨウェリ・ムセヴェニ（Yoweri Museveni）によって権力を奪われた。ムセヴェニ政権は南部と北部の対立が続く中で、「新しい」政治構造として伝統的な行政機構を構築し、「伝統的民主主義」路線を取っている（Kizza, 1999）、という。同政権は現在も続き、二〇一一年第四期目に入り、アミン政権に連なる人々が権力を握り続けている。

## 第6節　スーダン

ブルックリン研究所のスタッフで長年スーダン政府の各国大使を務めていたフランシス・デンクによれば、アラブ・ムスリムの影響を受けたスーダン北部とアフリカにアイデンティティを抱くスーダン南部が分裂している関係は、歴史的にはスーダンと中東との関係と同じである、という。スーダンは紀元前数千年からエジプトを通じて中東との象牙・金の交易という形で関係を持っていた。アラブの商人たちはアフリカの原住民の間に定住し、自ら同化して行った。スーダンはアラブ人の富にふれ、自らアラブと同化していった、という。アラブ商人は妻同伴ではなかったために、スーダンの上流女性との結婚も進んだ。子供たちは自らを父系に同化させていき、アラブの父系制が浸透した。この関係は、紀元七世紀イスラームによって一層強まったが、砂漠の民アラブ人は自然環境が厳しい南部のアラブ化や奴隷狩りには進まず、北部のアラブ化とイスラーム化、これに対する南部の抵抗という関係が生じた、という。ところが一九世紀に入り、一八二〇〜二一年にオスマン帝国とエジプトの連合軍はスーダン北部に進出し、その地を獲得した。オスマンとエジプトの奴隷商人は北部を拠点にして南部の奴隷狩りに進んでいった。一時、南部の人々はマフディ運動[*]に期待を寄せたが、マフディ勢力が権力を握っても、南部への奴隷狩りは終息せず、南部は北部の植民地という関係が生まれたのである（Deng, 1995:10f.）。

＊ 一九世紀スーダンの宗教政治運動。一八八一年、イスラームの救世主と唱えるムハンマド・アフマドによって指導され、当時のスーダン支配者であるイギリス・エジプトに武装抵抗を行ない、一八八五年にはハルトウームをも支配した。

シカゴ大学のハチンソンによれば、スーダン北部からの見方では、南部スーダンから流れ込む多数の難民を砂漠の難民収容キャンプに収容しており、南部では家族の崩壊が始まっている、という。そして、北部は自らアラブ人でありイスラームと考えるが、南部の人々は自らをアフリカ黒人と考え、キリスト教徒と考える人々が増えつつある。これに加えて首都ハルトゥームには小規模の目端の利く企業、軍、政府のエリートたちが集まり、他方、地方には内戦で土地を追われた自給農民や旱魃に打ちのめされた牧畜民、都市で掘建て小屋に住む人々、そのほか毎日の食べ物を探すことに追われている人々が益々増加している。こうした経済競争に、国際的・地域的な利権が上ナイルやバール・アル・ガザル〔南スーダン〕のヌエル人やディンカ人の地域で、主として巨大な油田をめぐってぶつかり合う。これに何千人という政治家、軍人、労働者、国際石油会社の社員、バイヤー、ギャング集団、スリが群がって、スーダンの内戦を長期に食い物にしている、という。

他方、南部からの見方では、二〇〇二年のＳＰＬＡ（スーダン人民解放軍）とアニャニャⅡ*との合同以来、ディンカとヌエルの女性、子供、老人の、相互の殺し合いは急速に縮小したが、家族の離散と崩壊はとどまることはない。ディンカ人は、南部スーダンに居住しアラブ系を除くとスーダン最大のエスニック集団であり、もともと牛を飼養する牧畜民だが、農耕、漁労、採集も営んでいる。異なる方言を話す多数の地域集団からなり、居住地区の一部は、行政上、北部スーダンに含まれている。その地理的位置故に、北部スーダンと長期にわたって接触してきたため、イスラーム化・アラブ化したものもいるが、大多数はキリスト教徒および伝統宗教の信者であり、現在は高等教育を受けた者も多く、政府と軍の高官、法律家や大学教授を輩出している。同時に一九八三年に結成されたスーダン人民解放戦線（Ｓ

ＰＬＡ／ＳＰＬＭ）では、総司令官のガランを初めとする指導層はディンカ人である。そのため、ディンカは政府軍・民兵の攻撃対象になった。ディンカの女性や子供が奴隷化されたり、内戦の結果ディンカの居住地区は荒廃し、数十万のディンカの人々は財産と故郷を失った。

＊　スーダンの第一抵抗運動（一九五五〜七二年）を担った武装勢力の名称アニャニャをとってこのように名乗ったヌエル人の組織（一九七八年結成）。

ヌエル人は、南部スーダンの白ナイル川流域に住むナイル系の集団である。牛を飼育する牧畜民だが、モロコシ栽培を中心とした農耕、漁労と採集も営む。独立後のスーダン政府のもとで、ヌエルは首都ハルツームを中心とする北部の諸都市への建設労働力の供給源となった。一九八〇年代にヌエルの土地を縦断するかたちで建設が進んだジョングレイ運河は、ヌエルの生活基盤を破壊するものであったため、住民の多数は反対したが、政府は軍の力でこれを弾圧した。イスラーム法の施行や南部自治政府の解体などで深まった南北の対立を背景に、ヌエル出身の軍人を中心に、南部の分離独立を目的とする解放戦線、アニャニャⅡが組織され、政府軍との戦闘を開始した。アニャニャⅡは、後発の解放戦線、ディンカ人を主力とするスーダン人民解放軍との主導権をめぐる抗争に破れ、一部はＳＰＬＡに吸収された。残りの勢力はスーダン政府と連合し、アニャニャⅡの名前は保持しつつ、ＳＰＬＡとの戦いを継続している。過去一〇年にわたる内戦の為、多数のヌエル人は家畜を失い、難民化している(Hutchinson, 2005)。

こうして、スーダンは人口三六二三万三一六二人（二〇〇五年）、北部のヌビア人および非アラブ黒人五二％、アラブ人との混血三九％、イスラーム（スンナ派）が七〇％、であり、北部と南部の抗争が長期にわたって続いたが、二〇一一年七月九日に南部スーダンはアフリカ大陸で第五四番目の独立国となった。それでも、南スーダンでは反政府武装勢力「南スーダン解放軍（SSLA）[*]」と政府軍の戦闘が続いており、二〇一一年一一月一日、日本政府は国連の要請により日本の陸上自衛隊施設部隊三〇〇人を国連平和維持活動（PKO）に派遣することを決定した。冒頭に紹介したフランシス・デンクは、国連事務総長の潘基文によってスーダン＝ジェノサイド防止特別顧問に任命された人物である。

＊ 恐らくSPLAが、独立後に南スーダン政府の正規軍になることに伴い、それに不満を抱く勢力によって組織されているものと思われる。

## 第7節 ソマリア

国際政治学者サマタルによれば、ソマリア内戦、それに続く飢餓（一九九一～九三年）の悲劇は、①ソマリア社会は伝統的な家父長制と親族制（clanism）が強く維持されていること、②人々のアイデンティティは国ではなく、親族関係に求められ、親族のネットワークは緊密で、金で殺人（Muug paying〈blood money〉）を請け負う集団との特殊なしがらみに縛られていること、③親族制を基本とする伝統的なソマリア社会は全国的な機構と行政の必要性を持たないため、国家という人工的な仕掛けは分散的な志向によって崩されていくこと、④市民的アイデンティティではなく個別のエゴイズムが支配的である、といった要素によって説明される、という（Samatar, 2000）。

こうした考え方は、ソマリア社会は基本的に遊牧的な生活をする集団と、定住的な生活をする集団の経済的・文化的な違いによって特徴づけられるという見方を基礎にしている、といえよう。遊牧民は歴史的にも多数派であり、何者にも縛られず自己主張が強く、攻撃的で専制的で外の世界に敵対的な、持って生まれた性格があると指摘されている。それに対して定住コミュニティの人々は、小規模な土地に縛られ、そこでものを作り、内気で慎み深い性格を持っている。だからといって、よそ者を受け容れるというわけではない。ソマリアの悲劇はこの遊牧勢力が権力を握り、さまざまな制度を破壊してしまったことにあると考えられている。サマタルは前者の欠点を全面的に改め、農耕的な文化により社会再建の道を選択すべきであると主張する。

　前近代においてソマリアは、中東のイスラム商人によるインド洋貿易で、モガディシュ、マルカ、セイラといった海岸都市の発展をみた。ソマリア社会の重心は内陸地にあったが、内陸社会はアラブ商人によって外界との接触を広げていった。こうした緩やかな内陸と海岸との関係の発展は一九世紀末の西欧の植民地化によって、その姿を大きく変えることになった。最初にイギリス人、フランス人が、そしてイタリア人がやってきた。それにエチオピア勢力が参入してきた。一九二〇年までサイード・モハメド・アブディル・ハッサン*による反英・植民地化反対の抵抗運動が行われ、第二次世界大戦後、独立の動きが強まり、一九六〇年七月一日に英領ソマリランドとイタリア領ソマリアが新生ソマリ共和国（首都ジプチ）として独立した。しかし、独立後すぐに北部と南部の対立が生じ、さまざまな混乱**を経て、一九六九年シヤード・バーレ（Siyaad Barre）将軍が権力を握った。彼の組織したソマリ革命評議会は汚職の撲滅、経済と社会制度の再建、ソマリ本来の民主的体制への復帰、国民意識の高揚を掲げて、ソマリ言語の公式の記述法や文字学習を勧め、学校や道路の建設、共同農場の経営に力を発揮した。女性の法的平等も実現した。こうして一九七〇年代半ばまで、バーレの体制は順調に発展していった。

* 生没、一八五六～一九二〇年。イギリスからは Mad Mullah と呼ばれた。祖父はエチオピアのオガデン地方出身。

** 一九五八年、エチオピア政府のソマリ人に対する課税に反対し、バーレのもとに西ソマリ解放戦線（オガデン地方を中心とする反政府武装組織）が結成される。エチオピア政府の弾圧で五〇〇人以上死亡。一九六四年、ソ連は西ソマリ解放戦線を支持する。

しかし一九七五～七八年、バーレ体制下で国有企業の競争力が低下し経済は傾き始めた。そればかりか、ソ連およびその同盟諸国との関係が強まり、ブラック・アフリカの勢力が勢いを伸ばすとともに、多量の武器が流入するようになった。民主的政治の掛け声にかわって厳しい国家というスローガンが勢いを増した。一九七七年半ばに西ソマリ解放戦線のゲリラ部隊が、多くのソマリア人が居住しているエチオピア領内に突然の攻撃を仕掛けた。ゲリラは、オガデン地方の三つの大都市、ジジガ、ハラール、ティレダワを除くほとんどの地を占領した。これに対し、エチオピアとの関係強化に政策転換したソ連やキューバの武器によって、エチオピアの反撃が開始された。

バーレ政府は外部の支持勢力を失い、経済の破綻によって終焉を迎えた。氏族関係を基盤にして勢力の再建をめざし、社会集団と社会集団を互いに対立させることによって国家の要塞化を狙ったが、バーレは一九八〇年成立のレーガン政権との関係を強め、一九八〇年から九〇年までは、前代未聞の抑圧と内戦の時代を迎えることになった。

# 第二章　ソシアビリテとソーシアビリティと社会的結合

パリ生まれのユダヤ系の社会哲学者E・ゲルナーは「東は東、西は西」というエッセイで、マキアヴェリとトクヴィルを並べて、その共通点として、西は社会が国家から自立しているのに対し、東は国家のもとに社会が統制されている、と論ずる。マキアヴェリは、西の王国では地域の諸侯は王に対して自立しているので、外部の敵は諸侯の反王権連合を利用して侵略することは容易だが、無敵の支配を実現することは困難であり不可能でもあるとしている、と説明する（Gellner, 1994）。そして彼は、別のエッセイ「イスラーム」では、世界の宗教が工業化の進展に伴い人々を把握しきれず世俗化する傾向にあることを否定できないのに対して、著しい例外をなしているのはイスラーム世界であり、宗教的に熱心なのは社会の一部の層、つまり下層や田舎っぺあるいは女性たちばかりではなく、支配層や都市や知的エリートにおいても顕著なのであるという（同上）。確かに、マキアヴェリは『君主論』でアレクサンドロスのダレイオス王国征服と「現代」、つまり一六世紀初頭のトルコとフランスの政体との違いを例にしてゲルナーが主張しているようなことを論じてはいる。しかしながら、このマキアヴェリの論証の手法は、前四世紀の事象を一つの典型として一六世紀のトルコやフランスなどの君主を分析する、というものであったように思われる。マキアヴェリにおいてゲルナーが指摘したオリエンタリズム的見解が、ダレイオス王国とトルコ・フランスの政体の型の基礎にあるかどうかは別として、マキアヴェリにおいては洋の東西の比較というよりは国家と社会との関係を諸侯と王との具体的関係のあり方から論じたことが重要であるように思われる。また、ゲルナーが、社会あるいは「市民社会」と国家との関係を問題にする際には、王、諸侯、階層、エリート、下層、女性、男性というカテゴリーで捉えていることに注目しておきたい。国家と社会のあり方についてのこうした視点は、例えば、スタンフォード・ショー夫妻の『オスマン帝国史研究』（Shaw, 1976-77）や、ハンナ・バタトゥの『イラクの伝統的地主と商人階層と革命運動』（Batatu, 2000）を見ても、イスラーム世界でも重要なことであると理解されているように思われる。

もっとも本論では、社会と国家のあり方を正面に据えて論ずることは控え、社会あるいは市民社会とエスニック集団との関係に絞って論を進めていきたいのだが、ミシガン大学の著名な歴史家であったM・ベッカーの『西ヨーロッパの礼儀と社会』（Becker, 1988）では、一四〇〇年から一七〇〇年にかけて「共有」「慈善」「改宗」、あるいは「償い」といった言葉が良く使用されるようになり、自律的な「社会」が生まれ始めたのだ、と述べている。但しベッカーの主張を見てみると、当り前のこととは言え、西ヨーロッパにおいても国家と社会の関係は一様ではないようである。また、社会あるいは市民社会のあり方さえも、決して一様ではないことが窺える。ここでは西ヨーロッパについては「市民社会」における人々の社会的結合のあり方に関する研究を検討しつつ、フランスとイギリスについての、それぞれの市民社会の特徴を探ってみることにしたい。

## 第1節　ソシアビリテ

### (1)　アンシアン・レジームにおける悔悛者会（pénitents）

アンシアン・レジーム末期の南フランスのプロヴァンス地方における社会を分析した南仏オクシタニア出身の歴史家モーリス・アギュロンは、この地方におけるアンシアン・レジーム末期まで存在したキリスト教信心会（confréries）を分析し、その人と人の結びつきをフランス語で一般に社交性を意味するソシアビリテと名づけた（Agulhon, 1968）。この団体は市町村ごとに首長から指名された人々によって組織され、毎年のキリスト教の祭りを仕切っていた。この組織は町の前首長を代表者とし、町の有力者の子弟を若頭とするなど、行政との結びつきも色濃く持っていた。また若者との関わりが強く、一五歳くらいの若者から独身者一般によって担われ、祭りを盛り上げるシャリヴァリなどの騒ぎも仕掛けた。さらに町の民兵組織とも関わり、銃士たちによる一斉射撃や分列行進、町の監視にも関わって、教会の中にまで行進して入ることもあった、という。

アギュロンは、この信心会が若者・行政単位・民兵組織との融合したものであったことを強調しているが、この組織がアンシアン・レジームの職業を同じくする人々によって組織され、一五～一七世紀フランス南部のこうした組織の全てに共通する特徴が認められたという。この組織は、聖堂区の中であれ外であれ、自分たちの礼拝や集会所としての礼拝堂を設け、献金をし、そうして集められた献金は礼拝の謝礼金、礼拝堂の灯りや補修の費用に用いられたほか、貧しい人々、仕事中に病気で亡くなった人、資産のない人々や団体の埋葬代、などに用いられる。彼らは内部の規律を守り、日曜休業や祭りの休業の確認、礼拝・祭り・宗教的な練り歩き（行進）、メンバーの葬式の際の手助けの義務を果たしている。こうした組織は、一八世紀後半、例えばトゥーロンのような大都市では世俗化が進んだが、小さな村々では宗教的な伝統が色濃く残った、という。またアギュロンは、海に関わる人々（ローヌ川沿いの都市タラスコンの事例）や農業と関わる人々の組織[*]についても言及している（Agulhon, 1968）。

＊ 農村で、馬、雌馬、ロバの馬具・蹄鉄作りに携る鍛冶屋たち。彼らは鍛冶屋・金属職人の守護聖人サンテロワ（Saint Eroi）［アギュロンの発音記号に従うとサンアロイ］を祀る。

ところでアギュロンは、これまで説明してきた職業的同業者による宗教的信心会は職業による制度的組織であり、この組織に関わる人々は社会的あるいは精神的発展に促されて、ある意味では自然に、つまり自動的に参加するが、悔悛者会（pénitents）は真の意味でのアソシアシオンであって、参加はひとえに神への献身（その厳格さ、自らの罪に対する悔悛ぶりや生き様あるいは死に様に至るまで）によるものであり、よく知られているようにその数を増大させ発展している、という。これこそが、反宗教改革からフランス革命までの間、プロヴァンス地方において真に意味のあるソシアビリテであった、という。そして、アギュロンはこの悔悛者会の組織の実態を具体的に分析している。つまりこの組織は、同業組合やギルドといった組織（アソシアシオン）が公的のものであるのに比すれば非公式なものではあるが、教区司教の所管に属し、教区にその本部を置き、人々は特有の衣装[*]をまとい、教会の教えを忠実に守るばかりでなく、どのような邪教をも否認し、棄教者や重罪を犯した者に教会との和解を忠告したり、教会のあらゆる記録を残し、お祭りを仕切り、教会の鍵を管理し、その門を守り、聖堂の清掃に当たる。この奉仕会への入会には厳しい掟もあり、会のメンバーの承認が必要になる、と説明している。

プロヴァンス大学の名誉教授であったモニック・キュベル（1934-2011）は、アギュロンが宗教的な献身を強調するのに対して、一七世紀末から一八世紀初めにかけての悔悛者会（pénitents）の会員構成における社会階層、会員相互のしきたりを分析している（Cubells, 2002）。例えば、マルセイユの北方およそ二五キロに位置するエクサンプロヴァンスの青色悔悛者会の会員一二五人の三割弱が貴族で、二割弱がブルジョワ、四割が商人と職人の親方という構成で、職人や仕事人らのいわゆる庶民はほとんど組織されていないという。他方、カルメル会修道院の白色悔悛者会会員二九九名のうち貴族は一五名で社会的上層の人々の割合は低く、親方でない職人・庭師・駕篭担ぎ人など社会的階層としてはあまり高くない庶民が五割強を占めていた、という。キュベルは悔悛者会には社会構成から、貴族中心、さまざまな法律家中心の上層ブルジョワ中心、貴族に属さない産業家・親方職人を中心とするもの、そしてさまざまな職人を中心とするものの四つのタイプがあった、という。このことは、悔悛者会はアンシアン・レジーム期に社会階層の上層から下層にいたるまでに広がりをもつ組織形態であったことを示しているように思われる。

＊ 長細い目出し三角帽をかぶり頭から足まですっぽり隠れる衣装は、アメリカの秘密結社クー・クラックス・クランのそれと瓜二つである。その衣装の色は教区によって異なり、黒、白、枯葉色などと、教区ごとの色によって区別される。アギュロンは、クー・クラックス・クランは黒人を恐怖に陥れる独自なものだと強調している（Agulhon, 1968, 355）。またキュベルは、悔悛者会が公の場で特異な衣服をまとうのは、差異を消し、身元を明かさず、顔を持たなくするものである、という（Cubells, 2002）。

さらにキュベルは、職人の組織は宴会が好きで食事を共にし世俗的親睦を楽しむものだ、という。人々は、祈り、募金を集め、覆面をし慎ましさや質素を甘んじて受け容れるが、会食しワインを酌み交わし口角泡を飛ばして議論もする、という（Cubells, 2002）。貴族のソシアビリティについてJ・M・コンスタンは『一六・一七世紀のフランス貴族の日常生活』で、ソシアビリテを貴族たる者の社交として説明している（Constant, 1985）。その行動規範は王に対する忠誠であるというが、キュベルは貴族中心の組織については触れていない。

他方でアギュロンは、悔悛者会の影の側面として、この集団に対するさまざまな批判をも紹介している。なかでも注目されるのは、啓蒙主義者M・ヴォルテールが、一七六一年のカラース家事件でトゥールーズの白頭巾の（白色）悔悛者会の行動に対する裁判*について残したコメントである。彼は「此の裁判で白色悔悛者会に対して勝利することは誠によろこばしいことでありましょう。フランスでは、これと同じような仮面をかぶった陰謀が今後も起りえましょうか。この裁判記録は、単に〔カラース家が〕精神をしっかりと保ち、味方してくれる援護者たちのこころを得ることができ、そしてかの高等法院と白頭巾の悔悛者会を呪い、嘲笑して仕返しをするためだけではないのであります」（Aguhlon, 1968:134）と書簡にしたためている。

＊　一八世紀半ば（一七六一年一〇月一三日）、トゥールーズのプロテスタント信仰を持つカラース家で、カトリックに改宗した息子が門扉の取っ手に首を吊って「自殺」している事件が発生した。高等法院は人々の噂に従い、父親が自殺を装って息子を殺害した犯人とし、車責の刑に処した。車責の刑とは、車輪の上に仰向けに縛り付けた罪人の手足を鉄棒で折った上で放置し、死に至らしめる刑罰である。ヴォルテールは一七六五年再審を実現し、ジャン・カ

ラースの無罪を勝ち取った。詳しくは［Nixon, 1961］参照。

## (2) ソシアビリテ論

先にも述べたように、アギュロンはこの悔悛者会をはじめとする「人と人の結びつき」をソシアビリテと呼び、プロヴァンス地方に特徴的なしきたりとしたが、これはフランス史家、二宮宏之によってソシアビリテ論として紹介された（二宮 2007）。二宮はソシアビリテの実態としてしばしば「人と人との結び合う形」として強調しているが、そのことからみるならば、二宮の対象とするソシアビリテは、アギュロンやキュベルがプロヴァンス地方の宗教的な性格を色濃く帯びた職業的な階層的集団をイメージしたものとは、その説明の仕方が異なるように思われる。アギュロンは、悔悛者会をその真の意味でのアソシアシオンとして捉えており、悔悛者会以外の職業集団を含めた一般的な形のアソシアシオンにおいても、その根底にキリスト教信仰を強調していた。その点、二宮は悔悛者会についてアギュロンがもっていたような特別な関心は特に強いとは思われないばかりか、「人と人との結び合う形」としての一般的なソシアビリテそのものについても、キリスト教的色彩を強調することは見られない。またプロヴァンス地方との関わりすら、特には言及していない。この点は、フランス革命史の研究者ミシェル・ヴォヴェルが、アギュロンが解明した宗教的な人と人との結びつきはプロヴァンス地方に限らずフランス全土にみられるとしている立場（Vovelle, 1982）に近いのかもしれない。

フランスの市民社会とエスニシティの関係を考える際には、おそらくはアギュロンが明らかにした悔悛者会を含め、近世以来の、あるいはもっと古い淵源を持つ宗教的な「人と人とが結び合う形」の存在を無視しては、その実際に近づくことはできないように思われる。確かに、このソシアビリテ論を構成する信心会や悔悛者会はフランス革命の際に廃止されたといわれるが、アギュロンによれば、二月革命（一八四八年）前夜には、グラスとトゥーロンを除いて六五の互助団体の史料がプロヴァンス地方の地域文書館に保存されている、という。彼は、トゥーロンの北五〇キロメートルのブリニョルの職人団体の規約史料を引用しているが、その第一条によると会員は二一歳から三五歳の健康な男性で、第一八条には聖フレデリックの祭には物故した会員を忍ぶミサを執り行い、このために特別な献金をする、と紹介している。アギュロンはこうした条項は、アンシアン・レジーム下の信心会や悔悛者会の組織の宗教的なあり方をほとんどそのまま引き継いでいると述べている。一九世紀末の大都市では悔悛者会が特異な衣装で行進することは禁止されたというが、左翼勢力が強くない地域では、少なくとも大きなお祭りの際には、公然と行進が繰り広げられていた、とアギュロンはいう（Agulhon, 1968）。

工藤光一は、アギュロンの仕事などを参考にしながら、一九世紀半ばのバス＝プロヴァンス地方農民の政治化について、一つの論考をまとめているが、その末尾で興味深い疑問を提示している。「フランス革命後、教会勢力は後退したが、それによって農村民衆が宗教的実践と信仰の放棄に向かうことはなかった」（工藤 2008）として、司祭による家畜の祝福などの事例を紹介し、アギュロンと同じく農村の選挙などの「政治」が伝統的なお祭りとの関連で為されることに注目し、農民の行動は果たして「政治化」と呼ぶことができるか、との問を投げ掛けている。この指摘は、一九世紀半ば、さらには今日においても、フランス社会にこうした宗教的な「人と人とが結び合う形」が生きていることを窺わせる。この問題提起は、工藤が論文中でしばしば引用しているアギュロンの主張（Agulhon, 1970）に近く、一九世紀にもフランス農村社会の伝統は生き延びていた、とする見解であると思われる。それはそれとして、一九世紀を通じてこうした伝統的な社会的結合のあり方が、ゆっくりと変容して来ている姿を事実に即して認識しておく必要もあるだろう。例えば、ルーマニア生まれのアメリカの歴史家ユージン・ウィーバーは『農民からフランス国民へ』（Weber, 1976）で、こうしたフランスの伝統社会と近代フランス社会との関係に取り組んでいる。彼は、産業革命や徴兵・教育などに伴って引き起こされる農村生活のわずかな変容を丹念に拾うことに重点をおいた手法をとり、一九世紀の地方におけるソシアビリテとフランス国民国家との関係の、新しい側面に、注目している。

事実、二〇世紀末から今日においても、フランス市民社会のあり方は伝統的な性格を帯びつつも、それを構成する担い手の姿は、言うまでもなく大きく変化している。例えば、一九八九年に発生した先述の「スカーフ問題」でも、その発端は、同年六月一三日の『日刊パリ』（*Le Quotidien Paris*）のギスレンヌ・オタネメ（Ghislaine Ottenheimer）が発表した記事にあったが、彼女は『レクスプレス』『フランス・ソワール』の主任編集員で、フランス第三のテレビのキャスターを務めるなど幅広く活躍する女性ジャーナリストであり、この『日刊パリ』はフランソワ・ミッテランに反対の立場をとった保守路線の新聞であったようだが、一九九六年に廃刊されている。オタネメが件の記事を何らかの宗教的立場からの記事として執筆したのかどうかは分からないし、またそこには、「市民」社会の原初的な悔悛者会のような組織が関わりをもった可能性も否定はできないが、その歴史的存在を前提にして、エスニシティの問題を考えることはできないかもしれない。いずれにしても今日のメディアが、アンシアン・レジームから一九世紀にかけての民衆的宗教団体とは比べものにならない規模をもつ、現代の市民社会における主要な構成者であることに間違いはないように思われる。

## 第2節　ソーシアビリティ

### (1) イギリス市民社会の形成

イギリスでは、フランス語のソシアビリテに対応する言葉としてソーシアビリティが考えられるが、これもフランスのコンスタンの用法と同じく日本語でいう社交性を意味するものであったようである。実際、アメリカの歴史家スーザン・ワイマン『後期スチュワート朝の社交と権力』(Whyman, 1999) では、一七世紀初頭から一九世紀初めまでの、バッキンガムシャイアの名望家ヴァーニー家が残した三万点を超える膨大な史料の、主として書簡等を利用して、ヴァーニー家が伝統的なジェントリーから産業革命時代の商人に転換して行く歴史を、「社交」から「権力」への歴史の一例として表現している。

このヴァーニー家は、ロンドンの北西約一〇〇キロメートルに位置する農村において、近世から近代にどのような社会的・政治的関係を形成したのであろうか。ロンドン首都圏大学のジョン・ブロードはワイマンが用いたこのヴァーニー家の同じ膨大な史料を丹念に分析して、彼らの社会的関係 (social relations) を三期に分けて次のように説明した (Broad, 2004)。一六世紀、ヴァーニー家のラルフ卿はバッキンガムシャイアのクレイドン地区でいわゆる第一次囲い込みの一端を担い、一六〇〇〜四〇年、中部クレイドン地区の主要な地主へと徐々にのし上がっていった。ラルフの息子ジョンはレヴァント商人としてメソポタミアやキプロスに滞在し、故郷ジェントリーとのネットワークを最大限利用しながら、約六千ポンドの資産を築いた、という。一八世紀前半、ヴァーニー家は当家より資産も下位にあり、たいした社会的・政治的コネクションも有しないようなジェントリーとの婚姻関係を慎重に結びながら、イギリスの上層ジェントリーの域へと上昇していった。ジョン卿はレヴァントでの経験を生かし、レヴァント貿易、海運業、国債取引などに精力を投入し、農業経営以上の成果をあげた、という。大塚久雄は、イギリスの毛織物輸出商人に関連して、ロンドンを中心に「レヴァント・カンパニー」の活躍について言及している（大塚 1944:208）が、ジョン・ヴァーニーはおそらくはその中心的商人の一人であったろう。ジョンは政界進出を試みたが、一七〜一八世紀にかけて三回、バッキンガムシャイアで立候補したが、いずれも落選し、アイルランドのファーマナ州初代知事に任命された。ジョンを継いだラルフ二世は政界進出に力を注ぎ、当時頭角を現していたアイルランド出身のエドモンド・バークの支援者となったという（Broad, 2004）。

ワイマンは、ソーシアビリティについては、アギュロンの示したソシアビリテの世界、悔悛者会の世界とは全く異なる世界を描いている。ヴァーニー家の当主、ラルフ卿の時代においては、狩猟で獲得した獲物を領民に振舞うという行為が持っていた社会的ネットワーク形成の意味を指摘し、彼が年間多くの時間をロンドンで過し、ロンドンの生活スタイルをバッキンガムシャイアーに根づかせたとし、その文化的な価値、ジェントリーの持つ力を分析している。さらに清教徒革命に続く内乱の中でラルフ一家はフランスに亡命したが、息子のジョンはフランスの貴族文化の影響を受け、文学・芸術に関心を寄せ、デカルト、モンテーニュ、セルバンテスなどを好んで読んだという。ラルフ卿は息子にはヨーロッパ旅行をさせたりしたので、ジョン自身はそのためかアレッポでの長期滞在に至った、という。ラルフ卿は息子ジョンをレヴァント貿易に関わらせるようにしたが、ワイマンは、ヴァーニー家の文書からは、ジョンばかりでなくジェントリーの息子たちの多くが、農地経営から転じて商売や貿易に関わるようになっていったことが窺える、という（Whyman, 1999）。

ブロードとワイマンが、いわゆる第一次囲込み時代のバッキンガムシャイアのヴァーニー家の社会から一九世紀初頭までのジェントリーの世界を描き出したとすれば、イギリス左翼の代表的研究者E・P・トムソンは、庶民としての労働者階級の人間関係を明らかにしている（Thompson, 1968）。トムソンによれば、一七九〇年代の労働者たちは、イギリスではリルバーンのようにクエーカー派やバプティスト派に属しており、ジョン・バニヤン『天路歴程』の影響を受けていた。こうしたイギリス国教会の改革派の教義は、いわば「貧しき者への教え」となっていた、という。そして、ジョン・ウェズリのメソディスト派はブリストル、ウェスト・ライディング（ヨークシャイア）、マンチェスター、ニューカッスルでは大きな勢力となっていた。また労働者たちは、トマス・ペインの『人間の権利』の影響も強く受けていた。さらにトムソンは、イギリスの労働者運動は『天路歴程』と『人間の権利』によって始まったといえる、とする。先のブロードは、ヴァーニー家のあるクレイドン地区の人口はこの時期に次第に減少して行ったと述べている（Broad, 2004）が、クレイドン地区を離れた雇い人たちの多くはロンドンなどの都市に流れ込んで行ったと思われる。とすれば、ラルフ・ヴァーニー二世はエドマンド・バークの後援者となっていったが、クレイドンを離れたかつての雇い人たちの多くは、そのバークを批判するトマス・ペインの『人間の権利』に未来を見出そうとした、と言えるのではないか。

## (2) イギリス市民社会におけるエスニシティ

イギリス社会におけるエスニシティは、イギリスに限ったことではないが、複雑な側面を持っている。トムソンは、イギリスにおけるアイルランド労働者について一種の矛盾した関係を指摘するために、一八三六年『イギリスにおけるアイルランド系貧困者の状態に関する報告』から次の結論的部分を引用している。「イギリスへのアイルランド移民は自ら拡散している文化的に低い人間たちで、文化的により高いコミュニティの下のいわば一種の下層民である。そして、いかなる産業を発展させることもなく、最も単純な程度の低い手作業をもっぱらにしているのである」と。これについてトムソンは、ある陶磁器製造業の主人の次のようなコメントを引用している。「わが国の生粋の労働者がより精巧な、熟練を必要とする仕事に十分に精を出してもらえることは、雇用者として大変ありがたいことと考えている」(Thompson, 1968) と。

ところが他方で、イギリスには "class" という伝統的システムがあり、それが機能していると主張するのは、ハンガリー市民連合 (Fidesz = 最大の保守政党) とヨーロッパ人民党からヨーロッパ議会に選出された社会学者、ジョルジ・シェプフリンである。彼は一九五〇〜二〇〇四年までの五三年間、イギリスで生活していた。彼の主張は、要約すると以下ように言うことができる。

フランスは市民性に対する強い自信を有している。カナダ、イギリスは "class" という独特のシステムを持っている。Englishness (イギリスらしさ、イギリス性) は English English を尊重し、clumsy (不器用) な英語、よそ者の英語を斥ける。スコット人を排除する。アメリカ人、オーストラリア人を排除する。この E-English はかつて他の発音を受け入れていない。RP (Received Pronunciation = 上流・知識階級に受け入れられた「容認」済みの発音）であれば構わない。E-English はいわば階級“class”である。“class”とは言葉、振舞い、用語、ジェスチャーで区別される。E-Englishでは、noとは言わない。肯定的な表現で婉曲にnoと言う。例えば、I'll have to come back to you on this, you don't want to know that. I'm terribly sorry. という持って回った言い方をする、という。

一九六〇年代、左翼政権（労働党政権）は教育によってこの階級を取り崩そうとした。全ての人々に教育の機会を与える改革を試みたが、これは失敗した。一九八〇年代、保守党のサッチャー政権は富によってこれを崩そうとした。一方で、イングランド国家は巧妙に、スコットランドやウェールズを封じ込めるすべを用いた。イギリス（Britain）というシステムは、スコット人やウェールズ人を文化的に発展させ、満足させる余地を持っている。その点はフランスやドイツと異なる。イングランドがエスニック的に強くなっても、ウェールズがイングリッシュとウェールズの二重言語 bilingal な地域になることは考えられない。〔ウェールズはウェールズを維持する、〕スコットランドも異なる法的システム、教育制度を維持する。従って、スコット人もウェールズ人もエスニックなアイデンティティを維持することができる。イングランド的なもの（Englishness）は“class”と結びついている。イングランドの“class”は地位、アイデンティティ、文化、安全と結合している。この“class”はその社会のメンバーに明確で非常に高いレベルの文化的一貫性を保証する。この一貫性は変化することがない。このメンバーの誰もが、これを変えようとは思わない。

多くのことが、このアイデンティティから生まれてくる。社会的地位、コミュニケーション（メンバーとのコミュニケーションは非メンバーよりずっと取り易い）、社会的成功の見込みなどがそうである。このシステムが、イングランドの〝class〟に対応するエスニシティを安定させるシステムとなっている。他の国々でエスニシティから生じる社会的・政治的・経済的・道徳的ディレンマは、イギリスでは自動的に〝class〟として認識される。エスニシティは〝class〟に組み込まれ、従ってイギリスは相対的に移民・亡命者・外国人などを受け入れ易くしている。彼らが、少なくともすぐに、この〝class〟に適応しなくとも、この〝class〟のシステムは崩れない。肌の色による差別があまりないし、黒人にたいする虐待もあまりない。一方、USAやフランスやドイツにおけるような深刻な人種問題は存在しない、という(Schöpflin, 2000)。

この考え方については、どこまでの妥当性が保証されるのか、にわかに判断はできないが、ロシア史の専門家とされるものの、幅広い分野での発言を残したイギリスの歴史家シートン＝ワトソンは次のように述べている。――アフリカなどの植民地の動向は、それら植民地の宗主国であった国々に大きな影響を及ぼさない訳にはいかなかった。「アフリカの年」と言われる一九六〇年以降、イギリスはアフリカから追放されたインド人などアジア系の人々の流入に対応しなければならなかった。イギリスは、一九六二年、国籍法を改正し、英国市民権と入国資格を区別した。そしてケニア、ウガンダ、タンザニアのアジア人でアフリカ国籍を認められなかった者に入国を認めた。一九六七年にはケニア政府によるアジア系住民の国外追放によりイギリスに入国するものが増え、数十万人のアジア系住民の四人に一人がイギリスに向かった。さらに、一九六八年には連邦移民法が、ケニア、ウガンダの「アフリカ化」に対応して導入され、アジア系の入国を阻止する人種的規制が行なわれた。一九七七〜八三年、アフリカだけではなく香港の中国への返還に伴い、一六万人の香港住民がイギリスに移住した。これら旧イギリス植民地からイギリスに流れ込む人びとの問題は、イギリス帝国による長年の植民地支配のいわばツケともいうべきものをイギリス国内に取り込むことを意味したと言える。

そうした植民地支配のツケは、決してイギリスとアフリカの関係だけにとどまらず、インドは勿論のことアラブ世界との関係にも及ぶものであった。例えば、タンザニアのニエレレの（ウジャマ）社会主義には、反アジア主義が存在し、ザンジバルの革命においても、アラブ人にたいして大衆的な暴力が向けられ、インド人は土地を強制的に追い出された。これに対して、イギリス政府は先にも述べたように、インド人にイギリスに渡る機会を与えた。

シートン＝ワトソンによれば、アフリカ人に対するアラブ人の差別意識は歴史的に根強いものがあり、たとえアフリカ人のアラブ人にたいする憎しみは、イギリス支配に起因するものであるから、一旦アフリカが独立すればアラブ人とアフリカ人との対立は解消するという議論は楽観的に過ぎる、という(Seton-Watson, 1977)。

また、ロンドン・スクール・オブ・エコノミックスで教鞭をとるイガンスキらは、一九八〇年代以降のイギリスのエスニシティを含む社会変化について次のように述べる。

「イギリスはこうして第二次世界大戦後、暗黙のうちに、エスニック多数派 ethnic 'majority' と多数のエスニック少数派 a number of ethnic minorities との区分が生じた。これは、一六～一七世紀に始まるイギリスとアイルランドとの問題とは質を異にした事柄で、カリブ海、アフリカ、そしていわゆる極東（香港）というかつてのイギリス植民地からの移住者の流入（彼らが「エスニック少数派 ethnic minorities」と呼ばれる）によって生じたのである。他方では、イギリスの多くの都市にはキプロス、イタリア、ポーランド出身の人々が生活し、同じようにイギリス国民の多くを占めるアイルランド出身者はかつてのようにエスニック少数派とはみなされることはほとんどなくなっている」(Iganski/ Mason, 2002)。

これと並んで、ロンドン南岸大学のグールボーンは、イギリスはもはや人種的に純粋な民族(白人)ではなくなったとさえ断定し、次のように主張する。

「これまでの歴史で、イギリスにはケルト人、ブルトン人、アングル人、サクソン人、ローマ人、ノルマン人が波のように押し寄せた。後にはフレマン人、ユグノー、そしてユダヤ人移民が入ったが、それぞれ同化された。もっとも、ユダヤ人のみが同化されずにとどまったが、一つの宗教のもとに全民族が生活するようになった。しかし、ここ数年(一九八〇年代から)新たな波が入りつつある。非白人のエスニック集団の増大、彼らの意識覚醒により、国民的共同体としての共通の基盤が失われている」(Goulbourne, 1991)。

一九七〇年代半ばに二度目の長期イギリス滞在を経験した木畑洋一は、グールボーンが「国民的共同体としての共通の基盤が失われている」と述べた問題を「内に取り込まれた帝国問題」として捉え、イギリス人の帝国意識(木畑による別の表現では「支配民族としての人種観」)として説明する。木畑はこの問題をいわゆる「非公式帝国主義」に連なる問題として理解することができる(木畑 1987)、としているようだが、彼らが、例えばイガンスキらが指摘しているような現象、つまりイギリスにおける「キプロス、イタリア、ポーランド出身の人びとが生活し、同じようにイギリス国民の多くを占めるアイルランド出身者はかつてのようにエスニック少数派とみなさることはほとんどなくなっている」という現象との関係を明らかにする作業も、求められているように思われる。

## 第3節　中　国

中国もロシアと同じように、近世の領土拡張をそのまま近現代に持ち越している。つまり、中国は清の時代にほぼ現在の中国の領土を支配下に納めた。清朝は一七世紀後半、呉三桂らのもとで湖北（一六六一年）から雲南・貴州を含む中国全土を支配した。さらに、康熙帝は一六八三年に台湾を領有し、イエズス会の宣教師の助力を得て、一六八九年にロシアとの間にネルチンスク条約を結んだ。一七一七年にモンゴル系のジュンガルがチベットに侵入し、清朝が認定したダライラマを排して当時青海にいた少年をダライラマ七世として即位させようとした。そして一七二〇年、雍正帝が即位すると、新しいダライラマの即位と称してラサに入城し、チベットに駐蔵大臣を置いた（一七二四年）。雍正帝は再びロシアとの間に、バイカル湖南方キャフタで、キャフタ条約（一七二七年）を結び、青海を領有した。一七三五年には乾隆帝が即位し、一七五五～五八年にイリ地方に大軍を派遣し、ジュンガル、天山南路のイスラーム地域を軍事征服し、この地を新疆（新しい領土）とした。こうして清朝は、およそ一世紀をかけて、現在の中国領土とほぼ重なる地域を支配することになったのである。

第二次世界大戦後に中華人民共和国が成立すると、内モンゴルでも、清朝以来の遊牧民定住化政策によって、漢族によるモンゴル人の同化が長期にわたって進行した（詳しくは、吉田順一 2007）。また、言語の面でも、同化は着実に進んでいるようである。昭和女子大学のモンゴル研究者フフバートルによれば、モンゴル国及び中国領内のモンゴル語方言は国と地域により、それぞれ抱える問題は異なる、という。そして、中国東北三省に分布するモンゴル方言を含む内モンゴル語、新疆ウイグル自治区のトルゴードモンゴル人およびチャハルモンゴル人の話す新疆のモンゴル語、そして青海省と甘粛省に分布するモンゴル語は、その他のロシア連邦のブリヤート語[*]とカルムイク語[**]において漢語化の影響を受けている（フフバートル 2007）、と述べる。

＊　モンゴル語のブリヤート方言とされる。
＊＊　モンゴル系の一部の人々がカスピ海北西部に移住。宗教はチベット仏教。一六世紀ロシアに併合された。

中国には、一九九〇年の人口調査で約一七六〇万（二〇〇〇年には約一九七八万）のイスラーム教徒がいるというが、民族としては回族、ウイグル族、カザフ族など一〇の民族に分かれる。

　このうち回族については、すでに第二次世界大戦以前に仁井田陞の研究が北京の回教徒ギルドの実態を明らかにしている（仁井田 1951）。ただし、そこに示された回教徒のギルド社会は、中国との比較によってさまざまの指摘はなされているが、仁井田の中国ギルド社会の分析に比すれば、回教徒の社会そのものの解明には至っていないように思われる。

　戦後の研究では松本光太郎が、回族は中国人社会に同化し多くは都市に居住するとし、また名前も中国名をとり、イスラーム信仰も弱まっている、と述べる（松本 1998）。そして、回教徒の生活範囲も北京に限られず、日常的に漢語を話し、全国各地に居住している、とする。回族は一九九〇年統計では約八六三万（二〇〇〇年、約九八一万）というが、清代の回族の生活環境は厳しく、同化が進んだとはいえ、最近でもイスラームでは禁止されているタバコ栽培の収益を利用した穀物栽培の奨励などで、貧しい雲南回族社会の経済開発を巡る問題が絶えない、と言われている（Dillon, 2007）。

また、中国語に堪能なクウィーンズランド大学のコールトマンによれば、トルコ系イスラームは漢族との関係においては、回族とそれ以外のエスニシティとの間に、言語的な面でも、対応の相違が見られるようである（Kaltman, 2007）。コールトマンがウルムチなどで行なったインタヴュー調査によると、ウイグル人はよい職につき、よりよい生活のために中国語を学ぶ必要は認めるが、外から押し付けられたと考える言語は学びたくないと考えている。また、中国語を学んでも、完全な中国語を話せなければ、漢人の中国社会では差別され展望は開けない。ウイグル女性の間では、未婚の女性は中国語を学ぶことは重要だと考えているが、既婚女性はほとんどその意欲を持っていない。中国政府は漢人企業にウイグル人を積極的に雇うことを求めるが、企業は中国語を流暢にしゃべれないウイグル人を雇うことはしない。しかし、中国語を一生懸命勉強し、中国人社会に同化しようとするウイグル人は「中華ウイグル人」といわれてウイグル人からは蔑まれる。最近では新疆の経済発展も進み、豊かになって、富裕家族には中国人学校に子弟を通わせるものが出てきて、その子供たちは見事な中国語を話せるようになるが、ウイグル語の能力は落ちている。中国政府は少数民族の文化・教育を重視するという政策をとり、例えばウイグル人教師による中国語教育を行なうが、その発音は中国人の中国語ではない。ウイグル人はバイリンガル教育を受けるという困難な課題を抱えているが、ウイグルの中国人はウイグル語には全く関心をもたず、ウイグル語を学ぼうともしない、という。こうしたことは、中国政府あるいは中国社会が、エスニック集団の孤立から競争、軋轢、和解（accommodation）を通じて、多数派社会への同化（assimilation）へというプロセスを想定していることを意味しているのであろうか。いずれにしても、一九世紀初頭、イギリスにおけるアイルランド系労働者がおかれた社会的メカニズムに酷似した状況を、ここには見て取ることができるように思われる。

## 第4節　日本の先住民アイヌと「先住権」

最後に、日本の先住民アイヌについて考えたい。

アイヌはこれまで扱ってきたエスニック集団というよりも、近年問題とされる「先住民」というカテゴリーで考えるべきだと思うが、後に述べるように一九九〇年代に「先住民」の問題が関心を集め、アイヌの人々自身の自己規定としても、先住民としての要求や主張を強めているように思われる。

幕藩体制下のことについては海保嶺夫に詳しい。海保はアイヌと幕府の関係を次のように捉える。

「幕藩制は、アイヌ・和人が相互に往来・雑居しうるなかで一種の共同世界をつくりあげていた中世的あり方を根本から否定し、両者を殊更に分断する体制であり、その確立がシャクシャイン戦争の克服であった」（海保 1983:74）。

その後、大日本帝国憲法においてアイヌの人々がどのように位置づけられていたのか、一八九八明治三一）年の「北海道旧土人保護法案」を巡る帝国議会議事録を参考に見てみたい。この法案は、一八九三年第五回帝国議会衆議院には「北海道土人保護法案」として提出され、「旧土人」とはなっていなかったのだが、この点についての第一三回帝国議会貴族院（一八九九年一月二一日）における質問に対して答弁に立った政府委員は次のように説明した。

「旧土人の此の「旧」と云ふ文字は開拓使のころ「アイヌ」を称して旧土人と称なへたが宜しかろうとい云ふ達がありまするで、其の達は只今に於きましても至極尤もな達と認めましたに依って此の旧と云ふ文字を加えまして法律に旧土人保護法と云ふ名目に致しました」（北海道ウタリ協会アイヌ史編集委員会 1991:90）。

ここで問題とされた開拓使の「達」は、アイヌを旧土人という呼称に統一するという一八七八年の「達」であろう。夷人などとは区別し、アイヌは大日本帝国憲法に規定される「臣民」であるとの一貫性を持たせる趣旨で、かつては土人と呼称されていた人びとを「旧土人」と言い換えたものと思われる。しかし、実際の審議においては、「土人」とは何かについて次のような議論がなされていた。

「此の土人に……近頃間の子〔アイヌと和人との間の子〕が沢山で来ていますが、間の子は土人の方に御入れになりますか、土人でない方に御入れになりますかどう言ふ御考えでありますか」。政府委員「御答えします。間の子と言ふことが分って居りますものは土人の方に入れて取り扱うべき事柄が起こりますれば、土人の方に入れて取り扱います。併ながら此の間の子も矢張……分らぬ様になりましたものは是は致方ないのでありますが、明に誰が見ても分るものだけは「アイヌ」の旧土人の方で取扱う積であります」（同上:99）。

一八八九年発布の大日本帝国憲法においては、日本国憲法での「国民」は、「日本臣民」であると規定されているが、憲法上の臣民規定はなく「日本臣民タル要件ハ法律ノ定ムル所ニヨル」（第一八条）と、日本国憲法と同じ形式で別の法律をもって「日本臣民」を規定している。その告文*においては、臣民は「祖宗ノ恵撫慈養シタマイシ所ノ臣民」、つまり皇祖皇宗（天照大神に始まる天皇歴代の祖先）が恵み愛し、慈しみ養っていきた所の臣民ということが述べられている。しかし、旧国籍法、つまり明治三二年法律第六六号の規定によれば、その第一条に「子ハ出生ノトキ其父カ日本人タルトキハ之ヲ日本人トス」とあり、「旧土人」の審議を通じても、政府はたとえ建前は同じ「臣民」ではあっても、アイヌと和人とをあくまでも区別する方針であったことが窺えるのであり、しかもこの「北海道土人保護法」は驚くべきことに、一九九七年七月まで効力を持っていたのである。

＊「こうもん」と訓む。天皇が皇祖皇宗の霊に告げる文。日本国憲法でいえば、その前文にあたる。

社団法人北海道ウタリ協会が、一九八七年八月スイスのジュネーヴで開催された「国連先住民作業部会」で発表した声明によれば、「アイヌ民族は、かつて日本の本州北部、北海道、樺太（サハリン）南部、千島列島に居住し、自然と一体化した独自の宗教、文化を有し、主に狩猟、漁労、採集によって生活していた北方自然民族なのである」と説き起こし、ここではそのすべてを紹介することはできないが、現代に至るまでの和人に搾取された歴史を、簡潔に、しかも感動的に紹介している。そして、「この少数民族としてのアイヌを日本国政府は、どのように見て、どう位置づけているかが問題なのである」とし、次のように述べている。

「昭和五四年（一九七九年）に、長い間態度を保留してきた「国際人権規約」（市民的および政治的権利に関する国際規約の選択議定書を除き）を批准したが、翌五五年（一九八〇年）の国連報告書では、政府は少数民族の権利を規定した、いわゆる「市民的及び政治的権利に関する国際規約」第二七条〔このB規約の第二七条については第三節参照〕に対して「自己の文化を享有し、宗教を実践し又は自己の言語を使用する何人の権利も、わが国法により保障されているが、本規約に規定する意味での少数民族は、わが国では存在しない」と」(北海道ウタリ協会 1994:1179, 1123)。

ところでこの日本政府の発言は、国連の国際規約委員会において「日本における国際人権規約の適用状況」が審議された際の、富川日本政府代表のものであるが、次のようにも発言している。

「アイヌ人〔は〕「ウタリ人」と呼ぶのが正しいのだが、一九世紀の明治維新以来のコミュニケーション・システムの急速な進歩のため、この人達の生活様式に特殊性を見いだすことは困難になっている。ウタリ人は、日本国民であって、他の日本国民と平等の取り扱いを受けている」(同上:1119)。

たしかに日本国憲法では、第一一条になって初めて、「基本的人権」条項が出てくる。そこには「国民は、すべての基本的人権の享有を妨げられない。この憲法が国民に保障する基本的人権は、侵すことのできない永久の権利として、現在および将来の国民に与えられる」とある。引用部分後半の主語は「この憲法が国民に保障する基本的人権は」であるから、日本「国民」には「日本国憲法が国民に保障する基本的人権」が「現在および将来の国民に与えられる」と読み取れる。そして第一〇条に日本国民の要件について「法律でこれを定める」とあるので、その法に基づけばアイヌは日本国民であり、日本国民であれば基本的人権は与えられる、ということになる。富川政府代表はこの憲法の規定をそのまま繰り返したわけだが、これではまるで一八九九年の帝国議会での政府委員の答弁を聞いているような錯覚にとらわれる。つまり、日本国憲法には「国民」の規定はあっても、エスニック集団に関する概念も規定も存在していないといえるのである。仮に日本が先住民の権利保護に関する国際条約を結んだとしても日本の憲法上の規定からみて「先住民」は存在しないということになるのではなかろうか。

しかし、一九八〇年代後半から九〇年代にかけての国際的な先住民運動の高揚とともに、アイヌの人びとはアメリカ合衆国、オーストラリア＝ニュージーランドに調査団を派遣し、先住民の国際的連帯を発展させている。*

* 常本照樹「アメリカ合衆国における先住民の現状と法制度（現地調査と文献研究による）」、土橋信男「オーストラリアにおける先住民政策の現状Ⅰ（文献研究などによる）」、熊本信夫「オーストラリアにおける先住民政策の現状Ⅱ（現地調査結果による）」、土橋信男「ニュージーランドにおける先住民政策の現状Ⅰ（文献研究などによる）」、熊本信夫「ニュージーランドにおける先住民政策の現状Ⅱ（現地調査結果による）」、ウタリ問題懇話会『アイヌ民族に関する新法問題について　資料編』昭和六三年三月（いずれも、北海道ウタリ協会 1994）。

そのなかで注目すべきことは、先住民とは何か、先住民の権利とは何かについて、新しい権利主張が生まれていることである。それは以下のような認識に基づいているように思われる。

第一に、先住民とはエスニシティとは異なり、ある地域に、植民地国家が形成される、または、既存の国家が統治権を及ぼす以前から居住していることである。そして、第二に、当該地域に、その後も、民族として継続的に居住しており、当該地域を統治する国家の政府をコントロールしていない民族、である（北海道ウタリ協会 1994:1346）。そしてこのような先住民には「先住権」(aboriginal title) がある、という。その権利にはその国の憲法によって認められ、実現が要求されている権利であり、他は、憲法上は要求されていなくとも、政策的に必要であり、かつ憲法上禁じられてはいないと論証される権利である、という（同上:1344）。例えば、アメリカ合衆国における第一の先住権は先住部族の土地の自主占有から発生する占有権であり、所有権とは異なるものであり、第二の先住権はアラスカの先住民請求権解決法で、憲法上補償請求の対象とならない未承認の先住権である（同上:1342）。一九九七年に制定された「アイヌ文化の振興並びにアイヌの伝統に関する知識の普及及び啓発に関する法律」（通称アイヌ新法）には「アイヌの人々の自発的意見及び民族としての誇り」（第四条）とある。また、この時の参議院内閣委員会の附帯決議には「アイヌの人々の「先住性」は歴史的事実」とある。これらの「規定」がここに言う「先住権」とどのような関係にあるのか検討する必要があるように思われる。

いま一つ重要な問題として、日本では植民地支配に基づく在日朝鮮人・韓国人の存在を忘れることはできない。この「在日」と呼ばれる人々は、ほぼ日本国の国籍法で「外国人」というカテゴリーに入ると思われる。この日本国憲法と外国人の問題については、萩野芳夫が判例に基づく詳細な検討をしている。極く簡略に紹介すると、萩野は「憲法全体の原理的基礎とされている平和主義、国際協調、人権尊重主義を指摘しておかなければならない。これらの原理的基礎から、人々を国籍によって差別することはもちろんのこと、自国の国境の壁を高くして、排外的な態度をとることを否定すべき結論が、当然に導かれる」（萩野 1980:121）とし、「わが国の運用の実態は、世界人権宣言の精神や諸外国の実態に比べて大変遅れたものになっている。難民条約にも加盟していないし〔一九八一年加入、八二年一月発効〕、世界人権宣言を具体化した「国際人権規約」を批准することも遅れた」とする。ここで、萩野が主として問題としたのは外国人の基本的人権であるが、ここにでは、集団としてマイノリティとして生活して来た、また生活している人々の権利、いうならば集団的権利の問題が検討されるべきである、と思うのである。

# 第三章　エスニック・マイノリティの権利

## 第1節　主権国家としての国民国家と「エスニシティ」の権利

国民国家の原理的な基礎は、一般的には、自然法と契約説に求められると思われるが、現在この国民国家の原理そのものが、エスニシティの集団的権利問題に関して、市民とエスニシティとの間の乖離が、実態としてもまた理念的にも、指摘されているように思われる。そもそも「市民」と「エスニシティ」の乖離は近代に始まったことではなく、すでに近世国家の成立以前から認めることができる。ホッブズの説いた「社会契約論」は、基本的には、一国民個人の生命・思想信条・財産と国家の関係を律する理論であると思われる。確かに、契約論は極めて抽象的な概念であるとは、しばしば強調されていることだが、ホッブズやルソーが契約の具体的な説明であげる例は抽象的な個人や人間というよりも、「一国民」であり「祖国の一メンバー」であると思われる。例えば、ホッブズは次のようにいう。「主権を持つ代表者が一国民にたいして行なうことは、いかなる口実によるものであれ、不正とか権利侵害とか呼ばれることは本来あり得ない。その根拠は、国民の一人一人が主権者のあらゆる行為の本人であるという点にある」（ホッブス1998：第21章「国民の自由について」）。

また、ルソーも次のようにいう。

「この契約は、何びとにせよ一般意志への服従を拒むものは、団体全体によってそれに服従するように強制されるという約束を暗黙のうちに含んでいる。……なぜなら、そうしたことこそ、各市民を祖国に引き渡すことによって、彼をすべての個人的従属から保護する条件であり、政府機関の装置と運動を生み出す条件であり、市民としてのさまざまの約束を合法的なものとする唯一の条件であるからだ。この条件がなければ、市民としてのさまざまの約束は、不合理な圧制的なものとなり、恐るべき悪用におちいりやすくなるであろう」（ルソー2010：第1編第7章「主権者について」）。

またホッブズはいう。

「キリスト教の代行者の命令が、私たちがその成員であり、しかもそれによって保護を求めるコモンウェルスの王あるいは主権者の命令に反するものである場合、どうしてその代行者の命令に従う義務がありえようか。したがって、明らかにキリストは、この世における彼の代行者には、彼が政治的権限を与えられているのではないかぎり、他の人々に命令をくだすいかなる権限も委ねなかったのである」（『リヴァイアサン』第42章「教会の権力について」）。

つまりホッブズは、キリストの代行者の命令がコモンウェルスの主権者の命令と反する場合、キリストの代行者に対してコモンウェルスの主権者に命令する政治的権限は与えられてはいないと主張している。しかしルソーの『社会契約論』においては、エスニシティの宗教＊あるいは信仰といった集団的な権利問題とどう関わるかについては曖昧な点があるように思われるが、その点、ホッブズは非妥協的とさえ言ってよい。ホッブズは政治主権者が禁じている集会は教会といえども不法行為だと断ずる。

「「教会」〔とは〕キリスト教の信仰を告白する者たちが、一人の主権者のもとに結合し、彼の命令によって集まり、彼の権限なしには集まるべきではない一つの団体である。……全てのコモンウェルスにおいて、政治的主権者の許可しない集会は不法であるから、集まることを禁じているコモンウェルス内で集まりを持つ教会はやはり不法集会である」（ホッブス 1998：第39章「「聖書」における教会という語の意味について」）。

＊ ルソーの言葉を借りれば、聖職者が一つの団体をつくるところでは、同盟と破門とは僧侶の社会契約であり、この契約をもって、僧侶はつねに諸民族と諸王の主人となる。ともに同盟している司祭は、たとい彼が世界の端と端とにいようとも同じ市民なのである、という。

これに対して、ルソーは断固とした批判ではなく、同意できないという視点を提示するにとどまっている。つまり、次の如くである。

「哲学者ホッブズのみが、この悪とその療法とを十分に認識した唯一の人であっ〔た〕。……しかし、キリスト教の支配的な精神は、彼の体系と相いれないこと、また僧侶の利害感は、国家の利害感よりも常に強いものであろうことに、ホッブズは気づくべきであった」（ルソー 2010：第8章「市民の宗教について」）。

この点は、福田歓一をしてルソーを評して「観念論者、センチメンタリストにすぎぬわがジャン＝ジャック＝ルソー」（福田 1971）と言わしめたところであろうか。

この点ではっきりと宗教者の立場を自然的権利として擁護したのは、ホッブズ（1588–1679）より三十数年早くこの世に生まれたリチャード・フーカ（Richard Hooker, 1554–1600）ではなかろうか。フーカの思想はジョン・ロック（1632–1704）に大きな影響を与え、ロックは『市民政府論』でも『統治二論』でも随所でフーカの主著『教会政治の法』に依拠して論を進めている。ロックが主に引用するのは、八編のフーカの著作の第一編がほとんどであるが、それは第六・七・八編の刊行が一九世紀になったことによることばかりでなく、第五編では神学者フーカの説く「寛容」「忠実」「至福」といった神学的理念が主に扱われているためである。

## 第2節　一九世紀「国民国家」の規範と多元的な市民社会

一般的にヨーロッパにおいては、一九世紀前半と後半で、国家と社会の関係にかなりの変容が見られたと思われる。一九世紀後半から国家的統合にむけて、言語的な統一が国家によって一層強化されるようになってきた。とりわけ、君主制と国民との関係に関連して、ロシア・中欧史の専門家であるヒュー・シートン＝ワトソンは、「公定ナショナリズム official nationalism」という概念を提唱した（Seton-Watson, 1977）。ところが、この「公定ナショナリズム」の理解を巡って、主唱者シートン＝ワトソンと、これを引用したベネディクト・アンダーソンとの間に、興味深い食い違いが生じたと思われるのである。

シートン＝ワトソンの「公定ナショナリズム」とは、大まかにいうならば、一九世紀前半までの帝国支配は、皇帝〔王朝〕への忠誠が主要な問題であったが、一九世紀後半からは、宗教、言語、あるいは文化であれ、皇帝自らの民族性をすべての臣民に押し付けることに変わったこと、である。

「ハープスブルク帝国の支配者たちにとっては、皇帝への忠誠が主要な問題であった。ハープスブルク家のオーストリアがかなりの勢力となったとき、指導者たちは臣民とされる人々に含まれる、ボヘミアとハンガリーの新教徒にたいして、またある程度はトランシルヴァニアの正教徒に対して、そしてユダヤ人に宗教的な差別政策をとった。しかし、南部の軍事境界地域に居住するセルビアの正教徒そしてユダヤ教徒にたいしては敵対しなかった。……ロシアのツァールたちもまた、自らとロマノフ王朝への忠誠を要求した。彼らはロシア正教徒を擁護し、ユダヤ教徒とムスリムを徹底的に差別した。彼らはオーストリアにおけるような寛容さは、微塵も見せなかった」(Seton-Watson, 1977:147)。

「ロシア帝国における地位や特権は社会階層によるもので、言語によるものではなかった。というのは、民族という考え方自体が否認されていたからである。ポーランド人が一八三一年ニコライ一世によって弾圧されたのは、彼らがポーランド人であったからではなく、ただ、〔ロシア正教に〕反抗的であったがためであった。一九世紀初頭、非ロシア人のロシア化を期待する人々が現れたが、彼らはツァールから支持を得ることはできなかった。しかしながら、この二つの多民族国家〔ロシア帝国とハープスブルク帝国〕においては、一九世紀後半から二〇世紀の前半にかけて、王朝に対する忠誠原理を政権の正統性の根拠とするのに取って代わる教義が登場するようになった。この教義を「公定ナショナリズム」と呼ぶことにしよう。最も強力な民族集団の指導者たちは、宗教、言語、あるいは文化であれ、自らの民族性をすべての臣民に押し付けることを自らの任務とし、義務と考えたのである。この新しい教義の顕著な例は東欧に二つ見ることができる。一つは一八六七年以降のハンガリーであり、アレクサンドル三世とニコライ二世治下のロシア帝国におけるロシア化である」(Seton-Watson, 1977:148)。

少し長く引用したが、シートン＝ワトソンは一九世紀前半までの帝国支配は、皇帝への忠誠が主要な問題であったが、一九世紀後半からは、宗教、言語、あるいは文化であれ、君主自らの民族性をすべての臣民に押し付けることに変わったとしている。つまり寛容であるか、峻厳であるかの違いはあっても、そもそも民族という考え方は否定され、この君主自らの「宗教、言語、あるいは文化」という原理的な問題を臣民に押し付けることこそが「公定ナショナリズム」であると理解されるのである。

この点についてベネディクト・アンダーソンは、一七八〇年代初頭、ハープスブルク帝国の啓蒙専制君主ヨーゼフ二世が国家語をラテン語からドイツ語に切り替えたことについて、一九二〇年代半ばアメリカに移住したハンガリーの社会学者ヤーシ・オスカーの議論を引用して、次のように分析する。

「彼〔ヨーゼフ二世〕はいわば、マジャール語と戦ったのではなく、ラテン語を敵として戦った。……彼は貴族の中世ラテン語を土台とした行政では、大衆の利益に適う事業を効果的に遂行することはできないと考えた。彼の帝国の全部分を結合する統一言語の必要性は、彼にとって絶対的要請であった」。

しかしアンダーソンはさらに続けて、次のように述べる。

「一八世紀ハープスブルク家は自覚的に一貫してドイツ文化を推進したのではなかった。ハープスブルク家の人々の中にはドイツ語を話すことができない者すらあった。彼〔ヨーゼフ二世〕自身のドイツ化政策であって、それは国民主義的観点からの政策ではなく、帝国の統一と普遍主義に基づくものであった」と。

そして一九世紀半ば以降になると、ドイツ語は「普遍・帝国的」地位*と「特殊・国民的」地位**という二重の地位を得るようになる、という。

* ヨーゼフ二世が必要と考えた帝国の全部分を結合するための統一言語。
** ハープスブルク帝国内に生活する支配的なドイツ系住民にとってのみの国民的な言語。

アンダーソンはこのような事象から、一九世紀後半のヨーロッパの君主たちの「国民への帰属」、あるいは「ヨーロッパ諸君主の〔国民への〕「帰化」」という動きを論ずる。彼によればこれこそが、シートン＝ワトソンの「公定ナショナリズム」という現象である。つまり、「一九世紀半ばまでに、ヨーロッパのすべての君主が国家語としてどこかの俗語を採用し、またヨーロッパ全域で国民的観念の威信が高まっていくにつれ、ヨーロッパ・地中海地域の君主たちは、国民的帰属という誘いににじりよって行く」ようになる。このアンダーソンの評価はシートン＝ワトソンの評価に比して、ヨーロッパ君主制のもとにおけるエスニシティ問題は国民主義的政策に移行したと考えているように思われる。つまり、シートン＝ワトソンの「公定ナショナリズム」には、君主の領土内に居住するエスニック集団との関係における君主の民族政策が前提になっているのにたいして、アンダーソンの「公定ナショナリズム」理解は「国民と王朝帝国の意図的合同」（アンダーソン 1987:150）とも述べていることから、領土内におけるエスニック集団との緊張関係は国民主義の強さの前に、その比重を軽くさせているかのように思われるのである。アンダーソンは、このことの別表現とも考えられるが、「公定ナショナリズム」は、それが一八二〇年代以来、ヨーロッパで増殖して来た民衆的国民運動の後に、それへの応戦として、発展してきたことに歴史的重要性がある、とも言っており、「公定ナショナリズム」は君主が君主制の独断を離れ、国民一般を対象とした国民主義的観念ににじり寄って行くというプロセスとして捉えている、と言えるのではないか。

アンダーソンが『想像の共同体』（一九八三年出版）で「公定ナショナリズム」をして「国民と王朝帝国の意図的合同」と述べたことを目にして、果たしてシートン＝ワトソンが、これを批判できるような状況にあったかどうかは（彼は、一九八四年一二月一九日にワシントンDCで死去したのだから）、分からない。シートン＝ワトソン自身は、アンダーソンの依拠したヤーシの著作の英語版序文で、要約すると次のように述べている（Jaszi, 1924［1969］）。*

ヤーシは、一九一八年の一〇月ハンガリー革命の際、カーロイ内閣に加わり、スイスのような民族政策とその言語の平等を唱えた「ハンガリー版スイス構想」を打ち出した。ところが政府のマジャール化構想は、非マジャール人たちに対する厳しいマジャール語教育、および出版にたいする厳しい規制であり、これに違反した場合は、出版活動を困難にさせるような額の罰金が科せられた。これに対して抵抗したのが社会学者ヤーシで、腐敗した政治勢力が権力の座から引きずり下ろされ、土地が農民に分配され、すべての市民に選挙権が与えられさえすれば、一つのマジャール文化が他の多くの言語と共存できる新しいハンガリーが生まれると主張した。

そして、シートン＝ワトソンはヤーシの構想の見通しについて、高潔ではあるが説得的ではない、と批判している。ヤーシのモデルは多くの移民共同体が本国から遠く離れて根無し草的になっていて、新しい世界に吸収されていく可能性がある、とさえいう。

＊ 一九二三年のドイツ語版にはE・ベルンシュタインが序文よせている。*Magyariens Schuld Ungarns Sühne: Revolution und Gegenrevolution in Ungarn*, mit Geleitwort v. Eduard Bernstein, München, 1923.

このようにシートン＝ワトソンがヤーシのメイン集団とマイノリティのエスニック集団との共存構想に対して厳しい考え方をしていることから、シートン＝ワトソン自身がアンダーソンの「国民と王朝帝国の意図的合同」の主張に対して、ヤーシ批判と同じように「高潔ではあるが説得的ではない」と批判しても不思議ではないように思われる。

## 第3節　第一次世界大戦後、ウィルソンの民族自決理念

一九世紀末の国民国家とエスニシティとの緊張関係、および植民地の宗主国と被支配地域との緊張関係にたいする一つの解決策として民族自決の原理が提唱された。イギリスのフランス革命研究者であったアルフレッド・コバンはこの民族自決について、次のように述べる（コバン 1976:32）。「第一次世界大戦中に民族自決の原理と呼ばれるようになった民族独立権は、一般的な用語法では、各民族が独立国を構成し独自の政府を決定する権利を持つという信念である」。

コバンの言うように、民族の独立は独立国家つまり独自の政府の構成であり、国家は当然のことながら主権国家として国民と明確な国境で他と区別される領域を保有することになる。従って、個々の民族

集団が民族自決の原理を厳格に主張するならば、多くの併合主義と分離主義を生み出して行くことになる。ドイツの歴史家テーオドーア・シーダーは、ウィルソンあるいはレーニンの民族自決原理について、次のように述べている。

「民族自決はそれまで国家を牛耳っていない民族を対象として考えられていた。従ってドイツ人あるいはマジャール人、あるいは少なくとも特定の領域内での住民投票によって自らの政治的運命を決めることができた諸民族を対象としては考えられていなかったのである。こうした内的矛盾は〔民族自決の原理に基づいて〕新しく誕生したばかりの国家にも解決することはできなかった」(Schieder, 1991:32)。

民族自決の原理が、第一次世界大戦後のヨーロッパに自ら政治的運命を決めることが可能であった民族による併合主義をもたらしたということは、ヒトラーがチェコスロヴァキアの一部であったズデーテン地方に住むドイツ人の民族自決原理を主張して、この地域を併合したことに特徴的に現れているのである。

しかし、法律の立場から人民の自治権を明らかにしたイタリアの国際法学者アントニオ・カッセーゼによれば、この人民の自治権 self-determination の理念にまつわる問題は第一次世界大戦に始まる事柄ではなく、すでにアメリカ独立宣言とフランス革命に始まるという。彼によれば、この人民の自決の理念は、国王の臣民である個人や人民が王朝の都合にあわせて移住させられたり、譲渡されたり割譲されたり、あるいは保護されたりする対象であるという認識から離脱する画期となった。自決の原理の核心は、このときアメリカ人やフランス人が人民に責任を有するのはそれぞれの政府であると主張していることにある（Cassese, 1995:11 ff.）、という。

勿論ウィルソンの考えには、人民はもはや主権国家から主権国家へと取引される対象となってはならないという信念があったと思われるが、国際政治においては必ずしもその通りにはならなかった。先のカッセーゼによれば、一九一八年二月一一日の一四ヵ条においてウィルソンは四つの民族自決権を論じている、という（Cassese, 1995:20 f.）。先ず「それぞれの人民は自らの望む政府の下に生活する権利がある」という理念を主張した。この理念は、確かに、一四ヵ条の第六条に表現されている。ウィルソンの第二の主張は、中欧における民族の国家建設は民族の願いにそってなされるという理念である。彼は、オスマン帝国やオーストリア＝ハンガリー二重帝国の分割に伴ってヨーロッパの地図が変更されるであろうが、その変更は、この人民の自決権の原則をガイドラインとしてなされるべきであると考えていた。第三には、新しく誕生する国家が統治する領土の変更の際にも、国境の線引きの判断基準としては、人民の自決権を擁護した。彼は一四ヵ条を発表する際の演説でも「この戦争によるいかなる領土の決着も、当該人民の利害にそって有利になされ、利害関係国の調整や妥協の産物となってはならない」と述べていた。第四に、人民の自決権の原理が植民地問題解決の基準となるべきである、との考えではあったが、実際には、植民地所有国の利害との折合いを付けねばならなかった、という。

カッセーゼが指摘したウィルソンの民族自決権に関する第二の主張は、中欧における民族の国家建設は民族の願いにそってなされるという理念にある、とのことだが、この「民族の願い」という理念が併合主義をもたらしたということは、先にも述べたヒトラーのチェコスロヴァキア併合に特徴的に現れている。それればかりでなく、最近でもアルバニアのコソヴォに対する要求、ハンガリーのルーマニア（トランシルヴァニア地区）やスロヴァキア南部、セルヴィアのヴォイヴォディナ地区への要求など、各地に「民族の願い」にまつわる具体例をあげることができる。こうした問題が意味するところは、さまざまなエスニック問題や民族問題をウィルソンの民族自決理念のみで解決することなど、とてもできる状況にはない、ということである。かつてのユーゴスラヴィアでは、旧共和国の崩壊ないしは複数の国家への分立によって、その地に歴史的に居住していた民族集団の居住地域が分断されることになり、新たに少数民族集団が誕生するという問題が生じている。そしてその結果、あちこちにバラバラに居住するようになった民族の新しい結合理念として、スロヴェニアでは“Autochthonous”*という理念が生まれているという。これは、たとえバラバラに居住していても居住地を越えた同じ民族に所属する個人の権利、宗教・文化的自治などを承認する理念とのことだが、興味深い問題として注目していきたい（Devetak, 1997）。

＊ 古いギリシア語の表現のようで「土着の自治」ということであろうか。

## 第4節　第二次世界大戦後、エスニシティの権利へと向かう動き

大戦後、国連を中心にエスニシティの権利を擁護する動きが顕著になった。先ず、一九四八年「世界人権宣言」が出され、その第一条に、人間が生まれながらにして自由であることを謳い、第二条第一項では、人間は、人種、皮膚の色、性、言語、宗教、政治的意見、国民的出身もしくは社会的出身、財産、門地などで区別されない、と宣言した。さらに、一九六六年の「国際人権規約」は、国連総会第二一回総会で採択された「経済的、社会的及び文化的権利に関する国際規約（A規約）」と「市民的及び政治的権利に関する国際規約（B規約）」を総称したものであるが、エスニシティの権利の観点からいえば、B規約の第二七条に注目すべきであろう。この条項で国際法上初めて少数民族の権利が規定され、「種族的、宗教的又は言語的少数民族が存在する国において、当該少数民族に属する者は、その集団の他の構成員とともに自己の文化を享有し、自己の宗教を信仰しかつ実践し又は自己の言語を利用する権利を否定されない」とされたのである。日本は遅ればせながら、一九七九年九月二一日にこの規約の当事国になった。日本国憲法とこの規約の関係については、萩野芳夫の研究（萩野 1980: 48 ff.）に詳しい。

しかし、国連がエスニシティの諸権利についてさまざまな宣言や決議という形で訴えていることは注目に値するが、この宣言などで言及されているエスニック集団の自決権と主権国家の枠組がどのように議論されているのかという問題は、第一次世界大戦後の経験からみても、重要な問題として押さえてお

くべきであると思われる。この問題については、一九七〇年一〇月二四日、国連総会における「国連憲章に従った諸国間の友好関係および協力についての国際法の原則に関する宣言」第二六二五号（通称「友好関係原則宣言」*）をめぐって国連の場で議論されたことは、良かれ悪しかれ注目すべきであると考える。ここには「これらの条文は、主権を有する独立国家の領土的ないしは政治的統一を、全面的であれ部分的であれ、切り離したり損なういかなる行動を容認したりそそのかすものではない。国家は上記の国民の平等の権利と自決の原理を遵守し、そうすることで人種、信条、肌の色の区別なく、その領域内の全ての人民を代表する政府をもつことになる」とされており、エスニック集団の自決権によって多数派集団の国家からの分離を目指すことは、明確に否定されている。つまりエスニック集団の自決権は、基本的には主権国家の枠組みの中での権利ということが前提とされているのである。とすれば、国連という国際機関は主権国家を前提にしたものである限り、この「友好関係原則宣言」自体は、エスニシティの問題も主権国家を前提としたものとなることを改めて確認したに過ぎない、ともいえる。この友好関係原則宣言で言及されているエスニック集団の自決権についても、主権国家の枠組の維持という基本理念が貫かれていることは、国連の性格上、当然のことであろう。しかし、他方で「主権をもつ独立国家の樹立、ある独立国家との協力ないし統合、さらには人民の自由意志が決めたその他いずれの政治的地位の実現は人民の自決権を構成するものである」とも宣言している。さすれば、「人種、……肌の色の区別なく……すべての人民を代表する政府」という件も、人民の自由意思に基づく自決権も双方の概念にはどこに違いがあるのかと、問わざるを得なくなるのである。

* Declaration on Principles of International Law concerning Friendly Relations and Co-operation among States in

accordance with the Charter of the United Nations, adopted by General Assembly resolution 2625 (xxv) of 24 October 1970.

とは言え、先にも触れたイタリアの国際法学者カッセーゼは、「友好関係原則宣言」のこれらの項目について緻密な分析を行ない、人民の自決権を「外的な自決権」と「内的な自決権」とに分けて、「内的な自治権」が「外的な自治権」と同等ではないことを指摘しつつ、この宣言で主権国家内部のエスニック集団の自決権が国際法的に議論されたこと自体には意味がある、としている(Cassese, 1995: Chap. 5)。

いずれにしても、この宣言で主権国家の枠組とエスニック集団の権利との関係が重要性を帯びたのは、一九六〇年アフリカで一七の国が一挙に独立したものの、その後、独立国内部でエスニック間の紛争が続いていたこと、さらにアジアあるいはヨーロッパで、地域的なエスニック集団の地域主義運動(マレーシアにおけるマレー人と中国系の人々との衝突、あるいはベルギーでの言語問題など)が活発化したことなどが、その背景にあったと考えられる。そして、恐らくこのような大きな変化によって、一九七二年、OED(オックスフォード英語辞典)が「エスニシティ」の項目を新たに取り上げることになったのではないか、と思うのである。

# まとめ

「市民社会とエスニシティ」としてここに検討した地域は、アフリカ、フランス、イギリス、中国、日本などであるが、ここでいう「市民社会」とはどのようなことを考えてのことか、を示さなければならない。本論では、市民社会論においてしばしば議論される非営利団体とか慈善団体、あるいは同好会といった組織化された社会団体ではなく、近世以降に形成されてきた人びとの社会的結合形態、例えば、勝俣鎮夫『一揆』（勝俣 1982）が明らかにしたような日本中世おける人間関係、アギュロンがフランス・プロヴァンス地方のキリスト教信心会の一つとして明らかにした悔悛者会（ペニタン）、あるいは仁井田陞が丹念に分析した中国の宗を基本とする家族関係やギルド組織のように、社会の人間関係を広く特徴づけるような人的結合形態を念頭においた。こうした人的結合関係についてどれほど的確に描き出せたかは読者の判断にお任せする他はない。また、エスニシティのコミュニティについても基本的に同じような人的結合形態に関心の主眼をおき、マジョリティとされる主社会の人的結合形態との相違、あるいは主社会においてエスニック・マイノリティがおかれた関係性に注目しようとした。必ずしもすべてを等質に把握し得たとは思わないが、マジョリティである主社会とマイノリティであるエスニシティ集団を、双方ともそれぞれ異質の内容を抱えた人的結合形態同士の関係として対象化しようとした。

例えば、一九世紀のM・ウェーバーのエシニシティの考え方には、近代社会における「社会的関係共同体*の障害壁（Schranke "sozialer Vehrkehrsgemeinschaften"）」という認識が基本的にあるように思われる。ウェーバーは、エスニシティを言語・宗教といった習俗（Sitte）と、ヒゲ・衣装といった外観（Habitus）による日常の生活様式（Lebensführung des Altags）と、それに重なる婚姻共同体という側面に注目している**（Weber, 1972:238 ff.）。マックス・ウェーバー研究を発表した現代ドイツの歴史家であるヴォルフガング・モムゼンは、ウェーバーはビスマルク国家の弱点について厳しい見方をしていたと述べてはいるが（Mommsen, 1959:7）、ウェーバーのエスニシティ問題についてはほとんど考察を加えていない。モムゼンが検討している問題は「民族（Nationalität）」の問題であったが、それは恐らくモムゼンが、ドイツ政治という視点からウェーバーを論じたことに関わっているのであろう。

* コミュニティと訳した方が分かり易いかもしれないが、敢えてウェーバーの生の言葉に拘った。

** マックス・ウェーバは『経済と社会』の「第二部　経済と社会的秩序と諸力」の第四章でエスニシティの問題を論じている。

これに対してアンソニー・スミスは、エスニシティは共通の神話、共有する記憶、いくつかの共有する文化的要素、少なくともエリートにおける人間集団であるという。そして、大衆的市民がネイションをなす（Smith, 2000:65, 69）と、エスニシティとネイションとを関係づけている。この考え方は、エスニシティは前近代のものであり、ネイションは近代的なものとの考え方を意味するのであろうか。また、トマス・エリクセンはエスニシティを歴史研究のみでなく、文化人類学・社会人類学の問題として、社会のミクロレベルから問題を組み立て、エスニシティを現代的問題として考えているように思われる（Eriksen, 1993）。

二宮宏之は、価値の多元論を説くイギリスの自由主義的政治哲学者アイザイア・バーリンの論文「ヨーロッパの統一とその転換」を引きながら、「ネイションからエトノスへ」と題して、「文化多元主義と公共空間」を主張した（二宮 1996）。しかし、二宮のエスニシティ（エトノス）の主張の基礎は、バーリンの主張する価値の同等性にあるというよりも、「方法としてのエトノス」を巡る対談（二宮 1990）でも強調しているように、おそらくフランス・プロヴァンス地方の地域社会の人間関係の分析に基づく「ソシアビリテ」という視点への拘りであった。二宮は次のように述べる。

「ネーションン、ないしナショナリズムという枠を一度外して、もっと広い「社会的結合［ソシアビリテ］」の一環として民族の問題を考えてみたいというのが、ぼくがエトノスの視点にこだわっている理由でもある」。

さらに二宮は「ずっと歴史の底流として生き続けて」いるもの、一見廃れたようにも思われるものが現在もなお生き続ける原初的なものに対して、強い拘りをもっていた（二宮 1985）。

こうした先行研究に対して本論では、エスニシティを、主社会とエスニック・マイノリティとの関係の問題として扱った。すでに触れたように、主社会の人的結合自体が他の地域に移住した場合には、やはりエスニック・マイノリティの立場になるということから、エスニック・マイノリティーズの人的結合だけでなく、主社会自体の持っている人的結合の特徴を明らかにすることに拘った。アメリカ合衆国における文化多元主義あるいは多文化主義については、辻内の研究（辻内：1994）が印象的であるが、筆者が試みようとしたことは、主社会の伝統的な人と人との結びつきの形を視野に入れながら、その結びつきとは異なる性質をもった結びつき集団とに、どのような関わりをもつのか、排除か包摂か、はたまた同化かといった社会集団同士の「付き合い」の仕方を考える、その手掛りを得ることにあった。

さらに、一般に複数のエスニック・マイノリティーズとの「共生」、あるいは多文化主義社会といわれるときの主社会とマイノリティの関係は、どのように形成されるかという問題も重要な論点であると思われた。すでに説明したように、第二次世界大戦後、国際連合を中心に、エスニック・マイノリティの権利を保障する宣言や決議が系統的に起草されたが、それらを詳しく検討するならば、エスニック・マイノリティの集団的権利は、例えば民族自決といった、主権国家と同等の権力を持つものとして位置づけられてはおらず、マイノリティの集団的権利の基礎はあくまでも自然法にもとづく個人の権利を基礎としていることが見て取れる。ドイツ出身の若手の政治哲学者ポッゲも、エスニシティを市民社会との関係において対立的なものとしては捉えていない。彼によれば、啓蒙主義的合理主義のもつ普遍主義は、ドイツに限らずフランス、イギリス、オランダでもヨーロッパの政治の中心にはエスニシティを基礎にした文化が本来内包されていた、という。従って、ヨーロッパの国民国家の成立には、市民性とエスニシティの二分性が「本質的」に具わっているのだ、という。これはヨーロッパの市民性は本来エスニシティを包み込むもの、市民性とエスニシティは相互親和性があるとの主張であるが、こうした考え方はおそらく「グローバル市民権（Global citizenship）」の考え方に近いのではないか、と思う（Pogge, 1997：187–231）。しかし、この認識は果たして歴史的かつ世界普遍的に根拠を持ちうるのであろうか、との疑問も伴うのである。

それは例えば、フランスにおける「スカーフ問題」に現れた主権国家内に生活する外国人の基本的人権が不安定であることに端的に示されているからである。この問題は、日本においても全く同様である。すでに言及したように、日本国憲法第一一条は基本的人権を規定する重要な条項である。そこには、「国民は、すべての基本的人権の享有を妨げられない。この憲法が国民に保障する基本的人権は、侵すことのできない永久の権利として、現在および将来の国民に与えられる」と規定されている。この規定を注意深くみるならば、日本国「憲法が国民に保障する基本的人権」とあり、かつその「基本的人権は現在および将来の国民に与えられる」とある。つまり、日本国憲法は、基本的人権を日本「国民に与え」、日本「国民に保障する」という立場をとっているのである。この文面は、基本的人権とは人間が自然法に基づき普遍的、自然的に持っている権利という理念を示してはおらず、外国人の基本的人権を保障する立場をとらないという内容である。このように日本国憲法では、国民と国民以外の人間の基本的人権の扱いを差別化する立場を取っていることから、日本という主社会に生活する外国人の基本的人権を法的に保障する憲法上の根拠は、存在しないのではないかと考えられる。もっとも、萩野芳夫によれば、この点は憲法学の専門家の間では見解が分かれているとのことである（萩野1980）。しかし、古関彰一は日本国憲法誕生時に、人権規定をめぐりGHQ案（国籍や人種にとらわれない規定）と日本側とのつなひきがあり、外国人を含まない「国民の権利」となった経緯を詳しく述べている（古関1989）。こうしたことは、例えば日本の入国管理制度の「登録証明書の常時携帯義務」についての説明に現れる「上下関係の中で外国人を「下」に置いて管理するのが、全世界共通の外国人管理システムであり、管理対象である「下」を快適にすることが入管法の目的ではない。福祉関連法案ではない」という立場と一致する、と思わざるをえない。

# 参考文献・引用文献一覧

※本文中では、原則として、当該箇所に［著者・執筆者名　著書・論文の発行年：参照頁数］の形式で掲出。

①邦文文献


アンダーソン、ベネディクト 1987:「国民と王朝帝国の意図的合同」、白石隆・白石さや訳『想像の共同体』リブロポート。

大塚久雄 1944［1950］:『近代歐洲經濟史序説（上）』日本評論社。

海保嶺夫 1983:「シャクシャインの戦い――アイヌ社会史に対する幕藩制国家成立の意義」、北島正元編『近世の支配体制と社会構造』吉川弘文館。

勝俣鎮夫 1982:『一揆』岩波新書。

木畑洋一 1987:『支配の代償――英帝国の崩壊と「帝国意識」』東京大学出版会。

工藤光一 2008:「一八五一年蜂起と農村民衆の「政治」――バス＝プロヴァンス地方ヴァール県の事例を中心に」、『クヴァドランテ』第一〇号。

工藤光一 2009:「市民社会と「暴力的」農民」、立石博高・篠原琢編『国民国家と市民――包摂と排除の諸相』山川出版社。

古関彰一 1989:『新憲法の誕生』中央公論社。

コバン、A 1976:栄田卓弘訳『民族国家と民族自決』早稲田大学出版部。

柴田三千雄 1983:『近代世界と民衆運動』岩波書店。

柴田三千雄 1989:『フランス革命』岩波書店。

スタベンハーゲン、ロドルフォ 1984:「エスニック問題と社会科学」、岩波書店編集部編『現代社会の危機と未来への展望』岩波書店。

高島善哉 1940［1991］:「経済社会学への生成過程」、山田秀雄編『市民社会論の構想』新評論。

武内進一 2009：『現代アフリカの紛争と国家――ポストコロニアル家産制国家とルワンダ・ジェノサイド』明石書店。
辻内鏡人 1994：「多文化主義の思想史的文脈」、『思想』八四三号。
仁井田陞 1951：『中国の社会とギルド』岩波書店。
二宮宏之 1985：「座談会　ヨーロッパにおける「民族」での二宮氏の発言」、井上幸治編『民族の世界史8　ヨーロッパ文明の原型』山川出版社。
二宮宏之 1990：「対談　ヨーロッパを読み直す――方法としての民族［エトノス］」、二宮宏之編『民族の世界史9　深層のヨーロッパ』山川出版社。
二宮宏之 1996：「国家・民族・社会」、歴史学研究会編『講座世界史12　わたくし達の時代』東京大学出版会。
二宮宏之 2007：「結び合うかたち――ソシアビリテ論の射程とその目指すところ」、『フランス　アンシアン・レジーム論――社会的結合・権力秩序・叛乱』岩波書店。
萩野芳夫 1980：『基本的人権の研究』法律文化社。
バーク、エドマンド 1978［1790］：半沢孝麿訳『フランス革命の省察』みすず書房。
平田清明 1996：『市民社会思想の古典と現代』有斐閣。
日野舜也 1984：「アフリカにおける部族文化と地域共通文化――アフリカ都市における部族と、部族を超えるもの」、『民族学研究』四八―四。
日野舜也 1992：「アフリカの伝統社会と近代化――国民社会と都市社会」、日野舜也編『アフリカの文化と社会――アフリカの二一世紀』第二巻、勁草書房。
福田歓一 1971：『近代政治原理成立史序説』第一部「道徳哲学としての近代自然法」、『福田歓一著作集』第二巻、岩波書店、一九九八年。
フフバートル 2007：「ことばの変容からみた〝東モンゴル〟」、『近現代内モンゴル東部の変容』モンゴル研究会。

ペイン、トマス 1971［1791］：西川正身訳『人間の権利』岩波文庫。
北海道ウタリ協会アイヌ史編集委員会 1991：『アイヌ史　資料編3　近現代史料（1）』北海道出版企画センター。
北海道ウタリ協会 1994：『アイヌ史——北海道アイヌ協会・北海道ウタリ協会活動史編』北海道出版企画センター。
ホッブズ、トマス 1992［1651］：水田洋訳『リヴァイサン』岩波文庫。
松本光太郎 1998：『中国雲南の回族における経済開発をめぐる諸問題』東京経済大学。
マルコフ、W 1975：伊集院立訳「アフリカ・サハラ以南における伝統と革新——一八六九—一九一四年」、『思想』第六一四号。
宮本正興・松田素二編 1997：『新書アフリカ史』講談社。
森田安一 1993：『ルターの首引き猫』山川出版社。
ルソー、ジャン＝ジャック 2010［1762］：作田啓一訳『社会契約論』白水社。
吉田順一 2007：「近現代内モンゴル東部とその地域文化」、モンゴル研究会編『近現代内モンゴル東部の変容』雄山閣。
吉田順一 2007：「内モンゴル東部における伝統農耕と漢式農耕の受容」、モンゴル研究会編『近現代内モンゴル東部の変容』雄山閣。

②欧文文献

Alexander, Jocelyn /Jo Ann McGregor, 2005:“Hunger, violence and the moral economy of war in Zimbabwe”, in:Vigdis Broch-Due (ed.), *Violence and Belonging. The Quest for Identity in Post-colonial Africa*, Abingdon.
Allen,Timm, 1994:“Ethnicity & Tribalism on the Sudan-Uganda Border”, in: Katsuyoshi Fukui/ John

Markins (eds.), *Ethnicity & Conflict in the Horn of Africa*, London.
Agulhon, Maurice, 1968: *Pénitents et francs-maçons de l'ancienne Provence*, Paris, [1984].
Agulhon, Maurice, 1970: *La République au village: les populations du Var de la Révolution à la Seconde République*, Paris, [1979].
Attah-Poku, Agyemang, 1998: *African Ethnicity: History, Conflict Management, Resolution and Prevention*, Lanham, Md.
Batatu, Hanna, 2000: *The Old Social Classes and the Revolutionary Movements of Iraq: A Study of Iraq's Old Landed and Commercial Classes and of its Communists, Ba'thists, and Free Officers*, London.
Becker, Marvin B., 1988: *Civility and Society in Western Europe, 1300–1600*, Bloomington IN.
Becker, Marvin B., 1994: *The Emergence of Civil Society in the eighteenth Century*, Bloomington IN.
Broad, John, 2004: *Transforming English Rural Society: The Verneys and the Claydon, 1600–1820*, Cambridge.
Brunot, F., 1967: *Histoire de la langue Française des origines à nos jours*, T. II: *Le XVIe siècle*, Paris.
Cassese, Antonio, 1995: *Self-determination of Peoples. A legal Reappraisal*, Cambridge.
Constant, Jean-Marie, 1985: *La vie quotidienne de la noblesse française aux XVIe et XVIIe siècles*, Paris.
Cubells, Monique, 2002: *La noblesse provençale du milieu du XVLLe siècle à la Rèvolution*, Aix-en-Provence.
Deng, Francis M., 1995: *War of Visions. Conflict of Identities in the Sudan*, Washington D.C.
Devetak, Silvo, 1997: "Autonomy as One of Means of Minorities' Protection. The Case of Solovenia" in: Klinke, Andreas/Ortwin Renn/Jean-Paul Lehners (eds.), *Ethnic Conflicts and Civil Society. Proposals for a New Era in Eastern Europe*, Aldershot).
Dillon, Michael, 1999: *China's Muslim Hui Community: Migration, Settlement and Sects*, Richmond.
Eller, Jack David, 1999: "Rwanda and Brundi: When Two Tribes Go to War?", in: Eller, *From Culture to Ethnicity to Conflict. An Anthropological Perspective on International Ethnic Conflict*, Ann Arbor Mi.

Eriksen, Thomas Hylland, 2002 [1st 1993]: *Ethnicity and Nationalism*, London.
Gellner, Ernest, 1994: *Conditions of Liberty; Civil Society and its Rivals*, London.
Goulbourne, Harry, 1991: *Ethnicity and Nationalism in Post-imperial Britain*, Cambridge.
Grinker, Roy Richard, 1994: *Houses in the Rain Forest. Ethnicity and Inequality among Farmers and Foragers in Central Africa*, Berkely,
Harbeson, John W., Donald Rothchild, Naomi Chazan (eds.), 1994, *Civil Society and the State in Africa*, Boulder Col., London.
Hooker, Richard,1977 [1593]: *Of the Laws of ecclesiastical Polity*:preface, Books I to VIII, Georges Edelen (ed.), London.
Hooker, Richard,1977 [1597]: *Of the laws of ecclesiastical Polity*:Book V, (ed.) W. Speed Hill,London.
Hutchinson,Sharon Elaine, 2005:"'Food itself is fighting with us' A comparative analysis of the impact of Sudan's civil war on South Sudanese civilian populations located in the North and the South", in:Vigdis Broch-Due (ed.), *Violence and Belonging. The Quest for Identity in Post-colonial Africa*, London, New York.
Iganski, Paul/David Mason, 2002: *Ethnicity, Equality of Opportunity and the British National Health Service*, Aldershot.
Jaszi, Oskar, 1923: *Magyariens Schuld Ungarns Sühne: Revolution und Gegenrevolution in Ungarn*, mit Geleitwort v. Eduard Bernstein, München.
Jaszi, Oskar, 1924 [1969]: *Revolution and Counter-Revolution in Hungary*, New York.
Kaltman, Blaine, 2007: *Under the Heel of the Dragon : Islam, Racism, Crime, and the Uighur in China*, Athens, Ohio.
Kasfir, Nelson (ed.), 1998: *Civil Society and Democracy in Africa: Critical Perspectives*, Portland Ore.
Kizza, Immaculate N., 1999: *Africa's Indigenous Institutions in Nation Building: Ugangda*, Lewiston, N.Y.

Lema, Antoine, 2000: "Causes of Civil War in Rwanda:the Weight of History and Socio-Cultural Structures", in:Einar Braathen, Morten Bøås & Gjermund Saether (eds.), *Ethnicity Kills?: The Politics of War, Peace and Ethnicity in Sub-Saharan Africa*, London.

Mommsen, Wolfgang, 1959: *Max Weber und die deutsche Politik 1890–1920*, Tübingen.

Nixon, Edna, 1961: *Voltaire and the Calas Case*, London.

Pogge, Thomas W., 1997: "Group Rights and Ethnicity" in: Ian Shapiro/Will Kymlika (eds.), *Ethnicity and Group Rights*, New York, London.

Samatar, Ahmed I., 2000: "The Somali Catastrophe: Explanation and Implications", in: Einer Braathen, Morten Bøås, Gjermund Saether (eds.), *Ethnicity Kills?: The Politics of War, Peace and Ethnicity in Sub-Saharan Africa*, London.

Shaw, Stanford & Ezel, 1976–77: *History of the Ottoman Empire and Modern Turkey*, 2 Vols., Cambridge.

Schieder, Theodor, 1991: *Nationalismus und Nationalstaat, Studien zum nationalen Problem im modernen Europa*, (Hg.) Otto Dann/ Hans-Ulrich Wehler, Göttingen.

Schöpflin, George, 2000: *Nations, Identity, Power: the New Politics of Europe*, London.

Seitz, S., 1977: *Die zentralafrikanischen Wildbeuterkulturen*, Wiesbaden.

Seton-Watson, Hugh, 1977: *Nations and States. An Inquiry into the Origins of Nations and the Politics of Nationalism*, London.

Smith, Anthony D., 2000: *The Nation in History. Historiographical Debates about Ethnicity and Nationalism*, Hanover.

Thompson.E.P., 1968 [1963]: *The Making of the English Working Class*, Harmondsworth.

Vansina, Jan, 1990: *Paths in the Rainforests. Toward a History of Political Tradition in Equatorial Africa*, Madison, Wis.

Vovelle, Michel, 1982: *Idéologies et Mentalités*, Paris.
Weber, Eugen, 1976: *Peasants into Frenchmen. The Modernization of Rural France, 1870–1914*, Stanford, Ca.
Weber, Max, 1921 [1972]: *Wirtschaft und Gesellschaft*, Tübingen, 5. Auf.
Whyman, Susan, 1999: *Sociability and Power in Late-Stuart England. The Cultural Worlds of the Verneys 1660–1720*, Oxford.
Zang, Xiaowei 2007: *Ethnicity and urban Life in China: a comparative Study of Hui Muslims and Han Chinese*, New York.

# 第3部　国民国家と国民化

伊藤定良

# はじめに

この二〇年ほどの間に、国民国家をめぐる議論が盛んになっている。それは、グローバル化が進むなかで、私たち自身が国民国家の問題に正面から向き合わざるを得なくなっているからである。国際社会において国民国家がなお重要な位置を占めている一方で、それを相対化する動きも顕著である。ヨーロッパ連合（ＥＵ）や東南アジア諸国連合（ＡＳＥＡＮ）などの地域協力や地域統合の動き、非政府組織（ＮＧＯ）などに代表されるトランスナショナルな組織、エスニシティに関わる動き、あるいは国内において地域の自立性を要求する動きを、私たちは見逃すことができない。加えて、人の移動や移民の存在は、私たちの社会や生活を大きく変えている。同時に、私たちの注意を引くのは、国民国家の実質化に将来を託そうとする人々の要求や、ナショナリズムによって問題解決を図ろうとする傾向である。こうした複雑な現実に直面して、私たちは二一世紀の世界をどのように構想したらよいのだろうか。ここにおいて、私たちは国民国家や国民で括ることの意味についてあらためて考えねばならないように思う。

フランス革命が国民国家形成の契機になったことは、よく指摘されている。しかし、一八四八年革命後国際政治が変動するなかで、産業革命による工業発展と鉄道網の拡充を背景にヨーロッパ諸国で国民国家の基盤が整えられていくのは、一八七〇年代以降のことであった。イタリアとドイツの国家的統一は国民国家体系を成立させる原動力となり、それは他のヨーロッパ諸地域の国家形成や植民地支配の拡大に決定的な影響を及ぼすことになった。

以下の論考では、統一から第一次世界大戦までのドイツの民族問題（ないしはマイノリティ問題）を手掛りに、もっぱらドイツ国民国家が抱えた問題点を明らかにすることによって、国民国家の歴史的特徴を考えてみたい。

## 第一章

# ドイツ国民国家への道

私たちがドイツ国民国家の形成を検討しようとするとき、まず注目しなければならないのは国際的連関のなかで展開されたドイツ・ナショナリズムの問題であろう。とりわけ、フランス革命とナポレオン戦争がその展開に決定的な影響を与えたことは、よく知られている。哲学者のヨハン・ゴットリープ・フィヒテは、ナポレオン占領下のベルリンで行われた連続講演において、独立を失ったドイツの人びとの新たな結合体として「ドイツ国民」を構想した。それは、ドイツ語によって結びついている一体としてのドイツ人を意味している。フィヒテによれば、ドイツ語という始源的な言語を維持し続けているところにドイツ民族の特徴があり、こうした民族とその特性の存続を約束してくれるものといえば、国民の自立的存続以外にはなかった。そして、この自立的な存続を救い出すものこそ祖国愛に他ならない（フィヒテ 1999）。

また詩人のエルンスト・モーリッツ・アルントは、一八一三年に、「ドイツ語が響き、天上の神がドイツの歌を歌う限り、そこは祖国であらねばならない」と歌って、「ドイツ人の祖国とは何か」を問いかけた。アルントの詩は、国家の領域に関わって、外への広がりを示し、十分に「ドイツ」を意識させるものだったのである。しかも、これは改作されて、その後民衆学校の読本に掲載され、「祖国ドイツ」をいっそう強調するものになった（寺田 1996：201–202）。

フィヒテにしてもアルントにしても、ドイツの分立状態を克服する鍵として、ドイツ語に裏打ちされた「ドイツ国民」や「ドイツ人の祖国」を構想したのである。

さらに、ドイツのナショナリズムに大きな衝撃を与えたのはイギリス資本主義である。イギリスは、「世界の工場」の実力をもってその圧倒的な経済的優位をヨーロッパに確保した。ドイツ連邦によって諸国家連合を立ち上げていたドイツでは、一八三四年にドイツ関税同盟を結成して、イギリス資本主義に対抗した。この経済的統一体を主唱したのがフリードリヒ・リストであり、彼の『経済学の国民的体系』は保護関税による国民的な生産力の形成の必要を説いていた。それは、ドイツ産業資本の利害を代表し、イギリスに対抗する資本主義的工業化の構想を示すものに他ならない。しかもリストは、関税同盟の完成をドイツ国民国家の基礎と考えていたのである（リスト 1970：239）。

ここで注目すべきは、その後のリストにおいて、イギリス国民経済における植民地の役割がドイツ人農民によるハンガリー植民に求められていることである。彼にとっては、ドイツ国民経済の形成に決定的な意義を持っていたものこそ、ハンガリー植民に示される東方との緊密な関係であった（住谷 1969：187–88）。一八四五年には、リストは次のように述べるまでになっている。ドイツ人には植民の権利がある、彼らは東方に新たに進んでその「過剰な大衆」のための領域を作らねばならない、と（Geyer, 1986：153）。

以上に見られるように、ドイツ・ナショナリズムは、その形成期において、イギリスやフランスの先進諸国の圧力を十分に意識しながら、他方では「東方への優越と権利」を強める指向性を持っていた。その点は、一八四八年三月革命期のポーゼン蜂起の鎮圧、フランクフルト国民議会のポーランド討論で明らかになったドイツ・ナショナリズムの反ポーランド的立場への転回、その後のドイツ・ナショナリズムの反ポーランド的姿勢の明確化によってはっきりと示されることになる。「東」をめぐる問題は、ドイツ国民国家の形成と展開を検討する場合にも、中心的な位置を占めるものとなろう。

# 第二章

# ドイツ国民国家の創設と国民形成

## 第1節　ドイツ帝国の成立

一八七一年一月一八日、ヴェルサイユ宮殿「鏡の間」において、プロイセン国王ヴィルヘルム一世はドイツ皇帝の帝冠を受け、ここにドイツ帝国が成立した。普仏戦争に勝利し、パリを占領・包囲下に置いていたさなかであった。ドイツの国家的統一は、まさに戦争によるナショナリズムの高揚とドイツの軍事的勝利のなかで達成されたのである。

戴冠式が行われた一月一八日はプロイセン歴代国王の戴冠日に当たっているが、この日帝国宰相オットー・フォン・ビスマルクは、新皇帝によるドイツ国民への布告を読み上げた。この式典に一般国民や議会代表が出席していないことは「上からの統一」を象徴しており、それは布告のなかの「ドイツ諸侯および諸都市の要請にしたがい、帝位に就く」という言葉にも示されている。ここでは、「帝位に就く」のが決して「ドイツ国民の要請」によるものではないことに注意を払うべきだろう。

ドイツ帝国は、二二の君主国・三自由市と直轄地エルザス＝ロートリンゲンからなる連邦国家である。国家の君主主義的性格は明らかであり、皇帝は「国家内の国家」と呼ばれた軍部を直接掌握し、その政治的権限には大きなものがあった。しかし、何よりも注目されるのは、国家の統一的な性格が皇帝、帝国宰相、帝国議会に体現されてはいたものの、帝国が連邦主義的な色彩を強く帯びていたことであろう。その点はとりわけ、連邦参議院の存在、諸邦独自の憲法と政府の保持ということのなかに表現されている。同時に、そうした連邦主義的・分権主義的構造のなかに、プロイセンの優位性、指導性が決定的に貫かれていたことを私たちは見逃すことができない。これはまさにドイツ統一のあり方の反映であったが、そうであればこそ、プロイセンがドイツの内政と外交の特徴や矛盾をしばしば現すことにもなったのである。

ドイツ帝国が連邦主義的な性格を帯びていたことによって、政策・イデオロギーの両面で、ドイツ統一国家、ドイツ国民国家の凝集性がいっそう要求されねばならなかった。つまり、同時代人にも意識されていた「未完成の国民国家」という現実（Conze, 1984:15）の克服である。ドイツ帝国は、なお階級的・宗教的・地域的分裂において顕著であり、国民的同質性を獲得することによって何よりも「ドイツ国民」の実態を作り上げることを課題とした。そのためには、まず一定の国民的同権を保障する必要があった。ドイツ帝国憲法は、公民権の獲得や市民的権利の享受の際の平等を明記し、普通・直接・秘密選挙による帝国議会を定めている。近代化・民主化による「国民の創出」である。

しかし、現実には、プロイセン三級選挙法（不平等・間接・公開選挙）に代表されるように、国民の政治的権利において不平等性ははっきりしており、もちろん女性は政治生活から排除されていた。それだけに、プロイセン＝ドイツの支配者は「負の統合」による国民形成を推し進める必要があった（ヴェーラー 1983:145-51)。帝国宰相ビスマルクは、労働者・社会主義勢力、カトリック勢力、ポーランド人少数派、さらにユダヤ人に対して、国民国家の形成を阻害する「帝国の敵」のレッテルを貼り、彼らへの敵意によって、したがって「負」の記号のもとに、相対的多数の「帝国の友」を結集し、国民統合を図ったのである。なかでも、「ポーランド分割」によってプロイセンに併合され、新たにドイツ帝国に編入されたポーランド人の問題は、ドイツ国民国家の死活に関わるものとして認識され、国民統合政策の中核に据えられることになった。ここでかつてない規模と質をもって展開された民族政策は、ドイツ国民国家の特徴を余すところなく示すことになる。

## 第2節　プロイセン＝ドイツにおける民族政策

### (1)　文化闘争

内実の備わった国民国家ドイツを創出しようとする試みは、プロイセン保守主義の担い手ユンカーの分権主義に狙いを定めた郡条令（一八七二年）とともに、カトリック分権主義勢力・中央党に対する文化闘争によって口火を切られた。一八七〇年代ドイツ政治の焦点の一つを形成し、国民自由党によって推進された文化闘争は、研究者のH・W・スミスによれば、「国民形成の一戦略」に他ならなかった(Smith, 1995:20)。

文化闘争は、一般的に自由主義的な反カトリック闘争として位置づけられている。その狙いが、一つには、公教育の近代化、民衆生活における教会支配の排除に置かれていたからである。しかし、周知のように、文化闘争は、国家による教会弾圧、聖職者への国家統制、思想・信仰の自由の侵害にまで進んだ。カトリック勢力・中央党は当然激しく抵抗した。しかし、ここで私たちが想起しなければならないのは、この問題がポーランド人への国民化圧力を意味したことである。プロイセン東部のポーゼン、ヴェストプロイセン、シュレージエンのカトリックに、多数のポーランド人が含まれていたことはよく知られている。彼らはカトリックとして弾圧を受ける一方で、ビスマルクによる国民化政策の圧力にさらされた。一八七一年一〇月一三日のプロイセン閣議において首相ビスマルクは、「教皇至上主義者(ウルトラモンタン)や反動家と一緒になって行われているスラヴ人のアジテーション」をあげつらい、「そのような敵対的活動に対しては、公然とわれわれの国民的利害とわれわれの言語とを守ることが是非とも必要である」(Hagen, 1980:129)と訴えたが、ここでの「スラヴ人」がポーランド人を指していることは、ビスマルクのポーランド人観やその後の事態からも明らかである。ビスマルクは、文化闘争のなかに反ポーランド的観点を持ち込むことによって、国民統合を強行しようとしたのである。文化闘争がとりわけポーゼン、つまりポーランド人地域でもっとも激しく闘われたことの意味を、私たちは押さえておくべきだろう。

### (2) 学校教育

文化闘争に込められていたビスマルクの狙いは、国民化を目指す学校教育・言語政策の強化のなかにはっきりと示された。周知のように、ドイツ統一以前のプロイセンの学校教育は、一八四二年の自由主義的な授業語規定に基づいており、いわば国民主義的な観点を免れているものだった。この規定によれば、ポーランド人とドイツ人の児童の通う学校では、あらゆる児童が母語による授業を受けることができるように、できる限りバイリンガルの教師が任用されることになっていた。学校の授業言語は、多数派児童の「民族的出自」に基づいて選ばれたのである（Korth, 1963:38）。

しかし、こうした学校教育は、一八六〇年代に変化し始めた。ドイツ人とポーランド人の混住していたシュレージエンが、その舞台となった。一八六三年二月一四日、シュレージエン州政府は、民衆学校においてはドイツ語の授業は第二学年で始めねばならず、宗教と聖歌の授業は母語で与えられるべきことを指令した（Laubert, 1920:168）。このような方向は、ドイツ統一を経た七〇年代の文化闘争の渦中でポーランド人地域においていっそう強化されることになる。

その先鞭をつけたのは、ドイツ語住民に対して、ポーランド語ないしポーランド語とドイツ語の二ヵ国語を話す住民が過半数を遥かに超えていたシュレージエン州オッペルン県（オーバーシュレージエン）である。そこでは、一八七二年九月二〇日に授業語としてのポーランド語を排除する旨の通達が出された。それによれば、ポーランド語の使用は低学年の宗教授業でのみ許されるにすぎなかった。中学年の宗教授業はドイツ語で行われ、ポーランド語は授業を理解するのに必要な場合に限られたのであり、高学年の宗教授業ではもっぱらドイツ語が使用されることになった（Laubert, 1920:168）。

これを受けて、ポーランド人地域における学校教育の授業語問題を決定的に転換させたのは、一八七三年一〇月二七日のポーゼン州知事の通達である。これは、ポーゼン州のすべての民衆学校児童に対してドイツ語を授業語と定めたものであった。ポーランド語は、授業の理解に必要な限りという補助的な役割を与えられたにすぎない。宗教の授業ではポーランド人児童に母語が保障されたとはいえ、それも彼らが授業の理解に必要なドイツ語能力を持っている場合には、中・高学年ではドイツ語を授業語とすることができたのである（油井他 1989:125-26）。

こうして、民衆学校内でのポーランド語の地位は確実に低下した。それは、一八八〇年代に抑圧的なポーランド人政策が追放政策やプロイセン植民法によっていっそう強化されるなかで、八七年九月七日の言語条令によって端的に示されることになった。その規定によれば、「ポーランド語授業は、ポーゼン州のすべての民衆学校で一律に禁止され、その結果空く授業時間はドイツ語による授業・演習に当てられる」のである。言うまでもないが、これは、ポーランド語の読み書き授業を全面的に禁止することによって、ポーランド人児童が学校教育において自らポーランド語の読み書きを学ぶことを不可能にするものだった。彼らが学校教育でポーランド語に触れる唯一の機会は、宗教授業以外なくなった。ここにおいて、東部諸州の民衆学校におけるポーランド語の使用は、もっぱらポーランド人児童の通う民衆学校の宗教授業に限定されることになったのである（Mai, 1962:145-46）。

ビスマルクは、言語のドイツ化をすぐれて「ポーランド人の広範な民衆をポーランド人聖職者の精神的・政治的影響、そしてポーランド民族的アジテーションから引き離すため」の手段と見なしていた（Broszat, 1972:135）。つまり、ビスマルクによれば、国民的に危険な存在はポーランド人聖職者や土地所有貴族（シュラフタ）であり、だからこそドイツ語を初等教育の段階から教えることによってポーランド人民衆を彼らの影響力から遠ざけねばならないのである。こうして、ビスマルクはポーランド人民衆を国家に統合しようとしたのだった。

ところで、ビスマルクの学校教育政策は、プロイセン首相レオ・フォン・カプリーヴィの時代になって多少修正された。一八九四年カプリーヴィ政府は、ポーランド語読み書き授業に関して、民衆学校の中・高学年において宗教授業をポーランド語で受けている全児童に対して、週一～二時間行われることを通達した。しかし、学校教育の基本的方向は変わらなかった。そのことをよく示したのが、一八九二年の「民衆学校法案」(「ツェドリッツ法案」)をめぐる動きである。

事の発端は、一八八九年の「悪名高い皇帝指令」(Wehler, 1995:1196)である。ヴィルヘルム二世は、ここで、宗教教育や愛国心教育の必要とホーエンツォレルン家の恩恵的役割を強調した。それはもちろんのこと、学校を社会主義に対抗するための道具にしたいとの考えに基づいていた。こうして民衆学校には、「国家の敵」、つまり社会民主党に対する闘争において重要な役割が与えられることになった(Becker/Kluchert, 1993:87)。「ツェドリッツ法案」は、まさにこうした動きの延長線上にあり、社会主義の拡大を防ぐために、宗教教育と宗派別学校の強化を狙いとしていた。この法案は、プロイセン議会の多数の支持を得たものの、議会内外の激しい反対運動によって暗礁に乗り上げた。

何が問題だったのか。ここで大きな要素を占めていたのが、民族問題、ポーランド人問題である。つまり、プロイセンでは一八七三年以降民衆学校の授業にドイツ語が導入される一方で、ポーゼン・ヴェストプロイセン両州における宗派共同学校の発展が著しかった。これは言うまでもなく、ポーランド人政策の重要な一環であり、宗派共同学校はカトリックのポーランド人児童に対するドイツ化圧力の面を強く持っていた。だからこそ、歴史家ハインリヒ・フォン・トライチュケも、「(学校法案は)わが東部国境地帯におけるドイツ国民の将来を危険にさらす」ものだと危惧を表明した。こうした立場からすれば、「ツェドリッツ法案」はこれまでのドイツ化政策を台無しにしかねないものだったのである。結局、法案はポーランド人問題にぶつかって流産した（藤本 1984:274-81）。

ここに、後述するポーランド民族運動の発展が影響していることは明らかであろう。そうした状況のなかでは、ビスマルクが進めてきた学校教育の基本的方向を危うくするような方策は許されなかったのである。社会民主党に対しては、その後失敗に終わったが、「転覆法案」（一八九五年）と「懲役法案」（一八九九年）という強権的措置が模索されることになる。

## (3) 言語政策

文化闘争ではっきりと示されたビスマルクの狙いは、公共生活からポーランド語を排除しようとする言語政策となって現れた。この点でまず注目されるのは、一八七四年三月九日の結婚登記法である。この法律はまずプロイセンで施行され、一年後にドイツ全土に拡大された。その目的は、結婚の登記を政府が管理し、教会での結婚を純粋な宗教的な行事にすることだった。見られるように、これは近代化の一端を意味していたが、ポーランド人社会において教会の果たしている役割や結婚登記簿に記録される言語問題を考慮すると、ポーランド人に刃を突きつけたことは明らかだった。登記の担当職員にはほとんどドイツ人しか任命されなかったために、結婚の登記はドイツ語でなされ、姓名の書き間違い、ドイツ語への翻訳などトラブルに事欠かなかった。ポーランド人は、人生の新たな出発という時点で、ドイツ語の存在を強く意識させられたのである（Trzeciakowski, 1990:136）。

さらに、従来の地名のドイツ名への変更が文化闘争期に始まったことは、文化闘争の反ポーランド的性格をいみじくも示している。この時期に数百の地名が変えられたという（*Ibid.*:136）。後年になって、宛名の地名がポーランド名やポーランド語表記で書かれていたりした場合、郵便物が配達されないケースも出てきて帝国議会で取り上げられるが、ポーランド人の不満は強まらざるを得なかった。地名は単なる表象ではなく、その土地の歴史を刻み込んでいるだけに、ポーランド人民衆にとっては、自らの存在そのものに関わる問題であっただろう。

言語による国民の組織化の点では、一八七六年八月二八日に公布されたいわゆる「プロイセン公用語法」、つまり「国家の官庁、官吏および政治機関の公用語に関する法律」が決定的な意味を持っている。その第一条は、「ドイツ語は、国家のすべての官庁、官吏、政治機関の唯一の公用語である。それらとの文書による通信はドイツ語で行われる」と規定していた。ここで明らかなように、公用語法は、国家行政、すべての公的政治機関においてドイツ語を唯一の公認言語とした。しかし、その第三条は、一部地域の諸地方議会などに対して期限付きで「外国語」、つまりポーランド語の使用を認めざるを得なかった（Schieder, 1961:121-22）。これは、法律を実効的なものにするためには、地方の実情を考慮する必要があったからである。

さらに、この法律は、翌年の帝国裁判所構成法によって補足されるが、これはもとより裁判所で用いられる公用語をドイツ語と定めたものである。こうして、公共生活からのポーランド語の排除が進行した。

このような一連の言語政策を支えた論理は何だったのか。それは、国民国家における「国民語」の普遍妥当性というものだった。もちろん、国家が関与しない領域ではポーランド語が許されるにしても、ドイツ語によって国家へのアイデンティティを持たせることが重要であった。国民自由党の一議員は、公用語法の目的を次のように明確に述べていた。つまり、「法律は、ドイツ語を普及させることにより、外国語を話している住民をバイリンガルへと変え、ドイツ化への一段階をなすよう目指すであろうし、そうしなければならない」と（*Ibid*.:31）。これは、ヴェストファーレン州知事が後年に回顧して述べた言葉、「国民的特色に価値を置く国家は、その統一の真の証として国民語を全公共生活で使用しなければならない」と軌を一にしている（Broszat, 1972:138）。

### (4) 帝国結社法

プロイセンおよびドイツの民族政策にとって、一九〇八年は忘れることのできない年である。というのは、一つには「ヴェストプロイセンおよびポーゼン両州のドイツ民族を強化するために」強行されたプロイセンの土地収用法（三月二〇日）、もう一つには帝国結社法（四月一九日）が成立したからである。ヴェーラーは、この二つの法律によって、民族政策を法律によって固める仕事は「終着駅」を迎えたと述べている（Wehler, 1971:181）。

帝国結社法は、『ドイツ憲法史』の大著を著したフーバーに代表されるように、一般的には、統一的かつ自由主義的な結社および集会制度を確立する上で、かなりの進歩的側面を含んでいたと評価されている（Huber, 1990:17）。しかし同時に、フーバーが帝国結社法の言語条項の例外規定を指摘する一方で、公開集会でポーランド語を使用した場合の警察による介入＝解散などの問題に触れていることは見逃せない（Huber, 1982:507）。

ビューロー政府の内相兼副首相であるテーオバルト・フォン・ベートマン＝ホルヴェークは、一九〇七年一二月九日の帝国議会におき、法案推進の理由を説明するなかで、「ドイツは国民国家であり、断じて多民族国家ではない」と断言し、次のように続けた。ポーランド人などの民族的少数派は、「この国民国家に属しているのだ。私たちも彼らの独自性を尊重するが、彼らが私たちとともに、ドイツ憲法の序文が示している「ドイツ民族の繁栄のために」という目的のために活動するならば、私たちは彼らをドイツ人のなかに数え入れることができる」と。さらに、ベートマン＝ホルヴェークは畳み掛けて、「ドイツ語は私たちの国家的存在の基盤であるのみならず、その存在全体を総括するものである」と訴えた（*Stenographische Berichte, Reichstag*, Bd.229, 1907/1908:2094）。ここで、ベートマン＝ホルヴェークはドイツ語を柱とした国民国家の一体性を強調したのであった。

しかし、帝国結社法は、すべての民族的少数派をベートマン＝ホルヴェークの言うような国民国家の論理で括るようなものではなかった。民族問題の観点からすれば、とりわけポーランド人に関わる制限条項にこそ、帝国結社法の持つ最大の問題点があった。それは、一般的な民族政策と言えるものでは決してなかったのである。

帝国結社法は、僅かの差で多数を獲得した（二〇〇票対一七九票、保留三）。その第一二条は、「公開集会はドイツ語で討議されなければならない」と規定していた。一見すると、この条項はすべての民族的少数派に関わっているように見える。しかし、注意すべきはその留保条項であった。それは、国際会議および選挙期間中の選挙集会や六〇％以上の住民がドイツ語以外を母語としている郡を適用から外したほか、その他の例外許可をラント（邦）の立法に委ねていた。最後の点が決定的に問題だった。例外措置によって、批判の多い第一二条規定を軽減する方策が各ラントに任されたのである。プロイセンの場合、それは露骨な反ポーランド立法となっている。プロイセン内相フリードリヒ・フォン・モルトケは、とくに指定された地域において、公開集会での討論使用言語として次の言語を許可することを通達した（一九〇八年五月八日）。つまり、リトアニア語、マズール語、ゾルブ語、ワロン語、フランス語、デンマーク語である。結社法第一二条は、ポーランド人に集中砲火を浴びせ、ポーランド語のみを排除することによって、反ポーランド的な民族分断政策であることを明らかにした（伊藤 1987a:185-86）。

## (5) マズール人問題

ドイツの資本主義的発展は、ポーランド人問題をプロイセン東部のみにとどめておくことはできなかった。ドイツ産業革命による鉄道建設、石炭・鉄鋼業の発達はルール工業地域の成立を促し、大量の労働力需要を生み出した。これは東部の農村人口を吸い上げることになり、ここに人口の東西移動が発生した。一八九〇年代以降、東西移動は大衆的性格を帯び、ポーランド人問題はプロイセンの東西を架橋するものとなった。マズール人問題は、まさにこうした文脈のなかでプロイセン政府の注意を引いたのである。

マズール人はオストプロイセン南部に居住しており、彼らの話すマズール語はポーランド語に近い。中世末にポーランドのマゾフシェ地方から移住し、ドイツ騎士団やプロイセン公国に服属した。一六世紀にはプロテスタントに改宗し、ポーランド・カトリック社会からの分離を進めた。独自の言語と民族文化は維持されていたが、一九世紀初め以来しだいにドイツ化傾向を見せるようになり、ドイツ統一後のドイツ化政策のなかで、ドイツ社会への同化が顕著になった。しかし、それでも、人口の東西移動によってルール工業地域に移住してきたマズール人は、ルール鉱夫の重要な一員となり、ポーランド人と同一視されて「ポラッケン」と蔑まれながら、彼ら自身は誇りをもって「古プロイセン人」と自称していた。マズール人問題は、帝政期ドイツのエスニシティ問題を示すものと言ってよいだろう。

ルール地方のマズール人が自らの運動を組織し始めるのは、一八八〇年代後半のことである。ルールへの移住はポーランド人に先行したが、組織化の点では七〇年代に始まったポーランド人に比べて若干遅れている。最初の組織は、八六年に創設されたプロテスタントの労働者協会と扶助協会である。これらの協会は別組織と合同し、一九〇八年オストプロイセン–ヴェストプロイセン労働者同盟が結成された。それは、「国民的な基盤に立ち、カイザーとライヒに忠誠を尽くし、マズール人の当然の政治的・経済的利害を守ること」を目的の第一に掲げていた。

他方で、労働者同盟に不満を持つマズール人は、一九一一年にオストプロイセン同盟を結成した。古プロイセン連合と別称したオストプロイセン同盟は一種の同郷組織であり、「真の祖国愛のもっとも重要な土台として、工業地域におけるすべてのオストプロイセンの同郷人のなかに、共通の故郷への愛と忠誠を育て上げ、彼らを文化的に促進し、助言と行動によって彼らを経済的に強め支援すること」を目的にしていた。つまり、オストプロイセン同盟は、労働者同盟と比べて、何よりも故郷のオストプロイセンとの結びつきをもっとも重視し、宗派・職業に関わりなくすべてのオストプロイセン人に門を開いたのであった（伊藤 1987a: 238–39）。

最初、両組織の関係には厳しいものがあった。しかし、当局からの資金提供を受け、両者の関係は改善の方向に向かった。ここで注意すべきなのは、マズール人の協会運動や結社・新聞活動が政府の補助金によって展開されたという事実である。ポーランド人の運動が発展し、それがドイツ政治に無視できない影響を与えるに及んで、プロイセン政府はポーランド人政策の一環としてマズール人の動向に注目し始めた。政府が正式にマズール人に関する統計を取り始めたのは、ポーランド学校ストライキが第二帝政期最大の民族運動としてプロイセン＝ドイツ政治を揺さぶった後の一九〇八年からのことであり、政府は同時にマズール人とポーランド人の結びつきに注意を払うことになった。プロイセン政府は、両者を意識的に切り離し、マズール人を保護・育成して、ポーランド人の運動に対抗させようとした（同上:242）。

プロイセン政府のマズール人政策の柱は、すでに指摘したように、国庫補助金の支給であった。マズール語の新聞発行には当局の手厚い援助がなされ、前述したマズール人二組織に対しては民衆文庫や移動文庫の創設・強化のために活動資金が与えられた。政府は、補助金援助によってマズール人運動を支え、彼らを国家の側に引き入れようとしたのである。もとより、マズール人の運動が政府の思惑通りに進んだとはとても言えない。ボーフム警察本部長は、「工業地域に住んでいる成人男性マズール人の……八七・五%は組織には未だ疎遠であり、その非常に大きな部分は民族的に無関心であるか、反民族的政党の甘言にすでに屈服してしまっている」と、事態を冷静に分析している。しかし、ここでは、ポーランド民族運動に対抗して、その影響がマズール人に波及するのを未然に防ぎ、両者の間に楔を打ち込もうとしたプロイセン当局の姿勢を見逃すことができない。当局はポーランド人の先手を打って、マズール人の活動家を育成し、「カイザーとライヒに忠誠を尽くす」社会的基盤を広げようとしたのである（同上:242-45）。

## (6) 外国人労働者問題

次に検討する外国人労働者問題は、単なる人の移動や労働力移動の問題ではない。現在では、エスニシティに関わる問題としても取り上げられているが、ここでのテーマは、民族政策としての外国人労働者問題である。後述するように、ビスマルクは一八八五年の追放布告によって外国ポーランド人を排除し、国境閉鎖に踏み切った。しかし、ドイツ資本主義の発展は労働力市場の閉鎖を不可能にした。一八九〇年代に入ると、住民の東西移動と資本主義的な農業大経営の拡大は、農業の人手不足をいっそう深刻化させ、農業労働力需要をかつてなく高めることになった。一八九〇年一一月、プロイセン政府は農業労働力の確保のために、外国人労働者の定住・再移住の阻止、管理強化という民族政策的観点を踏まえて、外国人労働者の導入を決定した（増谷・伊藤 1998:15-17）。

ここで問題になるのが、彼らのうちで最大多数を占めていた外国ポーランド人労働者*の存在である。なぜなら、国民統合を強化し、ドイツ化を推進しようとするプロイセン＝ドイツの民族政策と外国ポーランド人導入政策とは、本来的には矛盾・対立しあう関係にあり、場合によっては外国ポーランド人の動向がドイツ国内の「ポーランド化」を進めかねないからである。こうして、ドイツの労働市場への道を開かれた外国ポーランド人労働者であったが、彼らは農業・工業の両面で、統制と監視の強化を受けざるを得なかった。世紀転換期には、政府当局や警察の監視、半官半民のドイツ農業労働者中央斡旋所（一九一二年にドイツ労働者中央斡旋所と改称）を通じた管理統制が強まることになる。従来の「待機期間**」と「帰国強制***」に加えて、「身分証明の強制」が発動した（同上:18-21）。

* 一九〇七年において、プロイセンの全外国人農業労働者のほぼ四分の三、全外国人労働者の三一・四%を占めていた。

** 何回か変更されたが、外国ポーランド人労働者の労働許可を二月一日から一二月二〇日までに限るもので、いわば冬期の就業を禁止した。

*** 「待機期間」は彼らの帰国を義務づけ、彼らのドイツ定住を防止しようとした。

プロイセン内相通達(一九〇七年一二月二一日)を受けて、〇八年二月一日からロシアとオーストリア＝ハンガリーおよび東方の後背地出身の労働者に対する国内身分証明書の発行が義務づけられた。ここで、身分証明業務の一切を任されたのが前述した中央斡旋所であった。身分証明書には、年齢・性・宗教・国籍・民族・家族という項目の他に、体型・顔型・目の色・髪の色・特別な特徴を書き込む項目があり、当局が個々の労働者を身体的特徴についてまで掴もうとしていたことを示している。また注目されるのが、この証明書が民族別に区分されていたことである。つまり、ポーランド人労働者に対しては赤地の、ルテニア人(ウクライナ人)労働者には黄地、その他の労働者(クロアティア人など)には白地の身分証明書が交付された。明らかに、ルテニア人が独立グループに分類されたのは、民族政策的観点からであった(同上:21–22)。

ルテニア人問題については、研究者のヘルベルトが簡潔に説明している。ルテニア人は二〇世紀初め以来、すぐれてドイツ東部の農業のために募集されていた。それは、この地域の「ポーランド化」の危険を避け、「国民的に胡散臭い分子を怪しくないものによって置き換える」ためであった。そこでルテニア人労働者は、一九〇五年以降正式に「待機期間」から解放され、プロイセン中部・西部諸州の工業での外国人雇用禁止も彼らには適用されなかった。ここでは、ポーランド人労働者とルテニア人労働者の接近を妨げるために、ガリツィアにおけるローマ・カトリックのポーランド人多数派と合同教会信徒のルテニア人少数派との民族的反目がドイツで利用されるべきであったのである（Herbert, 1986:53）。

ルテニア人問題ではっきり示されたのは、外国人労働者を導入する際のプロイセン政府の反ポーランド的姿勢である。つまり、ここではガリツィアにおけるポーランド人とルテニア人との宗教的・民族的反目が利用され、ポーランド人への対抗としてルテニア人の雇用が促進された。その後、ガリツィアの募集地域における両者の混合、対立の解消が指摘され始めると、ルテニア人問題の見直しも当然当局から要求されざるを得なかった。

以上、プロイセン＝ドイツの民族政策を幾つかの問題に焦点を当てて検討してきたが、そうした民族政策は、もちろん国内政治の要請からきている。民族政策が集中的に提起されたのは、文化闘争期、植民地政策の開始期、結集政策期、「ビューロー・ブロック」期であり、いずれもドイツ政治が緊迫する節目の時期であったと言うことができる。ここにおいて、民族政策はポーランド人に国民化を強制するとともに、社会矛盾を覆い隠し、政治勢力を分断する国民統合手段として強行されたものであった。そこでは、統合圧力による国民化を首肯しない場合には排除の論理が働き、それ自体がポーランド人にはさまざまな圧力を意味したのである。とすれば、民族政策は民衆支配を固めるための鍵とも言えるものであった。同時に、民族政策は対外的観点からも必須のものとなる。帝国主義時代を迎えて、世界政策の推進によって世界強国としてのドイツを実現するためには、「国民的団結」を何としてでも確保しておかねばならないのである。しかし、後述するように、ポーランド民族運動の発展によって国民統合は破綻を来すのであり、その矛盾を解消しようとすれば、支配の側は対外的衝動に訴えるしかなくなってくるだろう。

## 第3節　ドイツ・ナショナリズムの展開

### (1)　国民国家論と支配の論理

一八八〇年代は、ポーランド人に対する抑圧的な民族政策が全面的に展開されたという点で注目に値する。まず、反ユダヤ主義運動をきっかけにしたユダヤ人移住者を対象とする追放措置がその引き金となった。ユダヤ人移住者への最初の対抗措置は、一八八一年にプロイセン内相によって取られた。そうした方向は、「ドイツ民族の後退」に注目する反教権主義的な哲学者エードゥアルト・フォン・ハルトマンらの国民主義的な議論を受けて、容易にポーランド人を攻撃対象とするものに転換された。つまり、八五年のプロイセン東部四州における外国籍ポーランド人に対する二度の追放布告である。次いで、八六年四月二六日のプロイセン植民法が続いた。それは、フーバーが述べるように、「東部諸州におけるプロイセンの封じ込め政策の核心」以外の何ものでもない（Huber, 1982:489）。その第一条に曰く、「プロイセン王国政府は、ドイツ人農民・労働者を植民することにより、ポーランド化の動きに対抗してヴェストプロイセン・ポーゼン両州でのドイツ的要素を強めるべく、以下のために一億マルクの資金を自由に使うことができる。一、土地の買収取得のために」と。すなわち、ポーランド人所有地を買収してドイツ人入植者に「地代農場」として分譲するために植民員会の設立が決定され、一億マルクが供出されたのである。これは、文字通り「土地のドイツ化」を意味したと言えるだろう。

ここで問題になるのは、こうした一連の動きを推し進めた論理である。帝国宰相ビスマルクが言語ナショナリズムともいうべきもので学校教育のドイツ化を図ろうとしたことはすでに述べたが、追放布告や植民法の問題が議論されるなかで、国民国家の論理がいっそう前面に押し出されてくることになった。プロイセンのポーランド人政策が第二回の追放布告によって極度に強まったとき、ビスマルクを支配していた考えは、こうした方法で扇動的分子と予防戦を戦うということであった。しかし、追放措置はそれ以上に進み、ポーランド人の撃退を目的とする国民的な人口政策を帯びたのである。ビスマルクとプロイセン文相グスタフ・フォン・ゴスラーの内相ローベルト・フォン・プットカマー宛て書簡（一八八五年三月一一日）は、いみじくも次のように述べている。つまり、「ドイツ化が私たちの課題である一方で、政治的アジテーションに染まっていない大衆も、彼らが国境州をポーランド化しているということによって、私たちの国家有機体をかき乱している」と（Mai, 1962:41）。この書簡はビスマルク本来の考え方とは異質であり、おそらくゴスラーのイニシアティヴのもとに書かれたと思われるが、いずれにせよ、ここには、一国家＝一国民という国民国家のイデオロギーが如実に表れていないであろうか。

一八八五年五月六日のプロイセン下院プットカマー演説は、このビスマルク＝ゴスラー書簡に見事に対応している。プットカマーは、ポーランド人移住者の東部国境への流入に対して、「わが国家の政治的安全、ドイツ的本質およびドイツ文化の保護を思いやって」追放処置を正当化したが、ここには個別利害の枠を越えた、特殊プロイセンでなくドイツの国民的な利害を視野に入れようとする姿勢が顕著であった。彼の国民的な観点からすれば、「ポーランド人労働者の大量の集積によって、私たちのドイツ人定住住民は移住に追いやられている。それは、彼らが廉価なポーランド人労働力とは長期にわたってはまったく競争できないからなのだ。しかも、彼らポーランド人労働者は、かくも重大な危険にさらされているこうした地域のわが民族から、ドイツ文化の要素の広範な基盤をしだいに奪い取っているのである」（*Stenographische Berichte, Haus der Abgeordneten*, 1885 Bd. 3:1758）。これは、ヴェーバーによる周知のドイツ国民国家論と軌を一にする議論である。

国民自由党のルートヴィヒ・エネクツェールスによれば、問題の中心は、「ポーランド国家の再建」を放棄しようとしないポーランド人の志向に対する「国家の自己防衛の方策」である。だからこそ、ビスマルクが国民的な問題におけるこうした反政府闘争の危険を警告していることに、自分たちは耳を貸すべきなのである（*Stenographische Berichte, Haus der Abgeordneten*, 1886 Bd. 1:215-16）。エネクツェールスは、国民国家に向かう時代の趨勢を意識していたのであろうか。彼によって全幅の信頼を寄せられたビスマルクは、一八八〇年代ドイツにあって、反政府戦線のブロックを分裂させ、国民統合を強化する機能をポーランド人問題に与えようとした。ビスマルクは、文化闘争に入った本来的な理由を、プロイセン文部省カトリック部局が「プロイセン行政内部においてポーランド化の機関の性格を有し」、かつまた「ポーランド化のために機能」していた点に求めて、決してカトリック一般に対して行われたわけではないことを、とくに力説している（*Ibid.*:170）。ここにおいて、ビスマルクが「帝国の敵」をポーランド人に定めることによって、カトリック中央党とカトリック・ポーランド人を国民的問題によって分断させようとしたことは明らかだろう。

ビスマルクは一八七〇年代末に事実上文化闘争を終息させたが、同時に中央党は七九年の農業・工業保護関税を認めて、与党の一翼を担うことになった。その後、中央党は八〇年代半ばの陸軍増強問題をめぐってビスマルクと対立したが、九〇年代に入るとドイツ政治でいっそうの重みを増す存在となった。中央党は、ヴィルヘルム期ドイツにおいて、一九一二年に至るまで帝国議会で常に第一党の地位を維持し続けたのであり、時の政府にとって、カトリック信仰の擁護を目的とする中央党の動向は決定的な意味を持たざるを得なかったのである。

このような中央党とポーランド人との関係は、当然ドイツ政治に影響を与えるものであった。従来、ポーランド党（ポーランド議員団）やポーランド人の協会はもっぱらポーゼンとヴェストプロイセンを基盤としており、その他の地域ではカトリック信仰を通じて中央党とポーランド人の運動が提携していたと言ってよい。その両者は、ルール地方やオーバーシュレージエンで顕著に見られたように、世紀転換期頃から明白に分離し始めた。ポーランド人が独自の運動体を形成するに及んで、ドイツ支配階級の国民化の努力はそれだけいっそう強まった。彼らは、ここに至って、カトリックをどのように把握しようとしたのであろうか。

## (2) 帝国宰相ビューローと中央党

周知のように、世紀転換期になると、ドイツ支配階級は新たな農＝工同盟を軸に結集政策を推進し、帝国主義的支配を強化しようとした。ここに登場したドイツ帝国宰相ベルンハルト・フォン・ビューローは、「小ビスマルク」（ポーランド紙による呼称）として、民族問題を国民統合のための強力な梃子にすることを狙った。しかも、この時期には、全ドイツ連盟やドイツ・オストマルク協会などが、排外主義的なドイツ・ナショナリズム運動を活性化させ、ポーランド人への攻撃を強めていたのである。「ポーランドの脅威」が叫ばれるなか、ポーランド人の社会生活は圧迫されていった。郵便アドレス・地名・街路表記の言語、あるいは人名表記には規制が加えられ、ポーランド人を苦しめた。まさに生活レベルでのドイツ国民化の強制であった。

ビューローの下でのポーランド人政策の進展は、一九〇一年五月のヴレッシェン事件を契機にしている。同年三月、ポーゼン州政府は、民衆学校高学年の宗教授業にドイツ語を導入することをあらためて指令した（Korth, 1963:84）。「あらためて」ということは、前年に同様の決定が下されていたからである。おそらく、その決定は十分受け入れられなかったのであろう。ともかく、再度の指令は当局の固い決意を示すものであった。これによって、ポーランド人児童は、一八九四年に一度認められたポーランド語の読み書き授業を受ける権利を失うことになった。こうした当局の姿勢に反発してポーランド人児童や民衆が起こした行動が、ヴレッシェン事件と呼ばれる学校ストライキであった。ビューローはこの事件を経験するなかで、公開集会におけるポーランド語使用の禁止のみならず、初等教育からのポーランド語の完全な排除を決意したのであった（Hagen, 1980:182）。

こうした反ポーランド的スタンスは、ビューローのどのような観点に基づいていたのであろうか。ヴレッシェン事件の衝撃のなかで、ビューローは一九〇二年一月一三日にプロイセン下院議会で次のような認識を示していた。ここでは、もちろんポーランド人の運動を俎上に載せて、国民的団結を訴えていたが、カトリックの中央党が十分意識されていたことは間違いない。

「要するに、私は申し上げるが、ポーランド語を話すプロイセン臣民は、ドイツの文化制度の恩恵を分かち合うことができるようにされるべきなのだ。それ故にこそ、民衆学校の授業はドイツ語で与えられるのである。

宗教授業は、ドイツ化の一手段であってはならない。……宗教授業をドイツ語で与えることの意義は、こうしてこそ学校に対してはドイツの統一的性格が守られるということにある。……東部のドイツ人カトリック少数派をポーランド化から守ることが、私たちの義務である。それは私たちにとって正義の命ずるところであり、ドイツの国家理性の命ずるところでもある。それは、私たちの逃れられないものなのだ。……

プロイセン首相および帝国宰相としての私にとっては、カトリックのプロイセンやドイツも、プロテスタントのそれも、あるいはリベラルなプロイセンやドイツも、保守的なそれも存在してはいない。私の前にあるのはただ、一つの不可分な国民だけである。これは、実態の上でも理念の上でも、分けることのできないものだ。……

私たちが私たちの国民的なまとまった組織に亀裂を生じさせないならば、そのときにはじめてドイツは世界強国であり続けることができる。……

東部において問題なのは、カトリック教会やカトリック信仰の擁護ということではなく、プロイセン的国家意識やドイツ的国民感情、ドイツ語やドイツ的礼節が破滅されてはならないということである。問題になっているのは、宗派的課題ではなく、国民的課題であり、したがって、どのような宗派のものであれ、そうした課題には参加できるし、参加すべきなのである」(*Stenographische Berichte, Haus der Abgeordneten*, 1902: 69-71)。

このビューロー演説でまず確認されるのは、ドイツ文化の高さを前提として、その恩恵的支配を正当化している言説である。これが、「無秩序と怠惰」を意味する「ポーランド経済」という当時ステロ化されていた観念と通底していることは明らかであろう。ドイツとポーランドとの境界は、発展した有能で合理的な「西」と前近代的で怠惰で非合理的な「東」との間の境界であり、分割線は文化的に優越した西側の社会モデルと従属的なスラヴモデルとの間で引かれたのである(Schmidtke, 2009: 176-77)。そして、ここにおいては、帝国主義の時代に直面して、ドイツ国民国家の統一的性格を維持しようとする観点から、東部の「ポーランド化」への対抗が意識され、ドイツ人の結集を固めるとともに、ポーランド人の統合を図ろうとする姿勢が顕著である。とすれば、ポーランド民族運動は、ドイツ国民国家の根幹に触れる問題として位置づけられねばならなかったのである。

中央党はカトリック政党として政府に対して独自なスタンスを取っていたが、こうした事態を十分認識し、ポーランド民族運動への批判を強めた。中央党内では、ドイツ国民主義的な方向がしだいに強まり、ポーランド人に「プロイセン国家の忠実な臣民」をまず要求するようになった。ビューローの先の認識に対応して、中央党も転回する。中央党指導者のカール・バッヘムは、一九〇一年三月四日のプロイセン下院議会ではじめてオーバーシュレージエンにおけるポーランド人運動の危険性を指摘し、「ポーランド住民のうちの思慮ある忠実で愛国的な人々」がポーランド民族の指導権を握ることに期待をかけた。バッヘムの狙いは、「ポーランド問題を一切知ることのなかった」「ドイツ人カトリックとポーランド人カトリックとの間に良好な関係が生まれていた」オーバーシュレージエンを取り戻すことであった（*Stenographische Berichte, Haus der Abgeordneten*, 1901 Bd. 3:2676–77）。中央党は、こうして、カトリックの連帯を通して、ドイツ国家の一体性の実現を図ろうとしたのだと言えよう。これは、中央党なりのドイツ国民国家へのアプローチの仕方であった。

### (3) 全ドイツ連盟とドイツ・オストマルク協会

ところで、ドイツの支配体制が帝国主義的に再編成されてくるなかで、ドイツ・ナショナリズムが大衆運動化してくることが注目されよう。さまざまなナショナリズム組織が作られたが、なかでも全ドイツ連盟はそうした組織の「かすがい」の役割を果たしたものとして重要である。全ドイツ連盟は、一八九一年四月に総ドイツ連盟の名で創設された（一八九四年に改称）。連盟は、ドイツの対外政策を契機に、しかも反英路線の立場で成立しただけに、世界政策の推進を不可欠の目的とした。同時に、「すべてのドイツ民族の人種的・文化的共属意識の覚醒および育成を追求する」ことを掲げて、ナショナルなものに敵対する傾向の粉砕を目指した（伊藤 2002:174）。つまり、全ドイツ連盟は、対外的な問題と国民的な問題とを活動の両輪としたのであり、いずれの一方も欠けてはならなかった。国民的な問題では、「スラヴ人の洪水」への恐怖が喧伝され、ドイツ人とスラヴ人の戦いという構図が描かれた（Liulevicius, 2009:117）。とりわけ注目すべきは、ポーランド人の排外・敵視を活動の中心に据えていたことである。

全ドイツ連盟はパン・ゲルマン主義を体現したが、世界政策を推進する対外強硬論者として社会にアピールするとともに、国境=民族問題を最大の関心事としていた。この点は彼らの基本理念と関わっている。彼らの認識では、ドイツは未だドイツ人の完全な国民国家になっていない、むしろ領域国家（Territorialstaat）である。国民（Nation=Volk）と国家（Staat）とは一致していないのだ。だからこそ彼らは、国境線と国民の居住地域との間に完全な一致が存在するような国家を作るべきだと主張するのである。こうして、ポーランド人の存在が否定され、帝国外のドイツ人の統合が叫ばれる。中央ヨーロッパの再編、「中央ヨーロッパ的ドイツ帝国」=「大ドイツ」の構築である。会長のエルンスト・ハッセによれば、ここにいう国民とは、「同じ言語を話し、共通の政治的・文化的発展を経験し、共属意識を所有している、そういう共通の血統をもつ人間の総体」である。続けて、ハッセはこう述べている。「その場合、これらの条件すべてが合わさっていることが望ましい。しかし、あれやこれやの条件が欠けても構わないけれども、けっして言語の全体が欠けてはならないのだ。言語共同体は、共通の国民性の第一かつもっとも必要な条件を形成している」と（Peters, 1992:33）。国民をエスニックな側面から捉える典型的な議論であった。しかも、このような国民としてのドイツ人は、ハッセの後継者ハインリヒ・クラースに言わせれば、「文化をもたらす使命によって前々から際立っていた」のであった。これは言うまでもなく、中世の東方植民を念頭において、プロイセン東部地域のポーランド人少数派のドイツ化を正当化する議論につなげられている（Wippermann, 1981:89）。

それでは、こうした国民から構成される「ドイツ国民国家」とはいったいどのようなものなのか。それは、一言でいえば、「ドイツ的・キリスト教的性格」を満たしていなければならない。かくして、「インターナショナル」は全面否定の対象でしかあり得ず、「赤色インターナショナル」=社会民主党（社会主義者)、「黒色インターナショナル」=イエズス会(カトリック)、「黄金インターナショナル」=「国際的金権勢力」(ユダヤ人)は敵視されることになる(伊藤 2002:177-78)。ポーランド人は、ドイツ・ナショナルな考え方に敵対するものとして、かつカトリックとして二重に排除されたのである。もっとも、ドイツ政治の現実からすれば、全ドイツ派のこうした理解はとうてい国民的共感を得られるものではない。むしろ、政治的緊張を増大させかねなかったであろう。しかし、ここでは、繰り返される「国民」キャンペーンは、政府のさまざまな政策と連動して、彼ら「インターナショナル」勢力の国民化を推進するのに手を貸したのである。

全ドイツ連盟は、もっぱらドイツ中部・西部の知識層や都市中間層を担い手とし、地域および他のナショナリズム組織・資本家団体の有力者を抱え込み、国民自由党を中核にして、大工業・軍部と結びつきながら超党派組織を形成した(同上:173)。興味深いことに、連盟は民族政策が展開された東部には活動の基盤を築いていない。全ドイツ連盟が対外的問題、植民地政策や世界政策に敏感に反応し、時には政府批判の声を上げるなかで、それらを足がかりに活動を組織化したことは、会員の地域分布や担い手を見れば明らかだろう。重要なのは、そうした問題とつながりをつけながら、連盟が「国民」をキー概念として、東部の国境・民族問題を中・西部にまで広げ、まさに全ドイツ的問題の中心に押し上げようとしたことである。連盟がこのように民族問題を全面展開させたのは、世界分割競争に伍していくためには、国内矛盾を封じ込め、国民統合を進めねばならないことを彼ら自身よく自覚していたからに他ならない。彼らが「ドイツ国民国家」論を振りかざし、ドイツ世論を先導する役割を果たしたことは無視できない。

全ドイツ連盟と連携しながらオストマルク（東部国境地域）の民族問題に集中したのが、ドイツ・オストマルク協会である。オストマルク協会は、全ドイツ連盟会長ハッセの働きかけにより、「スラヴの脅威」に対抗する組織として、一八九四年一一月にドイツ民族促進協会の名で創設され、九九年に改称して以降、もっとも強硬なドイツ・ナショナリストの結集体となった。オストマルク協会の創設に尽くしたのは、四D銀行の一つであるディスコント・ゲゼルシャフトの創立者の息子フェルディナント・フォン・ハンゼマン、そして東エルベの大土地所有者ヘルマン・ケンネマン、大農業家のハインリヒ・フォン・ティーデマン＝ゼーハイムである。協会は、創設時の中心的指導者であるこれら三人の頭文字を取って、反対派からはHKT協会と呼ばれ、そのメンバーは「ハカティスト」と称せられた。会員の地域的基盤の中心はプロイセンの東部四州であり、全ドイツ連盟とは対照的である。彼らの社会的基盤については、知識層、手工業・商工業者、ユンカーなどが指摘できるが、なかでも最大の役割を果たしたのが官吏であり、教師は政府の反ポーランド人政策を積極的に担い、とりわけプロテスタント牧師は地方支部では欠かせない存在だった。その担い手から理解されるように、オストマルク協会はプロイセン＝ドイツ政府と連動しながら、ドイツ国内に反ポーランドの空気を広げ、植民政策や言語政策などの反ポーランド政策の実行に大きく貢献した（伊藤 2002:181–83）。

協会のイデオロギーはさまざまな側面を併せ持っているが、さしあたり注目したいのはヤクーブチクの指摘する「プロイセンの歴史的権利」論、「ポーランドの脅威」論と人種イデオロギーである。ここではまず、「鋤の征服」などプロイセンによるポーランド人の文明化が強調され、東方の土地への「権利」が正当化された（Galos *et al.* 1966:200–202）。こうした考えは、一九世紀から引き継がれ、二〇世紀初頭のドイツ支配層にも共有されていた。例えば、前述したプロイセン下院議会演説で明らかなように、帝国宰相ビューローは文化の担い手としてのドイツ人がポーランド人に対して支配権を有していることをはっきりと認めている（今野 2009:113）。

「ポーランドの脅威」論は、ビスマルク期からのおなじみの議論であり、あらゆる機会・場で繰り返し取り上げられ、ドイツ人住民の頭に注入された。彼らによれば、東部ドイツ人は、ポーランド・ナショナリズム運動の発展に対抗して、「ラインの護り」に劣らず重要な「ヴァイクセルとヴァルタの護り」に全力を尽くすべきなのである。また、「ポーランドの脅威」に対しては、注意すべきことに、「スラヴ」に対する「ゲルマン」の優越という人種イデオロギーが持ち出されている（Galos *et al.*, 1966:202–205）。

最後に、決定的なのは「ドイツ国民国家」論である。協会においては何よりもドイツ国民国家の強化が問題とされるのであり、国民統合が課題とされねばならない。ハカティストの基本的観点は、こうである。「われわれの国家は統一された国民国家であり、ドイツ人の国家である。したがって、あらゆる学校での授業語はドイツ語でなければならない」。しかも、オストマルク協会に特徴的なのは、当然といえば当然だが、ドイツの統一過程を踏まえてプロイセン中心の国民国家論が前面に押し出され、ビスマルクはもちろんのこと、ホーエンツォレルン家やヴィルヘルム二世への忠誠が強調されたことである。「皇帝（カイザー）と祖国のために」こそ、すべての協会幹部を貫いている合い言葉であった（伊藤 2002:191–92）。

### (4) プロテスタント同盟

プロテスタント同盟は、一八八六年に文化闘争の終息に対するプロテスタント陣営の反動として成立し、一貫してドイツの政治的カトリシズムを抑止することに努めた。世紀の変わり目以後は、ドイツ・プロテスタンティズム内の最大の組織へと発展した（Gottwald, 1984:580）。

プロテスタント同盟の創立の決定的なプロモーターは、ハレ大学の神学教授ヴィリバルト・バイシュラークである。彼は、プロイセン教会会議の神学グループのリーダーとして、「ローマの洪水に対して抵抗の旗」を振ることによって、「わが国民的生活の分野すべてにおいて現存のプロテスタント精神を目覚めさせる」ことを提案していた（Smith, 1995:51）。この基本的な考え方は、プロテスタント同盟に貫かれていくことになる。

彼は、すでに一八八三年のルター生誕四〇〇周年記念に際して、反カトリック的な「ルター同盟」をもくろんでいた（Gottwald, 1984:581）。一八八六年五月二六日、バイシュラークは「国民の信仰告白上の運命」を検討するために二〇人の神学者をハレに招いた。彼らの大半はザクセンとテューリンゲンの出身であった。ここで五人のメンバーから成る委員会（すぐに七人に拡大）が成立し、それは新しいプロテスタント組織の形態を考えることになった。この委員会には、バイシュラークとともに、フリードリヒ・ニッポルトとリヒャルト・アーデルベルト・リプジウスの教授たちも参加していたが、これらのメンバーは、ドイツ・プロテスタンティズム内の合理主義的左派から右派の神学的実証主義者まで、広範な神学上の立場を代表していた（Smith, 1995:51）。この協議を経て、バイシュラークは綱領の骨格を練り上げていくが、ここでの中心は、公共生活と世論に対してプロテスタント的問題を代表するために何が実行可能か、ドイツ・プロテスタンティズムの統一と強化のために何をなし得るか、そしてカトリックのドイツ民族に対する教皇的・ジェズイット的支配を低下させるために何ができるか、という問題であった。こうして、八六年一〇月五日プロテスタント同盟がエルフルトで創立された（Gottwald, 1984:582）。

同盟の課題は何であったのか。それは、一八八七年一月一五日の声明、つまり「全ドイツのわが信者に告ぐ」のなかにはっきりと述べられている。第一に、「同盟は、ローマの増大する権力との戦いにおいて、すべての領域でプロテスタントの利害を守り、言葉と文書によるプロテスタント利害の侵害に対抗し、他方ではカトリック教会の庇護にある真のカトリック性とキリスト教的自由の動きすべてには手を差し伸べるものである」。第二に、「同盟は、時代の信仰無差別論と物質主義に対して、キリスト教＝プロテスタント的共通意識を強め、人を無気力にするような党派的行動に対しては教会内の平和に気を配り、プロテスタント的ドイツの領邦教会の分裂に対しては個々の領邦教会の構成員間の相互関係を活性化し、強めるものである」（*Ibid.*:582）。

同盟がもっとも支持を得たのは中部ドイツのテューリンゲンとザクセンであったが、プロイセン東部の諸州にも強固な基盤を獲得した。なかでも、シュレージエンにおいて顕著である。スミスによれば、同盟は東部最大のナショナリズム組織の一つだったのである（Smith, 1995:178–79）。同盟のなかで最大の会員数を誇ったのは、言うまでもないことだが、プロテスタントの聖職者であった。彼らは、創設期には、ほぼ三分の一を占めている。それとかなりの距離を置いて、教師、官吏と法律家、そして中産ブルジョアジーが続いた。同盟が急速に拡大したのは、それが最初から一貫してドイツのプロテスタンティズム内部の神学論争に関与しないように努めたからである。こうして、同盟メンバーは、創設時点の一万人から、一九〇二年には一五万六〇〇〇人に急成長を遂げ、大戦前の一三年には五一万人を数えるまでになっている（Gottwald, 1984:581-82）。

同盟が前面に押し出したローマとの対抗は、もとよりドイツ的性格との対照のなかに位置づけられている。この観点からすれば、宗教改革は国民的解放を表象し、そのもっとも重要な主唱者であるマルティーン・ルターは、最初の真に「ドイツ的なキリスト教徒」であった。同盟の牧師たちは、ドイツの国民的文化という考えに基づいて、国民的性格の理念を打ち出し、こうした性格の形成に貢献しない、もしくはこのような文化を共有しないグループはドイツ人とは見なすことができないと考えた。こうして彼らは、神学というよりはむしろ道徳生活や習慣をめぐって、さらにはキリスト教の儀式の意味よりは国民的文化の運命をめぐってカトリックと論争した（Smith, 1995:54）。ここには、国民国家の形成という時代が大きく影を落としていよう。

同盟の活動の中心に置かれたのは、「ウルトラモンタニズムの耐え難い優位とその優位を強める一切のものに対する闘争」であった。同盟の指導者たちは、「ドイツ的」と「プロテスタント的」とをナショナリズムの点から一致させる上で、「私たちが国民的未来を持つべきならば――それは精神的統一なしには不可能なのだが――」、ドイツのカトリック教会は克服されねばならないということを出発点とした。したがって、同盟が政治的カトリシズムとのあらゆる協力に反対したのはきわめて当然であった。そこで同盟は、中央党が攻撃の対象となった一九〇六年一二月の帝国議会解散を「ドイツの民族精神について未ださまざまに誤解されている活動を見事に正当化すること」と受けとめたのである（Gottwald,

1984:582–83)。

こうした同盟活動の発展は、世紀の転換期頃から同盟内部でプロテスタント知識人の若い世代が台頭してきたことと無縁ではない。ここでは、例えば「ローマからの分離運動」の組織者であるパウル・ブロインリヒなどを指摘できるが、聖書から文化へ、国家から国民、さらには人種へ、保守党から国民自由党へといったイデオロギー的シフトは、宗派上の紛争を相対化した。若い世代の主要な論点は、ドイツ帝国内外の民族境界地域における民族問題を中心に展開していくのである（Smith, 1995:59–61）。こうして、同盟の活動は全ドイツ連盟やオストマルク協会とも接点を持っていくが、これら諸組織の活動が予定調和的にうまく連携していくようなことはなかった。例えば、ポーランド人に対抗してドイツ人カトリックを取り込もうとするオストマルク協会に対しては、同盟は一定の距離を持たざるを得ず、協会と確執すら生み出したのである（*Ibid.*:182–85）。

さらに、同盟についても見逃せない点がある。前述の帝国議会選挙では社会民主党も激しい攻撃にさらされたが、同盟活動の第二の柱を形成していたのが、社会主義的労働運動に対する闘争であった。同盟の一貫したうたい文句は、「物質主義に対する闘争」である。こうして、同盟は「社会的危険」を強調し、「公共心と国民的意識」並びに「愛国的な義務の遂行」をスローガンに掲げて、第一次大戦前のイデオロギー戦線を担うことになった（Gottwald, 1984:583）。プロテスタント同盟も、ドイツ社会民主党包囲網の一翼を形成していたのであった。

## (5) ビスマルク崇拝

研究者のホルトは、その著書をビスマルク生誕一五〇周年に際して行った『ミュンヒナー・メルクーア』のアンケート調査の興味深い事実の紹介から始めている。それは、ミュンヘン市民に対して、ミュンヘンのビスマルク記念碑がどこにあるかを問うものであったが、多くの市民はこの質問を「エープリルフールのいたずら」と見なしたという。つまり、記念碑は誰でも目に入るほどの大きさであり、しかも比較的に市の中心部にあるにもかかわらず、ほとんどまったく知られていなかったのである。ヴァイマル末期に建てられたビスマルク記念碑は、三四年後にはまったく忘れ去られてしまった。一方、その三四年前のドイツ帝国に戻ると、様子は一変する。ビスマルク記念碑が雨後の竹の子のように次々と誕生した。そして、この記念碑運動の基になったのが、ビスマルク崇拝であった。それは、一八九〇年の彼の解任後まもなく始まり、九八年の死の後でいっそう強まったものだった。九五年四月一日のビスマルク生誕八〇周年記念祝典は、前例のないほどの規模を持って全帝国的に行われたが、ビスマルクは存命中にすでに「国民的な崇拝の対象」になっていたのである（Hort, 2004:11）。

そのことを示す恰好のエピソードが、ハンス・カロッサの『美しき惑いの年』のなかで述べられている。バイエルンは郵便、電信および軍隊の管理に関して独自の権限を持っており、バイエルン人意識も強かった。カロッサの母もその例に漏れず、バイエルン人として、バイエルン国王ルートヴィヒの命日には教会を訪れて国王を偲ぶような人だった。同時にその母は、父ともどもビスマルクへの尊敬の念には揺るぎないものを持っていた。彼女が丹精込めて咲かせた蘭の花を、父の手紙を添えて第一線から引退したビスマルクに送り届けるような光景が、一八九〇年代後半のバイエルンでも見られたのである。

そのような雰囲気が生まれてくるにしたがって、前宰相ビスマルクは「新航路」と呼ばれるドイツの政治状況と無縁ではなくなった。プロイセン東部の国境問題＝民族問題をめぐり、カプリーヴィの「宥和政策」に対抗して、「スラヴの脅威」に対する組織建設が準備されるなかで、ビスマルクの存在が利用された。つまり、「ビスマルク詣で」の画策である。プロモーターは、前述のハンゼマンであり、このハンゼマンに協力したのがビスマルク信奉者だったケンネマン、そしてティーデマンである。いずれも、オストマルク協会の創設に中心的な役割を果たしたことで知られている。

ビスマルクは当時彼のお気に入りだったポメルンのファルツィン農場に住んでおり、そこで代表団を受け入れることに同意した。一八九四年九月一六日、ケンネマンに率いられて、ポーゼン各地からほぼ二〇〇〇人がファルツィンに赴いた。ビスマルクは屋敷のポーチに現れて、人々の表敬を受けた。ここで参加者たちは、ビスマルクの三〇分にわたる演説を聞くことになったが、それは彼らにとって周知なことの繰り返しであった。つまり、貴族と聖職者こそがプロイセンにとって唯一の問題あるポーランド人であり、国家が健全なポーランド人政策から逸れたのは彼らの影響力のせいなのだ、将来の独立ポーランド国家がどのようなものにせよ、その建設はドイツに対し絶え間のない脅威となるであろう、と。彼の演説の基調は、東部諸州のドイツ人の統一であった。一週間後、今度はヴェストプロイセンからの「ビスマルク詣で」の参加者たちは、同じポーチからのビスマルクの同様な言葉を聞くことになった（Tims, 1966:24–27)。オストマルク協会の創設には、こうした「ビスマルク詣で」が無視できない役割を果たしている。

一八九五年以降、とりわけ九八年に亡くなってからのビスマルク記念碑の氾濫は著しかった。皇帝ヴィルヘルム一世の記念碑建設運動の後ろ盾になっていたのは、とりわけ商業ブルジョアジーや工業ブルジョアジー、そして教養ブルジョアジーであったが、今や小ブルジョア階層がこれまで以上に積極的な役割を引き受けるようになった。三〇〇を越えるビスマルク協会の会員の大半は、中級の職員や官吏、小売商人や手工業者、その他に大学教育を受けた知識人、高級行政官、企業家、商業経営者であった。一方、労働者や農民は入っていない。これらのビスマルク協会は、全体として七〇〇以上ものビスマルク記念碑を建設している。加えて注目されるのは、ビスマルク崇拝が今やドイツ学生団体の組織的な青年運動に支えられ、一八九八年には各地にビスマルク記念塔や記念柱を建てることを呼びかけたことである（Hardtwig. 1994:195）。こうして、国民的大政治家ビスマルクという「神話」が創り出されていった。これは、その後の伝統的なビスマルク像の基礎となっていくのである。

# 第三章 ポーランド・ナショナリズムの展開ともう一つの国民化

## 第1節　ポーランド民族運動の発展

### (1) ポーランド人の自立化

一八四八年のポーゼン蜂起の敗北後、ポーランド人の運動は経済活動に拠り所を求め、他方ではプロイセンの学校教育によって、オーバーシュレージエンやポーゼン州のポーランド人の一定部分はプロイセンの社会と文化に歩み寄りを見せていた。そのことは、ポーランド人の地域でも多くの民衆が民族問題をそれほど自覚していたわけではないことを示していた。彼らは、プロイセン学校制度の教育上の役割を認識していたのである。いわば意識せざるドイツ化が進んだと言えようが、このプロセスを断ち切ったものこそドイツ統一とその後の文化闘争であった。

文化闘争におけるポーランド人聖職者の弾圧、厳しい民族政策は、むしろ彼らの分離主義的傾向を強めることに作用した。例えば、ポーランド人農民のプロイセン国家に対する態度は、前述した一八七三年のポーゼン州知事通達を契機に決定的に変わっていく。それまで遅々として進まなかった農民協会の組織作りは、その後急速に成果を収めていった。こうした事態は、ドイツ国民化政策によるポーランド人民衆統合の試みの失敗を意味していた。従順なポーランド人「臣民」というイメージは、まさに七〇年代から八〇年代にかけてフィクションになり始めていた。経済的・社会的変動のなかで、自意識あるポーランド人農民階層やブルジョア階層も形成されてきており、プロイセン当局やポーランド人貴族に対する彼らの経済的・政治的自立も目立ってくる。七〇年代には、農民協会や協同組合の形態を取った組織化も始まった（伊藤 2002:100-102）。

こうして、ポーゼンなどのプロイセン東部諸州を中心に、「有機的労働」と呼ばれるポーランド民族運動が展開する。これはすでに四八年革命以前に始まっていたが、プロイセン支配という状況において、武力蜂起による独立運動を否定し、さしあたりポーランド人の社会・経済的、文化的自立を図ろうとするものであった。言葉を換えれば、合法活動を通して民族の社会的・経済的・文化的水準を高め、ポーランド社会の発展、ポーランド民族の再生を目指そうとしたのである。政治活動もそれに従属し、もっぱら議会活動に中心が置かれた。

ドイツ統一後の民族政策に直面した彼らは、この「有機的労働」によって対抗した。ポーランド語新聞が創刊され、政治・経済・社会・文化、あらゆる領域に民族組織のネットワークが張りめぐらされた。すでに述べた農民協会や協同組合、民衆教育協会、貸出し図書館、工業協会、中央連盟銀行、土地銀行、体操協会、カトリック協会などがそれである。ルール地方においては、労働者協会ないしは教会協会と呼ばれたこのカトリック協会がもっとも多数のポーランド人を組織していた。このなかには、もっぱら女性から構成されていたロザリオ友愛会も含まれている（伊藤 1987a:77-79）。こうした状況は、一面では、「国家内国家」の様相すら呈していたのである（Wehler, 1970:207）。それは、時の政治状況にも助けられ、一八九〇年代には学校教育でポーランド語の読み書き授業の確保、国庫貸付金の獲得などを実現した。他方で、民族運動内部では、中産ブルジョアジーや知識人たちによって担われた国民民主主義の新しい潮流が生み出されたが、このことはポーランド人の運動に質的発展をもたらすことになった。同時に、このような運動の発展は女性の組織化を促し、ここに女性運動が誕生する。ここでは、ポーランド語の読み書きなどの民族教育に果たす女性や母親の役割が強調された。西部工業地域の場合、第一次大戦直前には女性協会の急速な増加が顕著であった（伊藤 1987a:101–104）。

### (2) 学校ストライキ

ドイツ・ナショナリズムが強化されるのに対抗して、ポーランド民族運動の拡大の契機となったのは、学校教育における言語＝宗教問題、つまり宗教授業における使用言語をめぐる問題であった。プロイセン政府からすれば、宗教授業にドイツ語を導入することはポーランド人児童への国民化教育の実現を意味している一方で、他方ポーランド人側においては、宗教の授業こそがポーランド語を確保する唯一残された場であり、この問題は後継世代の育成に関わるものだけにけっして疎かにはできないのである。こうして、一八九九年六月のポーゼンで開かれたポーランド人総決起集会をきっかけに、学校教育におけるポーランド語とカトリシズムの保持が民族運動のスローガンとなり、学校教育をめぐる問題は完全に議会外の民衆をも捉え始めた。

このような状況のなかで、プロイセン政府はポーゼン州の民衆学校の宗教授業にドイツ語を導入することによって、学校教育のドイツ化を強行しようとした。当然ポーランド人側からは激しい抗議の声が上がり、前述したように、一九〇一年五月ポーゼン州東部の小都市ヴレッシェンで、のちに「ヴジェシニア」の名前によってポーランド人の抵抗のシンボルとなる民族的事件が起こった。それは生徒の宗教授業ボイコットを始めとして、地域的な学校ストライキへと発展した。この事件はポーランド人の民族的連帯を強める上で積極的な役割を果たしたが、とりわけポーランド人の民族的抵抗の社会的基盤が決定的に拡大したことが重要であった。もちろん聖職者の役割を無視できないけれども、都市の小ブルジョアや労働者、そして農民が「宗教と言語」をめぐる民族的抵抗に直接参加し、政治の表舞台に登場してきたことは、ポーランド民族運動の新段階を示していた（油井他 1989:129–33）。

一九〇六年の復活祭に、ドイツ語による宗教授業が強制的に導入された。復活祭後、それに反対する抗議集会がうち続き、一〇月にはついにポーランド学校ストライキが全面化した。ストライキは、ポーゼン州を中心にヴェストプロイセン州、オーバーシュレージエンやオストプロイセン州にも拡大した。ポーゼン州では民衆学校のおよそ三三％が学校ストライキの影響を受けたという（Kulczycki, 1981:110–12）。民族的な抗議集会やプレスキャンペーンが運動を支え、学校ストライキは地域ぐるみの民族的抵抗の様相を呈した。なかでも、カトリック教会や国民民主党、地方コミュニティのリーダーの果たした積極的な役割は見逃せない（*Ibid.*:215）。社会的基盤の広がりも顕著であった。運動の中心的担い手は新聞編集者や聖職者であり、農民、手工業者、労働者、商人、騎士領所有者、医者など多方面にわたっている（Korth, 1963:165–70）。また、女性がストライキに積極的に参加したことも注目すべき事柄であった。教育における女性の役割はつとに強調されていたところである。ストライキ児童を見ても、抵抗のイニシアティヴを握っていたのは少女たちの方である（Kulczycki, 1981:160-61）。カトリシズムをバネにして広範なポーランド人民衆の民族意識が喚起され、学校ストライキはドイツ第二帝政期最大のポーランド民族運動となった。

しかし、学校ストライキは、国家の厳しい弾圧や運動内部の分裂によって一年あまりで終息した。学校ストライキは、広範囲にわたる弾圧やドイツ・ナショナリズムの総攻撃にあって敗北した。ストライキ児童への罰則と圧力、校長の解任、自治体首長の解任・懲戒、親や地域住民への弾圧は、ストライキに決定的な打撃を与えた。さらに、学校ストライキの展開に影響を与えたのは、ポーランド人の運動とドイツ諸政党との分裂であった。カトリックの中央党がポーランド人の「大ポーランド的志向」に警戒の念を表す一方で、ポーランド人の中央党批判は強まり、またポーランド人側からの社会民主党に対する不信には根強いものがあった。政府反対派は、連合戦線を組むことができなかったのである（油井他1989:141-44, 156-60）。

運動内部の分裂で見逃せないのは、運動の重点をポーランド語に置くのかカトリシズムに置くのかという点でのズレであった。両者は重なり合ってはいたものの、学校ストライキをもっぱら宗教的側面からアプローチする傾向に対しては、問題が国民的なものであることを指摘する人々が対抗していた。また、ナショナリズム運動と社会階級との関係も無視できない。学校ストライキは、あらゆる社会階級を含んでいたからこそドイツ政治を揺り動かしたわけだが、あるポーランド紙は、ストライキの中止をめぐる階級対立の存在を指摘している。ポーランド国民の形成も、当然のことながら、矛盾を孕みながら進行する（同上:146–49, 161–63）。

　ドイツ国民国家の統一的性格の維持を至上命令とする政府からすれば、学校ストライキは支配の根幹に触れる問題だった。それだけに、政府は反政府派に楔を打ち込み、一九〇七年一月の帝国議会選挙では植民地問題をめぐって中央党と社会民主党をやり玉に挙げ、プロイセン東部ではポーランド人側に攻撃の集中砲火を浴びせた。こうして、一九〇八年のプロイセン土地収用法と帝国結社法がポーランド民族運動に対する回答となった。

### (3) ポーランド人の民族意識

　ところで、こうした民族的抵抗を生み出したポーランド人の民族意識とはどのようなものであったのか。その最大公約数として、ポーランド語とカトリシズムの擁護という点が指摘されようが、そうした主張はまたポーランド文化、ヨーロッパ文化への確信と結びついていた。キリスト教文化、ヨーロッパ文化を担ったポーランドの果たした役割への強烈な自負である。そして、民族運動にしばしば見られるように、彼らも過去の歴史のなかに自らのアイデンティティを求め、ポーランド文化の高さを誇示することが常であった。コペルニクス、ショパン、ミツキェーヴィチ等は民族的誇りであり、ソビェスキ（ヤン三世）、コシチューシコ、ポニャトフスキは民族的英雄の代表であった。

　また、ドイツ騎士団を破った一四一〇年のグルンヴァルト（タンネンベルク）の戦い、一七九四年のコシチューシコ蜂起、一八三〇年の一一月蜂起、四八年のポーゼン蜂起、六三年の一月蜂起はポーランド民族の不屈の伝統を示すものだった。なかでも一七九一年五月三日憲法は、ヨーロッパの国々がなお「奴隷状態」にあった当時の状況において、ポーランドの自立を示す証として繰り返し想起されるものとなった。それは、ポーランドの知性を代表し、ポーランド民族が「生命力ある民族」であることを端的に表現し、民族の自由の権利を証明しているというのである。これらの歴史的事件や民族的英雄は祭典の対象に祭り上げられ、民族意識の強化に動員されることとなった。「伝統の創出」によるポーランド民族の創造である。これは、もう一つの国民化に他ならない（伊藤 1987a:116–23; 伊藤 2002:107–109）。

さて、ポーランド人が自立化し、自らの民族的力量を高めてドイツの国家と社会に異議申し立てを行なっていったことは、民族組織の結成や学校ストライキによく示されている。このようなポーランド民族運動の展開においては、ポーランド文化への自負、そのヨーロッパ文化への貢献という意識が重要な役割を果たしていた。問題は、そうした意識が他の少数派と向き合ったときにどのように機能したかということである。すでに述べたように、ポーランド民族運動の発展に直面したプロイセン＝ドイツ政府は、マズール人の運動を援助することによって、彼らをポーランド民族運動に対抗させようとした。ポーランド人の側は、こうした事態を打開するために、マズール人との連携を図ろうとした。その場合、ポーランド人の出発点は、ポーランド語とマズール語とは同一であるという認識であった。ポーランド人からすれば、マズール人は「プロテスタントのポーランド人」にすぎないのである。しかし、このような一方的なレッテルは、「古プロイセン人」を自称するマズール人の民族感情を逆撫でした。自己の文化の高さを誇り、マズール人への蔑視意識を垣間見せるポーランド人のあり方が、マズール人の取り込みを難しくしたのである。同時代人のヴァホヴィャクが、ポーランド人とマズール人との結びつきを阻害している最大の要因に、ポーランド人の文化的優越意識の存在を挙げていることは軽視できない（伊藤 1988：35-37）。ここに端的に現されているのは、ポーランド民族運動の複合的性格であり、ナショナリズムの複雑で、深刻な一面であった。

次に、ユダヤ人問題も、ポーランド民族運動のそのような性格を象徴的に示しているものだろう（伊藤 2002：232-41）。元来、プロイセン東部ポーゼン州のユダヤ人人口の比率は、ポーランド人やドイツ人に比べてかなり低い。しかし、もっぱら都市住民としての存在のユダヤ人がポーランド民族運動の攻撃の対象となってきた。そのきっかけは、ポーランド民族運動における急進的な潮流の台頭であった。それはポピュリストや国民民主党に担われて発展したが、彼らは分割国家の社会に敵対的であり、ことに民族意識を高めることに熱心であった。一八九四年、ポーゼンで開かれたポーランド人集会の決議に基づいて商工業防衛協会が創設され、やがてユダヤ人商人ボイコット運動が始まった。そのスローガンは、「ユダヤ人の店では買うな！」である。こうして、ユダヤ人攻撃がポーランド新聞を飾ることになった。ポーランド民族運動における反ユダヤ主義の特徴は、まず第一にユダヤ人がポーランド人の経済的搾取者、寄生者であり、ドイツ人の同調者であるという認識である。このような捉え方は、もっと露骨な表現、例えば「吸血鬼」「ポーランド人社会の肉体に巣くった癌」という言い回しにもなり、その他に「イースト菌」とか「ポーランド人食い」とかの表現もしばしば繰り返されている。

さらに、「鉤鼻」や「縮れっ毛」、あるいは「儀式殺人」「婦女売買」といった古くからステロタイプ化された形容ももちろんユダヤ人に対する反感の表れであり、それらはポーランド人民衆のなかにユダヤ人憎悪を煽った。そして、ユダヤ人の外見に対する嫌悪・冷笑は、彼らの食事の好み、臭いにまでつなげられていく。「ニンニク臭い」というのは、ユダヤ人に貼られたレッテルであった。こうした表現は、ユダヤ人に対する嫌悪の念以外の何ものでもない。

また、彼らが一般的に「人間の屑」と嘲笑されていたことを考えると、「よそ者のオリエント民族」という形容からは、ポーランド人のユダヤ人に対する宗教的・人種的偏見を読み取ることができよう。私たちは、当時のオリエント＝アジアに対する偏見をこれに重ね合わせてみる必要がある。加えて、「風紀紊乱者」としての「好色漢」＝ユダヤ人、あるいは「背徳の巣」＝ユダヤ人商店という捉え方も無視できない。実は、「好色ユダヤ人」というイメージは、当時のドイツではもっとも民衆のなかに注ぎ込まれた観念の一つであった。オリエントを「欲情」や「好色」という観念で染め上げる見方は、ヨーロッパで広く受け入れられていた。ポーランド・ナショナリズムにおける反ユダヤ主義も、こうしたユダヤ人観を打ち出して、ユダヤ人差別の一翼を担っていたのである。

## 第2節　ポーランド党の活動

### (1)　ポーランド議員団の誕生とポーランド党

前述した「有機的労働」は、一八四〇年にポーランド人医師のカロル・マルチンコフスキが創設した学問援助協会によって始められた。その後、一八四八年革命期にポーランド連盟（リガ・ポルスカ）とポーランド議員団（コウァ・ポルスキェ）が誕生した。ポーランド連盟は、シュラフタや聖職者、知識人の支援を受けたが、下層住民にも手を伸ばしてより強力になった。そのような連盟に打撃を与えたのが、五〇年三月一一日のプロイセン結社法である。その一ヵ月後、連盟は結社法に基づき、プロイセン政府によって解散させられた。

一八四九年二月、ポーランド議員団はプロイセン邦議会の議員集団として創設された。議員団は議院規則をめぐる対立で解消を余儀なくされたが、すぐに再建され、同年八月一三日に規約を決定して活動の基礎を固めた。議員団は、ポーランド連盟の解散後は、プロイセン邦議会および北ドイツ連邦議会（のちに帝国議会）の議員を結集して、「有機的労働」を政治の領域で代表する存在となった。四九年の規約で確定された政治綱領は、議員団の政治的方向を次のように打ち出している。つまり、第一に、ウィーン条約および一八一五年のプロイセン国王声明のなかでポーゼン大公国に約束された国民的権利の保持、第二に、プロイセンおよびシュレージエン諸州におけるポーランド民族性の保持、第三に、ポーランド人地域にとって大きな意義を持つ、例えば結社法や市町村法等のような自由の保持、最後に、ポーランド民族の物質的状態の改善に資する信用銀行などのような制度の保持、以上の諸点である。これらはすべて、議員団がその後の歴史のなかで直面する重要課題となった（Grot *et al.* 1985:258–59）。

ドイツ帝国の創立後、ポーランド議員団はポーランド人議員の議会内党派としてポーランド党と呼ばれ、少数派ながら、帝国議会とプロイセン邦議会で一定の地位を確保する存在となった。帝国議会では、一三〜二〇議席（一八七四年以降議員定数は三九七議席）の間を浮動し、時にはキャスティング・ボートを握る役割を果たすこともあった。議員の主力は、もちろん、ポーランド人地域のポーゼン出身議員であり、続いてヴェストプロイセン、オーバーシュレージエン出身が多かった。オーバーシュレージエンで帝国議会の議席を初めて獲得したのは、一九〇三年の帝国議会選挙の時である（*Ibid.*：260）。

ポーランド党は、長らく、シュラフタや聖職者の支配下にあった。文化闘争期においてポーランド党を率いたのは帝国議会議員＝プロイセン下院議会議員の聖職者ルドヴィク・ヤシジェフスキであり、彼はグネーゼン＝ポーゼン大司教ミェチスワフ・レドゥホフスキの解任に反対して、中央党とポーランド党との共同行動を組織した。また、追放布告やプロイセン植民法に反対する論陣を張り、ポーランド人移住者による「ドイツ文化の危機」論をやり玉に挙げて、政府を激しく批判したのもヤシジェフスキであった。彼は、ポーランド人の権利の擁護と維持という原則論から政府を攻め立てた（伊藤 2002：152-54）。

ポーランド党をめぐる状況は、同党が一六議席から一三議席に後退した一八八七年の帝国議会選挙以後、とりわけ九〇年代以降大きく変わった。七〇年代に誕生した大衆政党が世紀転換期には帝国議会に進出して、議員集団としてのポーランド党の質的変化を促した。ローマン・シマンスキの人民党は、貴族と聖職者に支配されているポーランド党に批判の矛先を向け、ローマン・ドモフスキを指導者とする国民同盟が実質的に国民民主党へと発展し、国民民主主義運動、つまり急進的なナショナリズム路線を展開してポーランド党を揺さぶった。国民民主党は人民党と連携し、名実ともに国民民主党が成立したのは一九〇九年であった。進歩的な土地貴族、ブルジョアジー、知識人を中核とする国民民主党の結成は、急進的なポーランド・ナショナリズムの発展を示し、ポーランド党内の指導勢力の交代を引き起こした。こうして、新たに地歩を築いていったのが、体操協会会長のベルナルト・フジャノフスキ、ジャーナリストのヴワディスワフ・セイダ、オーバーシュレージエン出身のヴォイチェフ・コルファンティらの若い世代の政治家であった。コルファンティは、一九〇三年の帝国議会選挙で中央党候補者を破り、ポーランド議員団に加わって、オーバーシュレージエン選出の最初のポーランド党帝国議会議員となった（伊藤・平田 2008:273）。

## (2) ポーランド党の躍進

ポーランド党が最強の議会勢力を築いたのは、一九〇七年一月の帝国議会選挙である。この帝国議会選挙は植民地問題をきっかけに強行され、「ビューロー・ブロック」を成立させたことで知られている。ここに誕生した保守＝自由連合は、ドイツ支配体制の帝国主義的再編を意味していた。帝国宰相ビューローは、この選挙戦を「社会民主党・ポーランド党・ヴェルフ党・中央党に対して、ネイションの栄誉と財産を守るための戦い」と位置づけ、「ナショナルな」政党の結束を呼びかけた。ドイツ艦隊協会や全ドイツ連盟などのナショナリズム組織はこれに積極的に対応し、活発な選挙運動を展開した。ここにおいて、ビューロー政府は諸政党や議会外組織と連動して、国民をナショナリズムの側に動員したのである（飯田 1999:86–89）。選挙戦では、全国的にはもっぱら、植民地政策に批判的であった中央党、とりわけ社会民主党に攻撃の矛先が向けられた。社会民主党は大敗し、社会民主党自身がナショナリズムへの揺らぎを示し始めて、国民統合のいっそうの進捗が明らかとなった。

一方、すでに述べたように、一九〇六〜〇七年にかけて、ポーランド人は学校ストライキという形でプロイセン＝ドイツの学校教育のドイツ化を批判していた。学校ストライキは、学校児童の単なるストライキ運動ではない。民族的な抗議集会がストライキ運動を下から支え、それは地域ぐるみの民族的抵抗に発展した。学校ストライキは、いわばドイツ・ナショナリズムによる国民統合に明確に異議を申し立てたのであった。

それだけに、ドイツの東部においては、ドイツ・ナショナリズムの攻撃は「帝国の敵」＝ポーランド人に集中した。オストマルク協会の選挙宣言は、挑戦的に次のように呼びかけている。

「ドイツ人よ、戦いに赴こう。諸君の前には、ドイツの特質・名誉・名声のもっとも危険で頑固かつ狂信的な敵であるポーランド人が立ちはだかっているのだ」(Kulczycki, 1981:177)。

こうしたドイツ・ナショナリズムの攻勢は、ポーゼン、ヴェストプロイセン、オストプロイセンの三州において、社会民主党以外のドイツ人候補者の得票数増加率がポーランド党候補者のそれを上回ったことのなかに示された。

しかし、学校ストライキに後押しされたポーランド党の躍進も無視できない。ポーランド党の選挙声明は、偉大な歴史的過去と数百年にも及ぶ文化を持っているポーランド国民の存在を指摘した後で、次のように訴えている。

「プロイセンの体制は、長い間われわれを脱国民化するために働き、われわれを破砕し、現存している国民の陣営からわれわれを抹消するために新たな手段を行使している。……われわれは、われわれのプロイセン国家への帰属によってわが国民的特性の喪失が要求されることを認めるものではない。むしろわれわれが要求するのは、この国家の一員であることにおいて、われわれの当然の国民的発展が妨害されるものではないということだ。……ポーランド人有権者諸君、議会は解散された。君たちは今や語り、君たちの意志を知らせる好機を手にしているのである」(*Schulthess'*

1907:1-2)。

プロイセンの支配を批判し、ポーランド国民の自覚を促す選挙声明は、ポーランド人有権者に受け入れられた。前回選挙（一九〇三年）と比較して得票増加は著しく、一九〇七年選挙で獲得した四五万三九〇〇票（前回三四万七八〇〇票）と二〇議席（一六議席）は、第二帝政期における最高の数字であった。ポーゼンでは永年、指導的地位にあった穏健派のルドヴィク・ヤシジェフスキは急進的な国民民主党のヴワディスワフ・ミェチコフスキに取って代わられた（Kulczycki, 1981:178）。オーバーシュレージエンでは、前回初めて選出されたコルファンティと一九〇六年の帝国議会補欠選挙で選ばれたアダム・ナピェラルスキが再選された。彼らの当選とともに、ポーランド党の聖職者候補が中央党の聖職者票の独占を打ち破って合計五議席を勝ち取り、ポーランド党はオーバーシュレージエンで最強の政治勢力となった（Gerber, 1999:78）。

こうしたポーランド党の躍進に対するプロイセン＝ドイツ政府の答えが、前述した土地収用法と帝国結社法であり、一二年のポーランド人地主に対する土地強制収用であった。ポーランド党は、議会勢力として、執拗な抵抗を展開するのである。

### (3) 郵便アドレス問題

ポーランド党は、言語政策や植民政策を通して強行されたドイツ化政策に激しく反発した。同時に、ポーランド党が人々の日常的にぶつかる問題、つまり郵便アドレス、地名や人名表記などの問題を議会で取り上げ、政府を追及したことは興味深い。彼らは、日常生活や自らのアイデンティティに関わる問題についても、自分たちの主張を議会の場で発信したのである。

一九〇一年一月二四日、ポーランド人の帝国議会議員ヨーゼフ・フォン・グレボツキは、帝国議会において、プロイセンではポーランド語で宛名書きされた手紙が配達されない問題について帝国政府指導部に質問した。グレボツキは、質問の根拠として数多くの例を挙げたが、それによると、宛名が部分的に理解不能であるという理由で、郵便局は手紙や郵便物を受け取らず、あるいは配達不能として送り返したという。これは、ドイツ語とポーランド語の両言語で宛名書きされた手紙にも言えることであった。ブロンベルクやポーゼンの郵政局の調停は拒否され、帝国郵便局への訴えも退けられた。宛名は一部解読不能、あるいは理解不能という同じ理由からであった（Kotowski, 2007:144）。

これに対して、帝国郵政大臣ヴィクトール・フォン・ポドビールスキは、郵便当局がポーランド人顧客を満足させようと努めていることを強調し、責任は郵便アドレスをポーランド語で書くように扇動しているポーランド人自身にあると決めつけた。ここから論争は一挙に広がり、中央党のヘルマン・レーレンは、ポーランド人が手紙や宛名を母語で書く権利を持っていることを確認した上で、郵便当局を「ハカティズムの最悪の手先」と非難した。さらに社会民主党のフリッツ・クーネルトは、ポーランド人住民の利害を擁護し、ポーランド分割とプロイセンのポーランド政策を激しく論難した。ポーランド党を率いていたフェルディナント・ラジヴィウはクーネルトの直後に登壇しただけに、社会民主党とは一線を画しつつ、「政治的アジテーション」から距離を取ろうとしている。それは、一八六三年一月蜂起後は完全に過去のものとなったのであり、問題はヨーロッパの文化国民の言語であるポーランド語に関わることであり、この文化言語の使用はドイツ帝国のオストマルクでは、この言語が何百万人を数え、千年来そこに住んでいる住民の母語、日常語であるというそれだからこそ、禁止されねばならないのか、と。ラジヴィウの控えめな反撃である（*Ibid.*:144–46）。

帝国議会での論争は、確かに、一定の影響を及ぼした。ポーゼン州の郵便局では、多くの「郵便顧客翻訳部」が設立された。しかし、早くも一九〇一年二月の帝国財政予算審議において、論争が再燃した。そのテーマは、この翻訳部の活動であり、あるいは翻訳部が今後政治目的を追求するのではないかというポーランド議員団の非難をめぐるものだった。ここにおいて、ドイツのナショナリストたちは、「私たちは、たとえできるとしても、なぜアドレスをドイツ語で書かないのか。すべての分野でポーランド語が制限されているために、私たちはまさにポーランド語を使い、練習するあらゆる機会を利用しなければならない」とのポーランド人議員ヤシジェフスキの発言に食いついた。社会民主党がポーランド人を擁護するなかで、ラジヴィウがポーランド人議員の見解を総括した。「ポーランド人は国法的な意味においてのみドイツ帝国に帰属しているにすぎないのであって、彼らはけっしてポーランド人としての民族性を放棄しないであろう」と（*Ibid.*:147–48）。郵便アドレスの問題も、国民や民族の問題に関わって、ポーランド党の議会活動によって政治的争点の一つにならざるを得なかったのであり、結局はドイツ国民国家の亀裂を拡大する役割を果たしたのである。

## 第3節　巡　礼

### (1) ルール・ポーランド人と宗教

ドイツ社会におけるポーランド人の運動の意味を考察する上では、彼らの本来の居住地であるプロイセン東部から西部に移住したルール・ポーランド人の問題も取り上げねばならないであろう。

エルベ川東の地域に居住していたポーランド人は、ドイツ資本主義の発展の波に洗われ、西部の工業中心地域、ルール地方に出稼ぎ・移住を余儀なくされた。彼らが大量に東西移動を起こすのは、一八九〇年代以降のことである。このポーランド人移住者（ルール・ポーランド人）は、一八九〇年の三万五〇〇〇人ほどから、一九〇〇年にはその約四倍、一〇年にはおよそ八・五倍の三〇万四〇〇〇人弱と急上昇している。これにマズール人を加えれば、一〇年においてスラヴ系は優に四〇万六〇〇〇人を超えている（伊藤 1987a:29）。彼らの存在は、民族問題を東西に架橋するものとして、プロイセン当局にとって神経を尖らさねばならない問題だった。

一方、ルール・ポーランド人にとって、あらゆる意味でドイツ的な環境のルール地方はあくまで異郷であり、ポーゼン・ヴェストプロイセンを中心とする東部こそが帰るべき故郷であった。しかし、その故郷においては、ポーランド人は、プロイセン政府の植民・人口政策、学校教育政策などによってドイツ化の圧力にさらされており、ましてや言語・社会習慣などすべての面でいわゆるマイノリティとして生活せざるを得なかった異郷では、その圧力を感じる度合いは故郷の比ではなかった。ルール・ポーランド人は、異郷の現実に直面して、民族運動を組織して自らのアイデンティティを守り抜こうとする側と、象徴的にはドイツ姓への改姓などによってドイツ社会への同化を進めようとする側とに分裂した。そこには、いうまでもなく、「ポラック」ないしは「ポラッケン（ポーランド野郎）」という蔑称に象徴されるドイツ人の民族的偏見と差別が大きく作用していた。

ポーランド語とカトリシズムとは、ポーランド人の意識を支える両輪である。学校教育における宗教と言語の関係が、そのことを物語っていた。ポーランド人の義務として考えられたカトリック信仰の維持も、ポーランド語による司牧（一般に、信者の魂・内心に関わる問題において、信者に宗教上の世話をし、助言・援助を与えることをいう。例えば、洗礼・説教・ミサなどを授けることである）が保証されてはじめて意味を持った。ルール・ポーランド人は、異郷の環境のなかで、まずカトリック協会を組織して、彼らのアイデンティティを守ろうとした。ルール地方におけるポーランド民族運動の出発である。

一九一二年の時点を取れば、労働組合を除くと、ルール地方にはポーランド人の協会が八七五団体存在し、そこには延べ八万一五三二人が組織されていた。そのうち、労働者協会ないしは教会協会と呼ばれたカトリック協会は二四四団体、三万人を超えるポーランド人を擁しており、協会の占めている位置の大きさは歴然としていた。協会は、目的として、「カトリック教会と一致し、その教義に立って、メンバーの道徳的・物質的向上を図ることである。政治的問題に影響を及ぼすことは排除される」ことを謳っていた。しかし、カトリック協会がドイツ人聖職者を批判し、自前の司牧を要求するに及び、また民族的祭典を開く機会が多くなるにつれて、カトリック協会の活動が警察からチェックされ始めた（伊藤 1987b:14-15)。カトリシズムがポーランド・ナショナリズムの重要な柱をなす以上、それは、プロイセン=ドイツの支配層にとって、単に宗教的問題ではあり得ない。まさに、民族的=政治的問題を表象するものとなる。そこで、ポーランド・カトリック協会には帝国結社法の網がかかり、カトリックの祝祭日などに行われる行列やパレードには干渉の手が伸び、ポーランド語の祈禱書や讃美歌の類も取り締まりの対象になった。ルール・ポーランド人の宗教活動には、常に監視の目が光っていたのである。

### (2) 巡　礼

ルール・ポーランド人の宗教生活のなかでは、日常的な礼拝やミサなどと並んで、巡礼も欠かせないものであった。ルール地方では、ヴェルル（Werl ヴェストファーレン州アルンスベルク県）、あるいはネヴィゲス（Neviges ライン州デュッセルドルフ県）が巡礼地として知られている。なかでも、ヴェルルの参詣指定聖堂への巡礼は、一七世紀以来多くの信者を集めていた。ルール地方のポーランド人の巡礼は、東部からの移住者が増えるとともに、一八九〇年代末から急増し始め、当局の注意を引いていった。巡礼は五月から七月にかけての日曜日に集中することが多く、そのうちの数回は、ほとんどポーランド人によって占められていた（伊藤 1988:30）。

ここでは、一九〇七年六月三〇日のヴェルルへの巡礼について若干の検討を加え、巡礼をめぐる問題を考えてみたい。この日は雨が降り続いていたにもかかわらず、およそ二〇〇〇～二五〇〇人のポーランド人巡礼者が二台の特別列車で午前九時にヴェルル駅に到着し、駅前通りで整列した後、整然とした行列で参詣聖堂に向かった。この行列が警察当局との軋轢もなく「整然と」行われたのには、行列を統率するフランチェスコ会修道士マズロフスキ司祭の力が働いていた。彼は、巡礼者たちが「ロガトゥカ」と呼ばれる民族帽や白と赤の帽章を身に着けていないかどうか、当局を刺激しないように気を配っていた。

実は、巡礼の行列は、二〇世紀に入ると、ポーランドの民族的＝政治的性格を持つものとして当局の注意を引き始めていた。そうしたなかで、パーデルボルンの司教は事態を憂慮し、「民族的な表徴」を警戒して、行列にはあくまでも「宗教的」なものを求め、統率者の司祭が警察当局と了解した上で行動する必要を強調した。プロイセン内相ベートマン＝ホルヴェークは、これを受けて、民族的な表徴や歌を排除する許可条件を明確にし、この条件を受け入れる限りにおいて、司祭の責任で行列を行なうことを許可することにした。この結果、許可条件の受け入れに反発したポーランド協会が続出し、巡礼参加者は前年の四〇〇〇人と比較してほぼ半減した。ヴェルルへの巡礼は、事前の許可条件を受け入れたもののだけがもっぱら参加したことになるが、それでもマズロフスキ司祭は常に神経を尖らせていなければならなかったのである。

ポーランド人の民族的衣装の着用禁止などが行列許可の条件にされるなかで、数多くのカトリック協会とともに、ロザリオ友愛会が巡礼への不参加を表明したことは、当局に警戒の念を与えた。これまで純粋に宗教的組織と見なされ、ほとんどもっぱら女性から構成されているロザリオ友愛会に対する見直しが始まってくるのは、注目に値する。学校ストライキで述べたように、宗教的な問題と民族的な問題とは密接に結びついている。宗教が日常生活のなかに深く根を下ろし、民族的な風習やしきたりと結びついているとすれば、巡礼が民族的性格を帯びるものになったとしても、何ら不思議ではない。プロイセン＝ドイツ支配層が民族的観点から巡礼行列に対して監視と規制を強めたことは、ポーランド人の要求の幅を広げることになった。彼らの教会批判は強まり、ドイツ人聖職者に対してドイツ化の役割を担っていると批判し、ポーランド語による司牧、ポーランド人司牧者を要求する運動を強めることになった（同上:30-32）。

ところで、巡礼に対する前述のような規制強化に対しては、ドイツ人住民の一部が興味ある反応を示している。ヴェルル巡礼の場合、ドイツ人営業者は、巡礼者の減少によってかなりの経済的損害を受け、そのことから当局への不信と敵意をむき出しにしたと報告されている。このことは、何よりもドイツ人商店主にとってはポーランド人巡礼者が大事な顧客だったということを示していよう。この点については、巡礼地ネヴィゲスに関する報告が興味深い。それによると、商店の看板がドイツ語とポーランド語で書かれ、食堂のメニューはポーランド語でも記され、ポーランド語の祈禱書が販売されていた。つまり、ここでは、ポーランド人とドイツ人とが顧客関係を通じて交流していたのである（同上:32）。

しかし、こうした交流すらもドイツ民族に対する裏切りとして攻撃する潮流には強いものがあった。当時のドイツにおいて、「ポーランドの脅威」はとりわけドイツ・ナショナリズム団体から喧伝されたが、それを代表していたのが全ドイツ連盟である。連盟は、早くも一九〇一年にはルール・ポーランド人の動向をまとめ、彼らの存在が地域社会を変えていると攻撃し、その危険性をドイツ世論にアピールした。ここでは、すでに述べたポーランド人顧客に対するドイツ人商人の態度が問題にされていた。次のような事態は、連盟にとって許し難いことであった。

「ゲルゼンキルヒェン、……ボーフムその他多くのところでは、ショーウィンドーから色鮮やかなポーランド語の広告が目に飛び込んでくる。……ドイツ人商人のなかには、「当店はポーランド語を話します」という看板を出しているものもいる。立ち寄ってくれるポーランド人には、そのために東部から呼び寄せられたポーランド語のできる店員が応対するのである。ドイツ人商人がラインラント＝ヴェストファーレンのために、ポーランド語を話す店員を求めている広告が、東部発行の新聞でしばしば見られている」(Gau "Ruhr und Lippe" des ADV, 1901: 48-49)。

全ドイツ連盟からすれば、ルール地方というドイツ人社会の真っ只中にあって、こうした一部の現実はドイツ人の民族的誇りをないがしろにする以外の何ものでもなかっただろう。

以上見たように、巡礼という宗教的行為も、ドイツの当時の政治状況とポーランド・ナショナリズムの内容を考えると、政府当局からは政治的＝民族的枠組みで捉えられることになる。とすれば、巡礼を通したポーランド人とドイツ人住民との交流は、当局の監視と規制の対象にならざるを得なかった。当局のこうした圧力が「ポラッケン」という蔑称とともに、ルール・ポーランド人を大いに苦しめたことは想像に難くない。

# おわりに

ドイツの場合、ドイツ帝国が一九世紀後半にやっと統一を果たした連邦国家であり、バイエルンの分邦主義をはじめとして、政治・経済・社会・文化・地域・民族などあらゆる面で内部に多様な要素を抱えていたことにまず私たちの目を止める必要がある。そこにおいて、ドイツ帝国支配層が「国民というまとまり」を創出するためにとりわけ注意を払ったのは、「帝国の敵」＝ポーランド人の存在であった。支配者たちは、さまざまな民族政策によってポーランド人に攻撃を集中してポーランド人の国民化を図り、また「伝統の創出」を通してドイツ国民を創り出そうとした。その意味では、人口のほぼ一割をポーランド人が占めていたプロイセンの動向は、プロイセンが帝国の支柱であっただけに、ドイツ帝国支配の根幹に触れるものであった。しかも、プロイセンが首尾良くポーランド人の国民統合を果たしてドイツ帝国の国民国家化を進めなければ、帝国主義時代に対応できないのである。

ビスマルクが一八七一年のドイツ帝国の創設後すぐに国民形成に乗り出し、一八八〇年代にそれを本格的に進めたのは偶然ではない。アフリカ分割に関与し、将来の植民地支配に道を開くためには、国民統合によってドイツそのものの支配体制を固めねばならなかったのである。その点で、国家の凝集力をいちだんと強めようとする国民化政策が矢継ぎ早に打ち出される八〇年代に、ドイツがはじめてアフリカ植民地を獲得し、ベルリン西アフリカ会議を主導した事実は見逃されるべきではない。それ以降のドイツは、ポーランド人少数派に的を絞った民族政策をさらに強めて国民統合を図るとともに、さまざまなナショナリズム団体やビスマルク崇拝などを通して、民衆レベルから国民化を推し進めようとした。

しかし、「東」のポーランド人に対する差別と偏見、蔑視を伴ったドイツ国民化の圧力は、対抗ナショナリズムを生み出し、ポーランド人のもう一つの国民化を促したことはすでに見た通りである。彼らは、民族組織や民族新聞によって独自の民族ネットワークを張りめぐらし、日々の生活や宗教レベルから自らの国民化を図ろうとした。こうした流れが一つの大きな運動となったのが、ポーランド学校ストライキであった。民族問題の拡大によって、国家統合が揺さぶられたのである。ここにおいて、ドイツ国民国家の統合圧力も加重されていくが、それに伴って国家内部の分裂も拡大する。ドイツ国民の形成とポーランド人によるもう一つの国民化の動きは、ドイツ国民国家の亀裂を端的に示すものだった。ポーランド人の国民化は、当時のドイツの国政にあっては公然と運動できなかったとはいえ、時代の潮流である国民国家を志向するものであったことは明らかである。ドイツ国民国家は、内部においてこうした分裂・矛盾を含むことを余儀なくされ、また、「ドイツ国民」あるいは「ポーランド国民」もそれぞれに排他性を抱え込まざるを得ないのであった。

その後、第一次世界大戦末期の革命と敗戦によって、ドイツは異民族の住民グループを切り離し、植民地を手放すことで、ヴァイマル共和国のもとに新しい国民国家の体裁を整えた。一方、ポーランドは一九一八年に独立を回復し、ポーゼンやヴェストプロイセンなどポーランド分割で失った地域を統合して国民国家の建設に向かった。しかし、その新生ポーランドはドイツ人など多くの民族的少数派を含んでおり、ドイツも少数のポーランド人を始めとしてマイノリティ集団を抱え込んでいた。ここにおいて両国は、第一次大戦前とは違った歴史的状況のなかで、新たな国民統合の課題に直面したのである。

## 参考文献・引用文献一覧

※本文中では、原則として、当該箇所に［著者・執筆者名　著書・論文の発行年：参照頁数］の形式で掲出。


①邦文文献

飯田芳弘 1999：『指導者なきドイツ帝国――ヴィルヘルム期ライヒ政治の変容と隘路』東京大学出版会。

伊藤定良 1987a：『異郷と故郷――ドイツ帝国主義とルール・ポーランド人［新しい世界史8］』東京大学出版会。

伊藤定良 1987b：「ドイツ第二帝制における民族問題」、『史潮』新二一号。

伊藤定良 1988：「第一次大戦前ドイツにおけるポーランド民族運動とカトリシズム」、『青山史学』一〇号。

伊藤定良 2002：『ドイツの長い一九世紀――ドイツ人・ポーランド人・ユダヤ人』青木書店。

伊藤定良・平田雅博編 2008：『近代ヨーロッパを読み解く――帝国・国民国家・地域』ミネルヴァ書房。

ヴェーラー、ハンス・ウルリヒ 1983：大野英二・肥前榮一訳『ドイツ帝国――一八七一～一九一八年』未來社。

カロッサ、ハンス 1954：手塚富雄訳『美しき惑いの年』岩波書店。

今野　元 2009：『多民族国家プロイセンの夢――「青の国際派」とヨーロッパ秩序』名古屋大学出版会。

住谷一彦 1969：『リストとヴェーバー――ドイツ資本主義分析の思想体系研究』未來社。

寺田光雄 1996：『民衆啓蒙の世界像――ドイツ民衆学校読本の展開』ミネルヴァ書房。

フィヒテ、ヨハン・ゴットリープ 1999：石原達二訳『ドイツ国民に告ぐ』玉川大学出版会。

藤本建夫 1984：『ドイツ帝国財政の社会史』時潮社。

増谷英樹・伊藤定良編 1998：『越境する文化と国民統合』東京大学出版会。

油井大三郎・木畑洋一・伊藤定良・高田和夫・松野妙子 1989：『世紀転換期の世界――帝国主義支配の重層構造』未來社。

リスト、フリードリヒ 1970：小林昇訳『経済学の国民的体系』岩波書店。

## ②欧文文献

Becker, Hellmut/Gerhard Kluchert, 1993: *Die Bildung der Nation: Schule, Gesellschaft und Politik vom Kaiserreich zur Weimarer Republik*, Stuttgart: Klett-Cotta.

Broszat, Martin, 1972: *Zweihundert Jahre deutsche Polenpolitik*, Frankfurt am Main: Suhrkamp Taschenbuch Verlag.

Conze, Werner, 1984: "Das Deutsche Reich in der deutschen Geschichte: Bruch oder Kontinuität," in: Langewiesche, Dieter (Hg.), *Ploetz: Das deutsche Kaiserreich*, Freiburg/Würzburg: Verlag Ploetz.

Galos, Adam/Felix-Heinrich Genzen/Witold Jakóbczyk, 1966: *Die Hakatisten: Der Deutsche Ostmarkenverein 1894-1934*, Berlin (Ost): Schriftenreihe der Kommission der Historiker der DDR und Volkspolens.

Gerber, Michael Rüdiger, 1999: "Politische Geschichte 1848-1918," in: Menzel, Josef Joachim (Hg.), *Geschichte Schlesiens*, Bd. 3, Stuttgart: Jan Thorbecke Verlag.

Geyer, Dietrich, 1986: "Ostpolitik und Geschichtsbewusstsein in Deutschland," *Vieteljahreshefte für Zeitgeschichte*, 34/2.

Glück, Helmut, 1979: *Die preußisch-polnische Sprachenpolitik*, Hamburg: Helmut Buske Verlag.

Gottwald, Herbert, 1984: "Evangelischer Bund zur Wahrung der deutsch-protestantischen Interessen (EB) 1886-1945," in: Fricke, Dieter *et al.* (Hg.), *Lexikon zur Parteiengeschichte*, Bd. 2, Leipzig: VEB Bibliographisches Institut.

Grot, Zdzisław/Maria Rothbarth/Heidrun Werner, 1985: "Koła Polskie - Polnische Fraktionen im preußischen Landtag und im Reichstag (Kopo) 1848-1918," in: Fricke, Dieter *et al.* (Hg.), *Lexikon zur Parteiengeschichte*, Bd. 3, Leipzig: VEB Bibliographisches Institut.

Hagen, William W., 1980: *Germans, Poles, and Jews: The Nationality Conflict in the Prussian East, 1772-1914*,

Chicago/London: The University of Chicago Press.

Hardtwig, Wolfgang, 1994: *Nationalismus und Bürgerkultur in Deutschland, 1500–1914: Ausgewählte Aufsätze*, Göttingen: Vandenhoeck & Ruprecht.

Herbert, Ulrich, 1986: *Geschichte der Ausländerbeschäftigung in Deutschland 1880 bis 1980: Saisonarbeiter, Zwangsarbeiter, Gastarbeiter*, Berlin/Bonn: Verlag J.H.W. Dietz Nachf.

Hort, Jakob, 2004: *Bismarck in München: Formen und Funktionen der Bismarckrezeption* (*1885–1934*), Frankfurt am Main: Peter Lang.

Huber, Ernst Rudolf, Zweite verbesserte und ergänzte Auflage 1982: *Deutsche Verfassungsgeschichte seit 1789*, Bd. IV, Stuttgart *et al.*: Verlag W. Kohlhammer.

Korth, Rudolf, 1963: *Die preussische Schulpolitik und die polnische Schulstreiks*, Würzburg: Holzner-Verlag.

Kotowski, Albert S., 2007: *Zwischen Staatsräson und Vaterlandsliebe: Die Polnische Fraktion im Deutschen Reichstag 1871–1918*, Düsseldorf: Droste Verlag.

Kulczycki, John J., 1981: *School Strikes in Prussian Poland, 1901–1907: The Struggle over Bilingual Education*, New York: East European Monographs.

Laubert, Manfred, 1920: *Die preußische Polenpolitik von 1772–1914*, Berlin: Preußische Verlagsanstalt.

Liulevicius, Vejas Gabriel, 2009: *The German Myth of the East: 1800 to the Present*, New York: Oxford University Press.

Mai, Joachim, 1962: *Die preußisch-deutsche Polenpolitik 1885/87*, Berlin: Rütten & Loening.

Peters, Michael, 1992: *Der Alldeutsche Verband am Vorabend des Ersten Weltkrieges* (*1908–1914*), Frankfurt am Main.: Peter Lang.

Schieder, Theodor, 1961: *Das Deutsche Kaiserreich von 1871 als Nationalstaat*, Köln/Opladen: Westdeutscher Verlag.

Schmidtke, Oliver, 2009: "The Threatening Other in the East:Continuities and Discontinuities in Modern German-Polish Relations," in:Nelson, Robert L. (ed.), *Germans, Poland, and Colonial Expansion to the East: 1850 through the Present*, New York:Palgrave Macmillan.

Smith, Helmut Walser, 1995:*German Nationalism and Religious Conflict:Culture, Ideology, Politics, 1870–1914*, Princeton:Princeton University Press.

Tims, Richard Wonser, 1966:*Germanizing Prussian Poland: The H-K-T Society and the Struggle for the Eastern Marches in the German Empire, 1894–1919*, New York:AMS Press (Original, 1941).

Trzeciakowski, Lech, 1990:*The Kulturkampf in Prussian Poland*, tr. from the Polish by K. Kretkowska, New York:East European Monographs.

Wehler, Hans-Ulrich, 1970:*Krisenherde das Kaiserreichs 1871–1918*, Göttingen: Vandenhoeck & Ruprecht.

Wehler, Hans-Ulrich, 1971:*Sozialdemokratie und Nationalstaat:Nationalitätenfragen in Deutschland 1840–1914*, Göttingen:Vandenhoeck & Ruprecht.

Wehler, Hans-Ulrich, 1973:*Das Deutsche Kaiserreich 1871–1918*, Göttingen: Vandenhoeck & Ruprecht.

Wehler, Hans-Ulrich, 1995:Deusche Gesellschaftsgeschichte, Bd. 3, München:Verlag C.H.Beck.

Wippermann, Wolfgang, 1981:*Der 'deutsche Drang nach Osten':Ideologie und Wirklichkeit eines politischen Schlagwortes*, Darmstadt:Wissenschaftliche Buchgesellschaft.

### ③資料集等

Huber, Ernst Rudolf (Hg.), Dritte neubearbeitete Auflage 1990:*Dokumente zur deutschen Verfassungsgeschichte*, Bd. 3, Stuttgart *et al.*:Verlag W. Kohlhammer.

Gau "Ruhr und Lippe" des Alldeutschen Verbandes (Hg.), 1901:*Die Polen im Rheinisch-westfälischen Steinkohlen-Bezirke*, München:J.F. Lehmann's Verlag.

*Schulthess' Europäischer Geschichtskalender*. Neue Folge:23. Jg. 1907. Reprint, 1977:Nendeln/ Liechtenstein: Kraus Reprint.

*Stenographische Berichte über die Verhandlungen des Hauses der Abgeordneten*, 1885 Bd. 3, 1886 Bd. 1, 1901 Bd. 3, 1902.

*Stenographische Berichte über die Verhandlungen des Reichstags*, Bd. 229（1907/1908）.

著者紹介

**伊藤定良**（いとう さだよし）
1942年生まれ、青山学院大学名誉教授
主要著書：『異郷と故郷――ドイツ帝国主義とルール・ポーランド人』（東京大学出版会、1987年）、『ドイツの長い一九世紀――ドイツ人・ポーランド人・ユダヤ人』（青木書店、2002年）、『近代ヨーロッパを読み解く――帝国・国民国家・地域』（共編著、ミネルヴァ書房、2008年）

**伊集院 立**（いじゅういん りつ）
1943年生まれ、法政大学社会学部教授
主要論文：「ナチズム 民族・運動・体制・国際秩序」（『講座世界史6：必死の代案』東京大学出版会、1995年）ほか

研究会「戦後派第一世代の歴史研究者は21世紀に何をなすべきか」編集
**シリーズ「21世紀歴史学の創造」第1巻**

国民国家と市民社会

2012年5月30日　第1刷発行

著　者　伊藤定良
　　　　伊集院　立
発行者　永滝　稔
発行所　有限会社　有　志　舎
〒101-0051　東京都千代田区神田神保町3-10
宝栄ビル403
電話　03(3511)6085　FAX　03(3511)8484
http://www.18.ocn.ne.jp/~yushisha/

企画編集　一路舎（代表：渡邊　勲）
DTP　言海書房
装　幀　古川文夫
印　刷　株式会社シナノ
製　本　株式会社シナノ


ISBN978-4-903426-56-3

## シリーズ「21 世紀歴史学の創造」全 9 巻

研究会「戦後派第一世代の歴史研究者は 21 世紀に何をなすべきか」編集

---

＊第 1 巻　国民国家と市民社会

＊第 2 巻　国民国家と天皇制

第 3 巻　土地と人間

第 4 巻　帝国と帝国主義

第 5 巻　人びとの社会主義

第 6 巻　オルタナティヴの歴史学

第 7 巻　21 世紀の課題

別巻Ⅰ　われわれの歴史と歴史学

別巻Ⅱ　「3・11」と歴史学

---

※既刊書は＊印を付しています。